**WEIXIAN
ZENGLIANGSHI
ZHILI TUOPIN**

威县 增量式治理脱贫

张琦 张艳荣 ◎等著

中国出版集团
研究出版社

图书在版编目 (CIP) 数据

威县：增量式治理脱贫 / 国务院扶贫办

组织编写 . -- 北京：研究出版社，2020.11

ISBN 978-7-5199-0753-2

Ⅰ . ①威… Ⅱ . ①国… Ⅲ . ①扶贫 – 研究 – 威县

Ⅳ . ① F127.224

中国版本图书馆 CIP 数据核字 (2019) 第 184507 号

威县：增量式治理脱贫

WEIXIAN : ZENGLIANGSHI ZHILI TUOPIN

国务院扶贫办　组织编写

责任编辑：张立明

研究出版社 出版发行

（100011　北京市朝阳区安华里 504 号 A 座）

河北赛文印刷有限公司　　新华书店经销

2020 年 12 月第 1 版　2020 年 12 月北京第 1 次印刷

开本：710 毫米 ×1000 毫米　1/16　印张：19.25

字数：233 千字

ISBN 978 – 7 – 5199 – 0753 – 2　定价：41.00 元

邮购地址 100011　北京市朝阳区安华里 504 号 A 座

电话（010）64217619　64217612（发行中心）

"中国扶贫书系"编审指导委员会

《威县：增量式治理脱贫》编写组

主　编：张　琦　张艳荣

编写人员：沈扬扬　董雪梅　曹　委　孟　娜　郭　琳

目　录

中华人民共和国成立尤其是改革开放以来，中国共产党根据不同时期农村呈现的贫困状况及特点制定相应的扶贫政策，选择对应的扶贫路径，逐渐探索出一条具有中国特色的扶贫开发道路。在全国农村，一些资源丰富但陷入贫困的地区被扣上了"资源诅咒"的帽子。河北省威县也处在这个行列中。作为国家级贫困县的一员，威县成功脱贫摘帽，其探索出的政府职能再设计与产业扶贫新活力的脱贫经验值得总结，并可复制推广到与威县具有相同"资源诅咒"帽子的其他贫困地区。威县深化"放管服"，不断优化政府职能，简化行政审批手续，活跃新时代中国特色社会主义市场经济，为产业扶贫注入新动力，促进产业结构优化升级。以产业为基础，树立绿色循环经济理念，推动农业与非农业齐头并进，加快第一、二、三产业的融合发展。产业兴旺是乡村振兴的首要任务，威县农业与非农业的协同发展，为乡村振兴战略的实施奠定了基础。

一、贫困县脱贫摘帽的威县模式

威县位于河北省邢台市东部，地处华北平原黑龙港流域，农业发展历史悠久，是环渤海经济圈和中原经济圈的辐射区域，具有经济社会发展的良好条件。2002 年，威县被确定为省级扶贫开发工作重点县。之后成立扶贫开发工作领导小组办公室，认真贯彻落实上级在扶贫开发方面的各项方针、政策，以稳定解决温饱和脱贫致富为中心，以贫困村和贫困户为对象，以增加农民收入为目标，积极开展各项扶贫工作。2012 年，威县又被确定为国家扶贫开发工作重点县、教育部定点帮扶县。当时的贫困人口为 17.1 万，贫困发生率为 34.1%。重点从产业扶贫、电商扶贫、就业扶贫、易地搬迁扶贫、医疗保险和医疗救助扶贫、社保政策兜底扶贫 6 个方面，实施精准扶贫，加快贫困人口脱贫出列。到 2018 年贫困人口降至 3704 人，贫困发生率为 0.8%。2018 年 10 月，经省级验收、社会公示和国家专项评估检查等程序，威县符合贫困县退出条件，正式实现了脱贫摘帽。

在国家和省、市政府各项政策的支持下，威县探索出一条政府职能再设计与产业扶贫新活力的脱贫路径。实施精准扶贫方略以来，威县不断简政放权，扭转政府职能的缺位、错位、越位现象，以便民利民为原则，充分发挥政务公开服务民生的作用，成立行政审批局，建设智慧威县数据中心，便民利企，改善营商环境，形成互为表里的制度保障机制，提高政府的执政能力，构建服务型政府。创新民生亮点工程，完善医疗、教育、社会保障等民生制度。聚焦产业扶贫，注重农业与非农业协同发展，并积极构建"三带三园"现代农业新格局，创新实施政、企、户合作的"五大资产收益模式"和"3+2"工业体系，形成了以高端化、集约化、现代化的农业发展为扶贫主力，以小规模分散式的非农产业发展为脱贫稳定器的具有威县特色的产业扶贫格局，使得威县成为国家县域经济发展的后起之秀。

二、威县行政管理服务的功能再设计

转变政府职能是党和政府在新的历史时期作出的重大战略选择，它对整个民族的复兴有着非凡的历史意义。威县紧跟时代发展脚步，抓住发展机遇，放开错装在政府身上的"手"，实现向服务型政府的转变。不断完善社会主义市场经济，引入 PPP 模式，激发非公有制经济的活力，加快县域经济发展。解决好民生事业，提升政府公信力，改善人民生活质量，使人民群众有更多的获得感；发展好民生事业，让人民群众有更多的幸福感。进一步凝聚人民力量，为实现中华民族伟大复兴的中国梦而奋斗。

（一）行政职能合并与服务型政府构建

随着改革开放大门的打开，中国不断深化经济体制、政治体制、文化体制、社会体制以及其他各方面体制改革，为经济繁荣发展、社会和谐稳定提供制度保障。威县紧跟时代发展的步伐，不断深化行政改革，加快简政放权的速度，使政府从全能型向服务型转变，在执政为民的理念下建立服务型政府，实现公共服务行为的公正、公平、透明、规范化，实现公共服务的低成本、高效能。成立行政审批局，实行"两不见面"的办事流程，即窗口统一受理、后台集中审批。受理窗口的削减及办理事项的集中审批，有效简化了办事流程，提高了审批效率；规范化管理审批程序，分离审批和监管职责，加大对审批过程的监督，避免了权力"寻租"现象的发生，使审批权力运行更加公开透明。

（一）新型政府扶贫模式的技术投资

美国著名的管理学教授斯蒂芬·P.罗宾斯认为，价值链管理是管理关于在价值链上流动的产品的有序的相互关联的活动和信息的全部过程。随着传统基础设施建设市场竞争的加剧，各政府部门间实体资源的同质性增强，这就要求政府必须实现有效的价值链管理，改变传统的办公方式，把政府的外部价值链与政府的内部价值链有机地整合起来，形成一个集成、高效的价值链条。威县建设智慧城市，需以财政资金来撬动社会资本，构建合理的利益联结机制，让社会资本获得合理的收益。威县引入 PPP 模式建设智慧威县数据中心，通过政府与民营部门合作，将先进的信息技术运用于价值链管理过程中，促进政府提升服务效能，降低政府的建设成本，减轻政府的财政负担，加快县域经济的转型升级和新型城镇化建设的步伐。智慧威县数据中心将原来各自为政的部门建立的"信息孤岛"，通过云计算进行整合后，实现各部门之间数据互通互融，真正做到数据共享，降低成本，提高政府服务效率，让威县市民依托互联网最大限度地享受公共服务和基础设施。

（三）民生兜底保障创新

关注民生、重视民生、保障民生、改善民生，是中国共产党全心全意为人民服务根本宗旨的一贯要求，保障和改善民生是推进社会公平正义、促进社会和谐的重要基础。精准扶贫实施以来，国家对贫困地区和贫困人口的扶持力度不断加大，以"两不愁三保障"为基本要求，通过产业带动、技能培训就业、兜底保障等措施不断增加贫困人群的收入，通过一系列民生工程解决医疗、教育、住房等有关贫困人群切实利益的问题。在健康扶贫方面，将因病致贫、因病返贫作为扶贫硬骨头的主攻方向，创新家庭病床服务模式，完善健康扶贫机制，减轻医疗机构与贫困家庭的双重就医压力。在消除贫困存量的同时，主动控制贫困增量，积极探索建立精准防贫长效机制，为边缘贫困户购买防贫险，使建档立卡贫困户与边缘贫困户脱贫"双轨并行、稳步到站"，让贫困户与非贫困户有更多的公平感、获得感、幸福感，为基层工作的有序顺利开展提供便利，增强政府的公信力。习近平总书记指出，"扶贫先扶志，扶贫必扶智"。威县在"控辍保学"试点的探索过程中，创新实施"职教初中班"，改变传统的教育方式，提高学生在学习方面的主动性，解决适龄儿童厌学问题，降低辍学风险，提高受教育年限，打破贫困的代际传递的"怪圈"。扶贫先扶志，脱贫先治愚，威县大力发展农村的文化事业，传承中华民族孝道精神，以精神文明建设为突破口，将孝道文化融入精准扶贫，探索孝善养老扶贫新模式，走出了一条法治、德治、自治相结合的"孝道扶贫"路。

三、市场环境建设与产业扶贫活力

建立公平竞争的市场平台，为市场主体提供良好的环境是政府重要的经济职能。企业的发展是增强国家经济竞争力的重要力量，要充分发挥在国家调控下市场对资源配置所起的决定性作用。威县运用市场机制，调动民营部门的积极性，活跃市场，完善社会主义市场经济体制，为产业扶贫注入新动力，为乡村振兴奠定基础。

（一）以政府主导完善市场机制

威县通过引入 PPP 模式，纠正"市场失灵"，弥补"市场缺陷"，使政府与社会部门在各自的领域内发挥作用，合理分配资源，降低基础设施建设和运营的成本，提高社会的公共服务能力和水平，减轻政府的财政负担，促进政府职能转变，加快经济发展；同时拓展企业发展空间，降低投资风险，在政府调控下充分发挥市场在资源配置中的决定性作用。将 PPP 模式应用于建设智慧威县数据中心、"金鸡"资产收益模式、河道确权等项目，双方可以形成互利的长期目标，可以控制成本并最有效地为公众提供高质量的服务。

（二）农业产业的持续发展动力

为推动农业经济可持续发展，威县多措并举，在现代化农业产业扶贫中取得诸多成效，探索出综合覆盖种养产业的"五大资产收益模式"：以规模化、产业化为代表的"威梨"模式；以土地托管为依托整合分散小农户集约化种植的"根力多"模式；与PPP模式有机结合，创新性地构建出社会资本全员参与的蛋鸡养殖的"金鸡"模式和肉鸡养殖的"白羽"模式；运用市场思维，引进龙头企业辐射带动的"金牛"模式。实现传统农业向现代农业转变的规模化、集约化发展。近年来，威县紧紧围绕"扶持谁、怎么扶、谁来扶"这些问题，始终坚持产业扶贫带动一批，将扶贫产业与市场机制相结合，迎合市场思维，重视新型经营主体辐射带动效应，吸收社会资本，动员全员参与扶贫，搭建以五大资产收益模式为核心的威县立体式现代化农业产业新格局，为未来的农业发展奠定坚实的基础。

（三）非农产业的稳定脱贫底气

解决好"三农"问题一直是中国经济社会发展的重中之重，而当前农业供给侧结构性改革就是推动中国农业跨越式发展的重要手段。威县曾经是一个农业大县、工业小县，不平衡、不充分的农村发展现实阻碍了威县脱贫攻坚的步伐。在国家实施精准扶贫政策后，威县不断促进高端化、集约化、合作化的农业产业转型升级，并立足农村的光伏产业、汽车配件产业和电商扶贫，以产业结构为依托，吸纳大量农村零散劳动力，成为稳定"三农"经济的有力后备资源，以此构建的多元化非农经济也为威县扶贫工作保驾护航。在光伏产业扶贫方面，威县在政府、银行和嘉寓公司三方保障之下，引进光伏扶贫项目，采取农户屋顶分布式光伏电站和公建屋顶分布式光伏电站两种方式，将能源资源转换成经济效益，贫困户在家就能获取收益，解决了不能离家的贫困户的收入来源。该项目已经取得初步成效，阳光工程为千家万户带来生活的新希望。威县与北京顺义区共建的"威县·顺义产业园"，一改过去汽车配件企业落寞的境遇，让"僵尸企业"重新焕发活力，起死回生的汽车配件产业有效吸纳社会零散劳动力，让大量外出务工的年轻劳动力返乡在家门口就业，再次激活威县人口红利的优势。威县大力实施电子商务进农村工作，使电商扶贫连接扶贫主产业的各个环节，围绕"农产品上行"这一核心理念，对电商扶贫作出四项规划：一是农产品电商化，二是农村电商公共服务体系建设，三是物流体系建设，四是农村电子商务人才培训。网格状的方式全面覆盖威县各个乡镇、村，在每个分支和节点处吸纳大量劳动力，极大程度上解决了农村劳动力流失问题。威县小规模分散式的非农产业培育实现产业对贫困群众的多层覆盖，与农村产业互为支撑威县农村的产业经济发展，为威县的产业振兴奠定坚实的基础。

四、破解资源诅咒：资源优势转换下的威县扶贫

资源与经济增长的负相关性被称为"资源诅咒"。资源丰富但依旧陷入贫困的这些地区也被扣上了"资源诅咒型"贫困的帽子。从产业结构上看，资源诅咒型贫困地区往往存在一业独大的问题，其根本在于对资源的"掠夺式"开发以及"单一式"利用，造成资源利用的廉价性和不可持续性。如何将"诅咒"扭转为"福音"，是资源丰裕型贫困地区摆脱贫困、振兴乡村的关键。资源存量丰富的河北省威县，通过强化制度的引导，积极引入市场机制，发挥"看不见的手"的制度优势，不断提高资源与经济增长的相关性，使得威县的资源优势得到充分挖掘，最终打破了资源诅咒的陷阱。威县突破"资源诅咒"的成功经验，不仅为威县后续实施乡村振

兴奠定经济基础，也为资源丰裕型贫困地区如期实现脱贫摘帽提供了经验借鉴。

（一）政府职能转变与产业结构升级

威县在精准扶贫战略推动之前，虽然资源存量丰富，但未将市场机制引入其中，所以并没有发挥出县域的资源优势。由于过分依赖资源比较优势的粗放型经济发展模式，不仅滋生当地农民"靠天吃饭"的惰性思想，而且衍生对制造业的"挤出效应"，造成威县农业独大、工业近乎空白的产业结构单一的尴尬局面。由于当时制度的不完善以及市场参与资源配置作用的微弱，威县便构成资源沦为"诅咒"的反常逻辑，陷入贫困。但威县被确定为国家重点扶贫县后，借助国家扶贫政策红利，积极转变政府职能，改革行政模式，通过行政审批局、数控中心等机构的建立，成功将"全能型"政府转变为"服务型"政府，依托资源优势，引入市场机制，吸引市场主体，促进产业结构升级，形成政、企、户合作的"五大资产收益模式"、"3+2"工业体系，促进威县产业发展的多元化、产业扶贫效益的可持续性，形成以政府力量为主导推进贫困问题的社会协同治理体系，优化威县可持续脱贫路径，实现了威县从"资源诅咒"到"资源福音"的转变。

（二）资源条件差异背景下的扶贫路径选择

由于贫困的地域性特点，在政策上难以形成一个全国普适的统一模式。在我国的贫困地区中，不仅有西北、西南地区典型的资源贫瘠型地区，也存在类似于长三角、珠三角等地带的资源丰裕型地区，这种资源环境的先天差异必然导致县域发展模式存在根本区别。对于资源贫瘠型的地区，资源环境与贫困非常容易形成一个恶性循环，从而陷入"贫困陷阱"，除了生态扶贫之外，完善社会保障政策兜底措施是贫困人口摆脱"顽固贫困"的最有效扶贫模式。这类地区市场吸引力低，市场开发成本高，市场主体难以进入的状况导致产业扶贫措施极难推进。反之，政策兜底制度对地区反贫困现象具有较为明显的影响作用，教育、医疗、住房等政府扶贫模式极大降低了当地的贫困发生率。资源丰裕型的贫困地区脱贫攻坚的建设重点就是完善当地制度环境，鼓励各类市场主体参与扶贫过程，构建政府、企业和农民三方受益的脱贫模式，以全面激活农村自然资源和人力资本存量，促进农村的自我发展和内生动力。实现自然资源与农业产业化政策的有效融合，构建资产收益扶贫模式，以开发式扶贫方式，促进农村的自我发展和内生发展，可以获得明显的益贫效果，对破解威县乃至中国农村扶贫的"造血"困局也具有积极作用。

第一章 | 致贫逻辑：资源优势背景下的威县贫困

威县隶属于河北省邢台市，位于华北平原黑龙港流域、邢台东部，相比于环境恶劣、资源贫瘠、灾害频发的贫困地区，威县实际上拥有社会经济发展的各种有利优势。在中国精准扶贫战略的指引下，威县将自身拥有的优势潜力成功转换为持续内生动力，于 2018 年 9 月 28 日正式退出贫困县行列。

一、环境资源：扶贫开发的硬件优势

威县作为在脱贫攻坚历程中较早脱贫的县域，属于典型的资源富足型贫困地区，威县结合这一特殊情况，运用市场手段成功打破"资源诅咒"这一魔咒。以下从威县的地理条件、自然环境、人口结构三个方面深度分析威县稳定脱贫不返贫的原因所在。

（一）地理条件

威县处于环渤海经济圈和中原经济圈之间，产业发展条件得天独厚。在精准扶贫时代背景下，县域发展得到政策从上至下的大力支持，威县也就具备了吸引新兴产业和龙头企业入驻的良好条件。县域内有一条国道——京港澳高速，三条省道——青银高速、黄石高速、邢临高速，京广铁路穿过威县，发达的交通基础不仅实现了物流的通畅，也保障了威县信息交流的稳定性，为市场主体参与脱贫攻坚提供了基础设施条件（见图1-1、图1-2）。

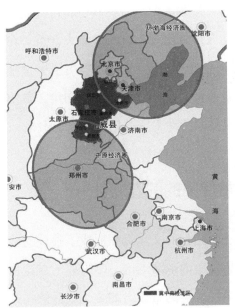 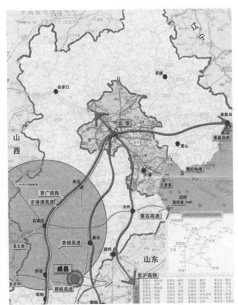

图 1-1　位处两大经济圈的威县　　　图 1-2　威县的交通条件

（二）自然环境

威县地势平坦，土层深厚，林地面积广阔，曾荣获"中国绿色名县"的美誉，具备丰富的梨、葡萄、苹果、枣、桃等林木资源，垦植历史悠久，种养产业一直是县域经济的发展优势。威县在传统农业基础上引进现代化产业技术，培养地域品牌，例如威县的梨果品牌在短时间内已基本成功转型，同时覆盖普通消费与高端消费人群，建立一体化营销管理体系，实现了传统梨产品的产业优化升级。

（三）人口结构

威县是河北省的人口大县，总人口 60 万，其中农业人口就有 48 万。在威县人多地少的现实情况下，富余出大量廉价劳动力。以往农村产业结构单一，就业机会极少，导致大量劳动人口外出务工，人口流失严重。在党的产业扶贫政策指引下，威县将龙头企业引进"家门"，吸引了大量外出务工的农户回到"家门口"就业，企业针对贫困户设立公益岗位，贫困户可以同时拿到股金和薪金。因此，威县的劳动力资源优势又显现出来。

二、文化资源：脱贫保障的配套软件

威县是一个少数民族聚居区，汉、回同胞的文化交织形成了独特的威县文化。同时，威县还是一个具有深远历史的革命老区，多少战士在这片热土上抛头颅、洒热血，为这片沃土赢得发展的希望。如今，威县依托这样的软环境在脱贫攻坚的道路上接连取得胜利。

（一）革命精神

在抗日战争和解放战争时期，冀南党政军机关及附属机构曾在威县驻扎 7 年之久，老一辈无产阶级革命家邓小平、刘伯承等在此工作生活过。威县也是中国改革开放先驱之一任仲夷、中国核工业奠基人之一刘杰等名人的故乡。习近平总书记指出，加快老区发展步伐，做好老区扶贫开发工作，让老区农村贫困人口尽快脱贫致富，确保老区人民同全国人民一道进入全面小康社会，是我们党和政府义不容辞的责任。革命老区是中华人民共和国的摇篮，而革命老区现还有相当一部分贫困人口，党和政府着力解决革命老区这一问题，使革命老区焕发新生。

（二）民族文化

威县拥有悠久的历史文化，文化资源底蕴深厚。梨花大鼓、威县乱弹、威县梅花拳被评为国家级非物质文化遗产。威县历史悠久、人文荟萃，相传大禹之父鲧曾在此筑堤防洪、拯救众生，现存有"鲧堤"遗址。明洪武二年（1369年）始称威县，这里曾诞生了宋朝名相范质、明朝兵部尚书贾待问等众多历史名人。这样的历史人文优势，使威县在乡村旅游扶贫上能够拔得头筹，吸引众多游客参观威县文化遗址、学习威县文化。在这样特殊的环境下，孕育出自强、包容、诚信、担当的"威县精神"。所谓扶贫先扶志，有优秀传统文化的传承，加之威县特色鲜明的教育扶贫和孝道文化的传播，使得威县的扶贫工作成效显著。

三、资源诅咒[①]：威县贫困的反常逻辑

由以上分析来看，无论是环境资源还是文化资源，威县均具备良好的发展优势，但长久以来，威县一直处于国家级贫困县行列之中，是典型的农业大县、工业小县、财政穷县，产业发展方面一棉[②]独大、工业近乎空白，直至2018年才顺利退出贫困县行列。

根据学者的研究成果与媒体报道，威县在良好的资源优势背景下，暗含着一个反常逻辑——资源陷阱或者资源诅咒，此理论是指资源丰富地区，仅仅依靠自有资源而谋求经济发展这一现象。对于威县来说，便是指过分依赖资源的粗放型经济发展模式。这种模式使百姓长期过着"紧巴

---

① 经济学家验证了资源丰裕程度与经济发展水平之间的负向相关性。这种自然资源优势所产生的增长悖论被英国经济学家奥蒂（Auty）命名为"资源诅咒"。
② 棉花产业。

巴"的生活，大多数农民徘徊于贫困边缘，风险抵御能力极弱，任何生活变故都极有可能让农民陷入贫困。

资源陷阱的形成一部分原因是惰性思想的存在，导致不能走出狭窄的"舒适圈"，还有一部分原因是整体制度环境的不完善，导致不能有效发挥市场的资源配置作用。威县虽然具有较高的资源存量，但还未实现高效率的资源配置。

在此背景下，政府发挥统筹调动的总体性作用，以必须完成的决心贯穿整个脱贫攻坚过程，调动全社会各方面的力量，推动威县成功跨越资源陷阱。威县在各方带动下，激发自身资源优势潜力，成为县域经济发展的后起之秀。事实上，区别于甘肃、青海、宁夏等资源贫瘠型贫困区域，中国有一大部分地区与威县基础条件类似，威县的成功脱贫对其来说具有极强的借鉴意义，甚至对构建低成本、高效率的顶层设计，也有很大的参考价值。

第二章 | 脱贫成就：威县脱贫攻坚的成效与溢出效应

自中华人民共和国成立以来至 21 世纪，中国农村扶贫政策根据不同时期的贫困状况经历了多个演进阶段，取得了阶段性成果。威县根据国家在不同阶段的扶贫政策以及全县在不同时期的贫困特点，相应地开展了脱贫攻坚工作。尤其是在 2002 年、2012 年相继被确定为省级贫困县和国家级贫困县之后，在中央和地方各种优惠政策和措施的指引下，威县的脱贫攻坚工作迅速上升到了新的高度。自 2014 年开展建档立卡以来，威县实施精准扶贫、精准脱贫战略，深入分析致贫原因，逐村逐户制定帮扶计划，切实做到真扶贫、扶真贫，脱贫攻坚成效显著，于 2018 年 9 月 28 日，正式脱贫摘帽。威县政府不断简政放权，由"全能型"政府向"服务型"政府转变，提升治理能力，促进治理体系的现代化。深化农业供给侧结构性改革，与非农业协同发展，以绿色循环理念推进农村第一、二、三产业融合发展，改善生态环境。农村基层面貌不断改变，民生得到进一步保障和改善，贫困村和非贫困村、贫困户和非贫困户均得到协调发展。

一、威县脱贫攻坚的历史演进

中华人民共和国成立以来，中国共产党根据不同时期农村贫困状况的特点采取了相应的扶贫政策和措施，逐渐形成了政府、市场、社会协同参与的大扶贫格局，探索出一条具有中国特色的脱贫攻坚道路。根据马克思主义贫困理论和共同富裕思想，中华人民共和国成立之初国家实行的是小规模救济式扶贫政策。改革开放以后至 20 世纪 80 年代中期，推动了以体制改革为主导缓解贫困的扶贫道路。从 20 世纪 80 年代中期开始，在全国范围开展了以解决农村贫困人口温饱问题为主要目标，以改变贫困地区经济文化落后状态为重点的大规模扶贫开发。在扶贫开发的历史长河中，威县在国家扶贫政策的指导下，在不断落实政策与实施措施过程中也经历了几个重要的脱贫攻坚的历史节点。2002 年，威县被确定为省级扶贫开发工作重点县，享受省级扶贫政策优待；2012 年被确定为国家扶贫开发工作重点县、教育部定点帮扶县，享受全面、系统化的扶贫政策，将威县的脱贫攻坚引向新高度。短短六年间，威县正式退出贫困县序列。

（一）1978—2001 年：扶贫开发探索阶段

威县始终把贫困治理工作摆在核心位置，自 1978 年改革开放以来，威县在国家扶贫开发政策的指引下，摸索着推进脱贫攻坚工作，经历了从"输血式"到"造血式"扶贫方式的转变，开始在全县范围内开展有组织、有计划、大规模的扶贫工作。

（二）2002—2011 年：开发式扶贫推进阶段

2002 年，威县被确定为省级扶贫开发工作重点县，成立扶贫开发工作领导小组办公室，组织指导贯彻落实上级关于扶贫开发各项方针、政策，坚持以稳定解决温饱和脱贫致富为中心，以贫困村和贫困户为对象，以增加农民收入为目标。进入 21 世纪以来，中国在社会主义市场经济运行机制下开展扶贫开发工作，将计划手段和市场手段有机结合，促进贫困地区经济发展与扶贫开发。威县在国家扶贫政策的引领下开展县级扶贫开发，2010 年财政收入首次突破 1 亿元大关，生产总值达到 34.98 亿元，2011 年生产总值增加到 44.12 亿元，经济发展突飞猛进，推动扶贫开发工作迈入新阶段。

（三）2012—2018 年：全面实施精准扶贫战略阶段

2012 年，国家依据 2006—2008 年经济指标完成情况调整最新一轮扶贫开发工作重点县名单，威县被确定为国家扶贫开发工作重点县、教育部定点帮扶县。当时全县有贫困人口 17.1 万，贫困发生率 34.1%。历届县委、县政府深入贯彻中央、省、市扶贫开发决策部署，始终把扶贫开发作为政治任务、经济工作、社会事业"三位一体"的系统工程。聘请中国农科院编写了《威县现代农业示范区总体规划》，确定了围绕"三带三园六板块"总布局来发展现代农业，现已形成了畜牧、林果、粮棉和蔬菜四大主导产业，基本形成"三带三园"现代农业布局。截至 2013 年，威县的贫困人口 9969 户 20390 人，贫困发生率 4.42%。

自 2014 年以来，威县深入推进扶贫攻坚行动，强力实施精准扶贫，全方位开展精准扶贫活动。2014 年，威县被确定为河北省第一个县级综合改革试点，同年 10 月成立全国第一家县级行政审批局，大幅提升政府效能，促进投资和服务便利化，激发发展活力。2015 年实现 5 万人脱贫，截至该年底，全县建档立卡贫困村 181 个，占行政村总数的 34.7%；全县贫困人口剩余 9369 户 19491 人，分布在全县 508 个村，贫困发生率

4.32%，脱贫难度仍然较大。针对贫困群众内生动力不足、收入来源不持续、长效增收机制不稳定的情况，2016年威县按照"精准扶贫、体制突破"的思路，充分运用市场化手段，以产业扶贫为基础，以利益联结机制为核心，首创了"金鸡帮扶"资产收益产业扶贫新模式，并以此为样板，继续拓展创新"以园聚企、以企带村、以村带社、以社带户"的产业扶贫新路径，构建"五大资产收益模式"，精准覆盖全县181个贫困村和20733名贫困群众。2016年，扶贫开发在全省31项重点工作落实情况中排名第一，2017年度在全省62个国定贫困县考核中位居第二，全省在威县召开"千企帮千村"精准扶贫现场会。2016年8月8日，威县精准扶贫大数据平台上线运行，威县181个扶贫开发重点村的9369户19491名贫困人口的基本信息，已全部录入大数据平台，针对贫困对象的不同情况对症下药、精准扶贫，实现了对全县扶贫开发工作的精准识别和脱贫过程的可视化、数字化和动态化管理。2017年，威县重点实施行政审批服务、智慧城市等改革，以精准扶贫、健康扶贫为抓手，推出了建档立卡贫困人口病员家庭病床服务项目，减轻了贫困人口的医疗负担，有效提升了贫困人口医疗保障水平和医疗卫生服务能力。在这一脱贫攻坚时期，威县集中行政许可权和资产收益扶贫模式两项经验在河北省乃至全国推广。自2014年以来，威县的贫困发生率逐步下降，截至2017年，威县剩余5526名贫困人口未脱贫，贫困发生率为1.98%（见图2-1）。

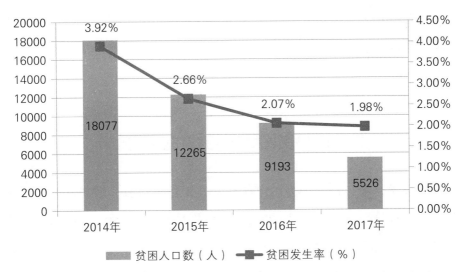

图 2-1　2014—2017 年威县每年的贫困人口数和贫困发生率情况

数据来源：威县统计局。

（四）2018 年至今：脱贫摘帽和巩固提升阶段

2018 年，威县以党的十九大精神为指导，全面贯彻落实中央和省、市扶贫开发工作的重要部署，结合威县扶贫工作目标任务和现代农业发展规划，以涉农产业为主要载体，以改善农民的生产生活条件为切入点，全面整合农业系统资源，突出强化产业扶贫和提升"造血"功能，扎实有效地做好产业就业扶贫工作。2018 年 9 月，威县正式退出贫困县序列。短短六年间，就使得建档立卡贫困人口从 17.1 万人减至 3704 人，贫困发生率从34.1% 降至 0.803%。威县综合改革案例成功入选改革开放 40 年地方改革创新 40 案例，并且省政府已确定威县综改试点期限延长三年至 2020 年，《威县综合改革试点框架方案》(2018—2020 年）已修改完善。为了进一步明确 2018—2020 年"后三年"的主要抓手和工作重点，并统筹考虑好"三年后"

的持续巩固问题，威县特制定三年攻坚实施计划。到 2020 年，建立健全稳定脱贫和防止返贫常态长效机制，落实各项后续帮扶措施，巩固脱贫成果，全面提高脱贫质量，确保同全国人民一道进入全面小康社会。

二、威县贫困状况与致贫原因分析

2012 年，威县被确定为国家扶贫开发工作重点县、教育部定点帮扶县，当时有贫困人口 17.1 万，贫困发生率 34.1%，贫困人口分布广、贫困程度深。威县自 2014 年开展建档立卡工作，当时建档立卡贫困人口有 10214 户 21331 人，贫困原因复杂，其中患病、缺资金、缺技术是威县建档立卡之初的主要致贫原因，基于此，威县实施健康扶贫工程"四个一批"行动，并创新家庭病床服务模式，加大培训力度以及扶贫资金投入，截至 2017 年末，全县贫困人口降至 2456 户 5526 人，贫困发生率降至 1.98%，扶贫工作取得显著成效。在威县县委、县政府的正确领导、各级扶贫工作人员的积极参与下，威县于 2018 年 9 月 28 日顺利实现脱贫摘帽。

（一）威县动态贫困状况

威县贫困状况概括为"一广、两多、三少、四难"（见表 2-1）。"一广"，即贫困人口分布广；"两多"，即因病致贫人员多、低保救助人员多；"三少"，即文化设施少，产业覆盖少，技能人才少，农村致富带头人缺乏，人才密度指数低于全省 5.2 个百分点；"四难"，即出行难、就医难、上学难、饮水难。①

---

① 威县扶贫开发办公室：《威县扶贫开发历程》，2018 年。

表2-1　2012年威县贫困状况

贫困状况	具体指标	比例（%）
"一广"	有贫困村的乡镇占比	100
	有贫困人口的村占比	97.1
"两多"	因病致贫人口占比	58
	享受低保、五保救助人口占比	59.9
"三少"	无文化广场的村占比	80
	农村书屋有名无实的村占比	60
	农业产业化经营率	40
"四难"	主街道无硬化的村占比	50
	村主街道没有照明路灯的村占比	70
	无标准化卫生室的村占比	60
	中小学校舍不达标的村占比	30
	没有安装自来水管的村占比	25

数据来源：根据威县资料整理。

威县自2014年始开展建档立卡工作，当时建档立卡贫困人口有10214户21331人。建档立卡贫困户划分为一般贫困户、低保贫困户、五保贫困户"三种类型"，其中：一般贫困户4865户12948人，低保贫困户4709户7717人，五保贫困户640户666人（见表2-2）。

表2-2　2014年建档立卡贫困户分类情况

类型	户数	人数
一般贫困户	4865	12948
低保贫困户	4709	7717
五保贫困户	640	666

数据来源：威县扶贫开发办公室。

自 2015 年以来，威县始终坚持以脱贫攻坚统揽工作全局，明确"扶贫路上往前赶，脱贫工作高标准"的主基调，围绕实现"不错不漏、硬件达标、政策落实、保障有力、群众满意"的总目标，确定"产业、政策双扶持双兜底"的总体思路，全党动员，实施"四个动起来、四个全覆盖（党委政府动起来、富民产业全覆盖，企业农户动起来、股份合作全覆盖，银行保险动起来、金融支撑全覆盖，社会各界动起来、帮扶救助全覆盖）"的路径抓手，脱贫攻坚取得显著成效。截至 2017 年末，全县贫困人口降至 2456 户 5526 人，贫困发生率降至 1.98%。经省级验收、社会公示和国家专项评估检查等程序，威县符合贫困县退出条件，并于 2018 年 9 月 28 日宣布退出贫困县，截至 2018 年底，威县未脱贫 1786 户 3704 人，贫困发生率降至 0.803%（见图 2-2）。

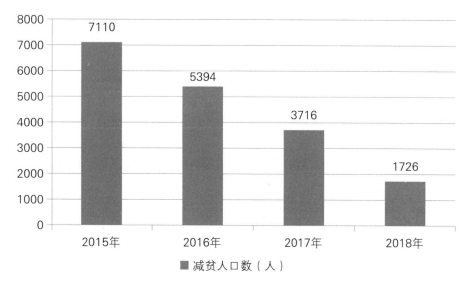

图 2-2　2015—2018 年威县建档立卡贫困户减贫情况

数据来源：威县统计局。

（二）威县致贫原因分析

威县的具体致贫原因复杂多样，主要分为 8 种类型，即因病致贫、因残致贫、因学致贫、因灾致贫、缺土地致贫、缺劳动力致贫、缺技术致贫、缺资金致贫，其中主要致贫原因是疾病，7190 人；次要致贫原因是缺资金、缺技术，分别为 4451、3809 人。因此，完善医疗保障措施、加大扶贫资金投入、推广技术培训是实现威县脱贫攻坚的突破点（见图2-3）。但不容忽略的是，威县不论在地理区位还是人文资源都具备推动经济发展的能力，然而威县依旧陷于贫困之中，这正是"资源诅咒"所导致的现象。即威县在具备这样的资源优势的情况下，只是简单地使用资源而无法深度挖掘这些资源的附加值，更进一步地说，面对这些优渥的资源存量，大多数人只是抱着坐享其成的心态。

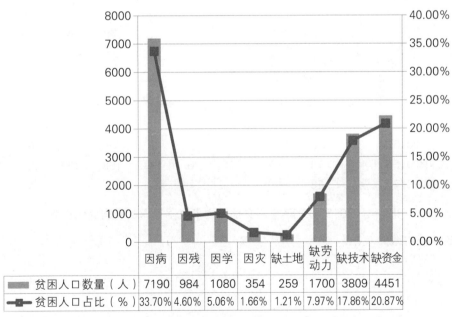

	因病	因残	因学	因灾	缺土地	缺劳动力	缺技术	缺资金
贫困人口数量（人）	7190	984	1080	354	259	1700	3809	4451
贫困人口占比（%）	33.70%	4.60%	5.06%	1.66%	1.21%	7.97%	17.86%	20.87%

图 2-3 2014 年威县建档立卡贫困户致贫原因分布

数据来源：威县扶贫开发办公室。

全县深入推进脱贫攻坚行动，强力实施精准扶贫，贫困人口不断减少，但已脱贫人口由于综合素质较低，观念普遍落后，整体抗风险能力脆弱，因病、因灾、缺劳力致贫返贫等问题还较为突出，无法实现稳定脱贫。2015年返贫138户240人，主要分布在4个乡镇41个村。其中，缺资金是导致返贫的主要原因，约占返贫户数的51.4%，其次是因病、因学、缺技术等原因导致脱贫户返贫；2016年建档立卡"回头看"时返贫584户1193人，主要分布在16个乡镇232个村。2016年返贫人口激增，因病返贫是返贫的最主要的原因，返贫户数比例高达34.4%。2017年返贫29户80人，主要分布在11个乡镇22个村（见图2-4）。

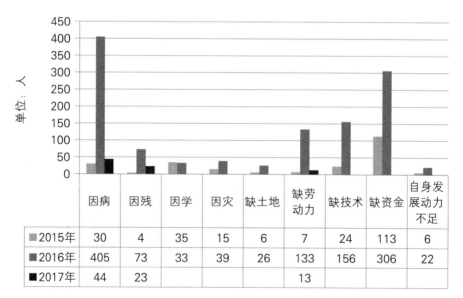

单位：人

	因病	因残	因学	因灾	缺土地	缺劳动力	缺技术	缺资金	自身发展动力不足
■2015年	30	4	35	15	6	7	24	113	6
■2016年	405	73	33	39	26	133	156	306	22
■2017年	44	23				13			

图 2-4　2015—2017 年威县建档立卡贫困户返贫原因变化趋势

数据来源：威县统计局。

三、威县脱贫攻坚的直接减贫效果

威县在精准扶贫上，打好"贫困人口脱贫出列攻坚战"，重点从产业扶贫、电商扶贫、就业扶贫、易地搬迁扶贫、医疗保险和医疗救助扶贫、社保政策兜底扶贫六个方面，实施精准扶贫，加快贫困人口脱贫出列。精准扶贫方略实施以来，威县始终坚持以脱贫攻坚统揽工作全局，围绕实现"不错不漏、硬件达标、政策落实、保障有力、群众满意"的总目标，严抓党建，构建精准扶贫工作机制，根据贫困户致贫原因和脱贫需求，制定脱贫规划，研究制定精准到户到人帮扶措施，做到"一户一策"，精准扶贫，精准脱贫。威县举全县之力，全党动员、全线压上，实施"四个动起来、四个全覆盖"路径抓手，坚持"两不愁三保障"的底线，通过产业发展、培训就业等措施帮扶，脱贫攻坚战取得了阶段性胜利。

（一）降低贫困发生率，高标准脱贫出列

威县从 2012 年到 2018 年，累计减贫 16.7 万人，贫困人口由 17.1 万人减少到 3704 人，贫困村由 181 个减少至 14 个，贫困发生率由 34.1% 下降至 0.80%（见表 2-3）。2018 年 9 月 28 日，经省级验收、社会公示和国家专项评估检查等程序，河北省政府出台《关于平山县等 25 县退出贫困县的通知》（冀政字〔2018〕45 号）指出："符合贫困县退出条件，现批准退出。"威县正式脱贫摘帽。

表2-3　2012—2018威县贫困发生率

年份	贫困户数	贫困人数	贫困发生率（%）
2012	68400	171000	34.1
2013	9969	20390	4.42
2014	9123	18077	3.92
2015	5901	12265	2.66
2016	4227	9193	2.07
2017	2456	5526	1.98
2018	1786	3704	0.80

数据来源：威县统计局。

威县坚持精准扶贫，推进精准脱贫，在促进贫困人口脱贫增收上，不仅向他们"输血"，更是增强他们的"造血"功能。威县坚持把发展产业作为实现脱贫的根本之策，注重农业与非农业的同步发展，引导和支持每个有劳动能力的群众，依靠双手有尊严地脱贫。针对过去"一棉独大"、农业发展水平不高且覆盖率低的现状，威县将扶贫开发与现代农业统筹规划，高起点规划实施"三带三园"，深入推进农业供给侧结构性改革，奏响绿色兴农、质量兴农、品牌强农的主旋律，促进第一、二、三产业融合发展，覆盖威县90%的行政村和所有贫困村。在打赢精准脱贫攻坚战中，威县坚持政府、银行、企业、农村、农户"五位一体"协调联动，探索出国企融资建厂、扶贫资金入股、企业租赁经营、贫困群众分红、集体经济受益的"德青源金鸡""君乐宝金牛"模式；农户入股、保底分红、保险保障、集体受益的宏博"白羽肉鸡"模式；龙头企业带动、小农户分散经营的"威梨"模式；土地流转、企业规模经营、农户入股分红的"根力多"模式，实现产业对贫困村户全面覆盖，持续增加贫困群众经济收入。

截至 2018 年，五大资产收益模式已受益 6405 户 13654 人（见表 2-4）。同时，依靠有利的区位优势、资源优势、政策优势，大力发展非农业产业，带动当地农户就业，调整农村产业结构，促进县域经济发展。

表 2-4 威县五大资产受益情况

项目	带动贫困村数	分红户数	分红人数
德青源金鸡	126	1634	3419
君乐宝金牛	175	2138	4567
白羽肉鸡	73	1043	2305
威梨	90	1169	2537
根力多	33	421	826

数据来源：根据威县资料整理。

威县在河北省率先研发精准扶贫大数据平台，做到识别、退出"过程留痕"，通过数据共享减少基层工作负担，做到逐户甄别、精准施策。针对贫困群众不同致贫原因，威县采取了多种帮扶措施，因地制宜，一户一策，提升脱贫质量。通过产业帮扶、就业帮扶、政策兜底等多种措施助推贫困户脱贫速度，不断完善贫困村的基础设施，威县的脱贫攻坚战取得了显著成效。各乡镇作为连接县、村的"纽带"，积极落实中央和省市县的扶贫政策，又统筹安排各村的脱贫进度，各乡镇在精准扶贫精准脱贫期间也取得了阶段性进展，2014 至 2018 年各乡镇每年脱贫出列的贫困户数如表 2-5 所示。

表 2-5 2014—2018 年威县各乡镇脱贫户数汇总

年份 乡镇	2014	2015	2016	2017	2018
常屯乡	22	103	122	131	50
常庄镇	0	0	24	61	36

续表

年份 乡镇	2014	2015	2016	2017	2018
第什营镇	8	0	238	59	29
方家营镇	107	196	261	161	13
高公庄乡	21	57	53	111	65
固献乡	9	176	183	96	58
贺营镇	1	8	96	157	41
贺钊乡	9	122	108	109	39
侯贯镇	0	0	98	85	12
梨园屯镇	90	70	150	92	52
洺州镇	0	1	281	79	27
七级镇	179	457	180	118	79
枣园乡	68	474	365	89	22
张家营乡	0	1	0	85	52
章台镇	19	179	17	114	33
赵村乡	140	121	135	137	47
总计	673	1965	2311	1684	655

数据来源：威县扶贫开发办公室。

威县以统筹城乡发展为平台，通过政策帮扶、农业与非农业产业协同发展、专项扶贫资金投入、完善社会保障制度、技能培训就业、鼓励创业和加大扶贫开发力度，有效促进农村居民收入较快增加，人民生活水平和质量不断提高。有助于调动农民积极性，促进农业和农村的发展，同时有利于开拓农村市场，提高农民购买力，拉动内需，促进城乡经济协调发展，减轻国民经济发展对外的依赖程度，促进国民经济持续、快速、健康发展。

表 2-6　威县 2012—2018 年城乡人均可支配收入

年份	城镇居民人均可支配收入（元）	农村居民人均可支配收入（元）
2012	13888	4741
2013	15638	5504
2014	16597	6047
2015	18347	6658
2016	20200	736
2017	22221	8083
2018	24354	9069

数据来源：威县统计局。

随着各项扶贫工作的开展，威县将产业扶贫放在首位，加之贫困村的基础设施得到不断完善，公共服务水平大幅度提高，使产业有了长足的发展，促进第一、二、三产业融合发展，带动农民就业，拓宽农民增收渠道。同时也实现农业生产经营的规模化、集约化和效益化，实现农业增产、农民增收。以此次调研的 10 个村为例[1]，除孙家陵村（农户人均年收入 4200 元）以外，贫困村与非贫困村的农户人均年收入都在 5500 元以上，尤其是非贫困村的东夏官村，农户人均年收入更是达到 12000 元（见图 2-5）。东夏官村主要是将土地进行托管，走土地适度规模经营之路，发展葡萄产业，增强农产品市场竞争力。在该产业模式下，贫困户可取得三种收入，即土地租金、扶贫资金入股后的股金、在园区打工挣得的薪金，一般农户没有股金，却可以在家门口打工，增加收入。在 8 个贫困村中，袁家庄村的农民人均年收入最高达到 7600 元，主要是因为该村在政

---

[1]　此次调研共 10 个村，其中 8 个是贫困村，分别为孙家陵村、前寺庄村、沙河王庄村、孙家寨村、袁家庄村、南梁庄村、东安上村、西河洼村；2 个非贫困村分别为潘村、东夏官村。

府的指导下，探索出"262"模式①，将传统梨产业发展成规模化、标准化、科学化管理的现代产业，带动了全村的经济发展，促进农民增收。

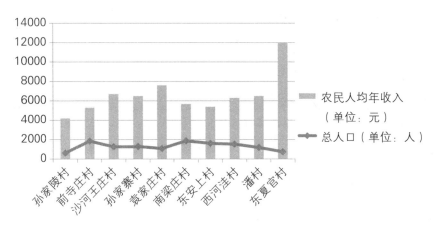

图 2-5　调研村的总人口与农民人均年收入对比

（二）发展民生事业，保障脱贫成果

威县在发展壮大县域经济综合实力的同时，高度重视保障和改善民生，兼顾大局利益与群众利益、当前利益与长远利益，让群众在享受实惠中理解发展、支持发展、参与发展，全县形成上下"一条心"、拧成"一股绳"、下好"一盘棋"的良好局面。随着国家扶贫力度的不断加大，贫困户在医疗、教育、社会保障等方面得到极大的改善。同时，威县不断加强贫困村与非贫困村、贫困户与非贫困户的同步发展，各项民生事业的不断发展，补齐乡村区域发展不平衡的短板，加快了威县脱贫摘帽的速度。

---

① "262"模式指 20% 的龙头企业、60% 的农户和 20% 的合作社。

1. 破解脱贫的"拦路虎"——医疗

威县严格落实党中央、省政府的各项扶贫政策，在河北省邢台市"三个一批"（即大病救助一批、重病兜底一批、慢性病保障一批）的基础上，创新"五个一批"（即普通住院治疗一批、重大疾病救助一批、慢性病救助一批、家庭病床管理一批、家庭医生签约一批）管理服务，解决因病致贫返贫问题。威县坚持精准扶贫、精准脱贫基本方略，针对农村贫困人口因病致贫返贫问题，突出重点地区、重点人群、重点病种，进一步加强统筹协调和资源整合，采取有效措施提升农村贫困人口医疗保障水平和贫困地区医疗卫生服务能力，全面提高农村贫困人口健康水平，为农村贫困人口与全国人民一道迈入全面小康社会提供健康保障。针对非危急重症且适宜居家诊疗的贫困人口，创新开展家庭病床服务，针对需要长期治疗和康复的慢性病贫困患者，创新推出贫困人口"爱心助贫"服务包。

表2-7 2018年威县医疗救助政策实施情况

		享受政策人次	提高待遇（万元）	标准
医疗救助	大病集中救治	164	14.78	大病报销不设起付线，封顶50万元/年
	"先诊疗、后付费"和"一站式"结算	4979	373.94	住院起付线降低50%，县内报销比例合规费用报销95%，门诊救助自付合规费用救助70%，年累计不超过2万元。住院救助不设起付线，年最高救助限额7万元，自付合规费用救助80%。将2016年8月1日作为执行医疗保障救助政策的时间界限点，之后退出的农村建档立卡贫困人口，在脱贫攻坚期内，仍继续享受医疗保障救助政策
	门诊慢性病	996	14.58	确定四种普通慢性病及18种重大慢性病，门诊慢性病不设起付线；普通慢性病封顶6000元/年，报销比例75%，重大慢性病封顶线15万元/年，报销比例90%

续表

		享受政策人次	提高待遇（万元）	标准
医疗救助	家庭病床	1247	48.3	根据病种医保报销75%—90%，报销后再救助80%，并实行一站式结算，正常报销外能够减轻患者负担（每人600元）
	家庭签约医生	4912	170	合规药品基本医保报销70%，年度限额500元，个人自付部分由医疗救助资金解决80%。正常报销外能够减轻患者负担（每人450元）

资料来源：威县扶贫开发办公室。

威县采用不同媒介大力宣传健康扶贫政策，将慢性病患者与家庭医生签约，同时通过发放卫生小常识、疾病的防治和平时的自我保健等方式提醒广大农户，让他们形成健康意识，倡导文明健康的生活方式，以健康的生活环境和生活习惯来降低疾病的发生。在此次调查的100户农户家庭中，2017年有36户农户家庭部分成员患有慢性病。最为常见的慢性病是高血压，占患病人数的77%，其次是脑血栓10%。威县通过实施家庭病床服务及贫困人口"爱心助贫"服务包等措施为农户减轻看病负担，方便农户就医（见图2-6）。

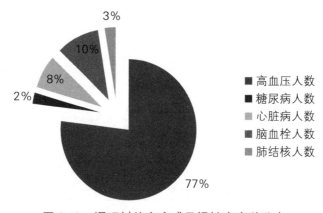

图2-6　调研村的家庭成员慢性病病种分布

2. 扶贫先扶志，扶贫必扶智——教育

教育部定点帮扶以来，充分履行帮扶责任，助推了威县经济社会高质量发展：以 2013 年为基数，固定资产投资、规上工业增加值、全部财政收入、公共预算收入、全辖金融存款等五项指标，均比 2013 年翻了一番，全部财政收入年均增长 31.32%，公共预算收入年均增长 31.68%。经济社会的迅猛发展，也保障了教育扶贫政策体系在威县不断发展完善：一是健全了学生资助体系，实现政策落实全覆盖。全面形成了从学前到高中段全覆盖的资助体系，2012 年以来资助贫困学生 7.35 万人次 8740 万元；落实学生营养改善计划 4670 万元，惠及 5.4 万余名学生。威县落实教育专项资金 3388 万元，确保了政策无障碍准确落实。二是强化了师资队伍，实现素质全方位提升。威县认真落实"中小学教师国家级培训计划"，6123 名教师经过系统培训，提升了教学专业能力。争取乡村特岗教师 663 名，覆盖全部贫困村，极大缓解了农村教师资源紧缺问题。三是改善农村办学条件，实现城乡均衡一体化。协调落实全面改善薄弱环节资金 4.5 亿元，争取设备购置资金 9664 万元，使威县 184 所义务教育学校和教学点，全部达到"20 条底线"标准。2017 年顺利通过国家和河北省义务教育基本均衡县验收。

同时，威县还积极探索教育扶贫新路径：一是试办"职教初中班"，探索控辍保学新路径。针对有厌学情绪的学生，根据学生实际状况，探索开办了"职业初中班"，在完成义务教育课程的基础上，为学生提供职业启蒙、职业体验和职业生涯规划指导，吸引有辍学倾向的学生就读，首期招录 4 个班 150 余人。二是强化职业技能培训，拓展就业帮扶新路径。习近平总书记指出，扶贫先扶志，扶贫必扶智。威县职教中心与 20 多所院校建立合作关系，推动产教融合，提升职教水平；教育部拿出 800 万元专项党费，分两年在威县开展 4 万人次技能培训，努力实现"职教一人、

脱贫一户"。三是充分利用高校优势，创新产业扶贫新路径。产业的兴衰事关脱贫成效和乡村振兴能否有效衔接。威县依托高校的技术、人才等优势，协调中国农大、北京化工、华北电力等直属高校，建立省级研发中心4家、产学研合作基地3个、技术创新孵化园2个，为威县产业转型升级提供技术、智力支持。[①] 威县在教育方面的投入，打破贫困的代际传递"怪圈"，以智扶贫，以技助力，小康路上不漏一户、不掉一人。

表2-8 2018年威县拥有学校资源数量

学校类型	拥有数量（所）
普通高中	1
完全高中	1
教师进修学校	1
职业学校	1
初级中学	17
小学（含特级学校1所）	192

资料来源：根据威县资料整理。

3. 改善生活居住条件——危房改造

威县将脱贫攻坚作为重大政治任务、重大发展事项、重大民生工程，保持专注定力、持续精准发力，举全县之力坚决打赢脱贫攻坚战，为全面建成小康社会奠定坚实基础，让贫困群众住上好房子、过上好日子一直是脱贫攻坚的重点。为此，威县大力实施农村危房改造，极大改善农村贫困户的生活居住条件，助力精准扶贫、精准脱贫。威县2015年用757.1万元危房改造补助资金为500户贫困户进行危房改造；2016年用477.14万元危房改造补助资金为430户贫困户进行危房改造；2017年用536万元危房改

---

① 中国青年网：《河北省威县落实教育扶贫政策情况》，2018年12月29日。

造补助资金为 536 户贫困户进行危房改造（见图 2-7）。

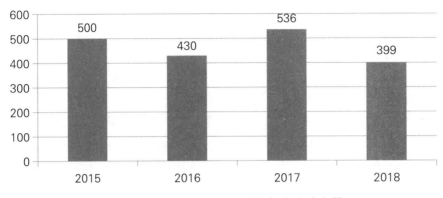

图 2-7　2015—2018 年威县危房改造户数

数据来源：根据网络整理。

4. 关注民生、精准脱贫——社会保障

社会保障是国家的一项基本经济社会制度，是社会稳定的安全网、稳定石和调节器。建立健全统一、规范、完善的社会保障体系，不仅是维护最广大人民群众根本利益的体现，也是实现威县经济社会可持续发展的基础、推动威县开放开发的支撑。威县为了加强社会保障体系建设，进一步统筹城乡经济社会全面发展，以助力脱贫攻坚和保障困难群众基本生活为重点，紧紧围绕群众最关心最直接最现实的利益问题，坚守底线、突出重点、改革创新、完善机制、尽力而为、量力而行，积极筹措资金落实各项社会保障政策，全力推进健康、养老和社会保障兜底等各项扶贫政策的落实，切实兜住建档立卡贫困人口等困难群众基本生活保障底线。党中央对处在贫困线以下的农村人口"照顾"颇多，但对于处在边缘线的农户就没有那么多的倾斜政策，威县在努力消除贫困存量的同时，主动控制贫困增量，积极探索建立精准防贫长效机制，为临界贫困边缘人员购买防贫保险服务。

表2-9　2018年威县社会保障政策实施情况

社会保障	参加养老保险	参保人数	16827	参加医疗保险	参保人数	20682
		领取养老保险人数	13255		参保率	100%
		领取标准	108元（不含个人账户养老金）		标准	180元/年/人
	商业补充险	救助人数	727	防贫保险（边缘户）	参保人数	44000
					报销人数	553
		报销金额	37.9万元		报销金额	202万元

资料来源：威县扶贫开发办公室。

四、威县脱贫攻坚的间接减贫效果

威县在脱贫摘帽的过程中，取得的成果不仅仅是贫困村及贫困人群的脱贫出列，而且是全社会参与的扶贫大格局，还促进了威县的治理能力的提升和治理体系的现代化。同时，加强精神文明建设，不断弘扬中华民族优秀传统文化，传递社会主义正能量。

（一）党组织建设的完善

威县高度重视抓党建促脱贫攻坚和农村基层党建工作，坚持"走新路、有作为、创亮点、守底线"，在具体工作部署上注重统筹安排，严格落实。从政治高度的角度出发，树立"党的一切工作到支部"的鲜明导向，积极贯彻落实中央和省、市委关于加强党建工作的决策部署，坚定不移推进全面从严治党向基层延伸。威县各乡镇、各部门深入学习贯彻习近平新时代中国特色社会主义思想，提高思想认识，切实扛起做好三项工作的政治责任。严格落实基层党建工作责任，把抓好党建作为最大的政绩，推动党委抓、书记抓、班子成员抓，一级抓一级、层层抓落实，把每条战线、每个领域、每个环节的党建工作抓具体、抓深入、抓到位。不断提高对抓党建促脱贫攻坚的思想认识，在脱贫攻坚过程中充分发挥贫困地区基层党组织战斗堡垒作用和党员先锋模范作用，将村党组织作为带领乡亲们脱贫致富的坚强领导核心。

威县在脱贫出列的过程中，各单位责任人不断强化责任担当，将每一项脱贫工作细化，准确把握推进三项工作的重点和关键。通过继续实施堡垒工程、智慧工程、头雁工程、先锋工程、保障工程等五大党建工程全面提升农村基层党建工作整体水平。坚持以问责开路，对贫困人口识别不精准、压力责任传导不到位、驻村工作队发挥作用不充分等问题，重点对乡镇党委、政府主要负责人和县直帮扶单位、驻村工作队的帮扶情况问责，充分发挥考核"指挥棒"作用，强化扶贫工作考核，管好驻村"第一书记"，切实把抓党建促脱贫攻坚工作做实、做细。

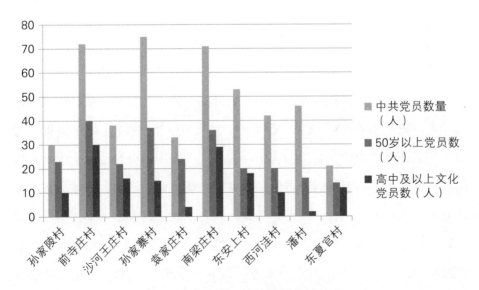

图 2-8　实地调研村的基层党建情况

精准扶贫、精准脱贫工作开展以来，威县重视基层党建工作，使基层党建工作更好地融入扶贫、服务扶贫、推动扶贫，全面打好精准脱贫攻坚战。夯实基层党支部队伍建设，改善基层党组织活动场所，健全基层党支部制度，不断发挥党组织战斗堡垒和党员先锋模范作用，为脱贫攻坚工作提供强有力的组织保证和工作基础，以期更好地完成脱贫攻坚各项任务。在此次调研中选取 10 个村作为研究对象，其中潘村和东夏官村为非贫困村，来分析基层党支部队伍（见图 2-8）。前寺庄村、孙家寨村及南梁庄村的党员人数超过 70 人，但孙家寨村的高中及以上文化党员人数低于其他两个村；袁家庄村和潘村的高中及以上文化党员人数低于 5 人，但其党员人数处在调研村的中间行列。整体来看，行政资源向贫困村倾斜程度高，在基层干部队伍中，老党员人数占比较大，经验较为丰富，而且基层干部接受的教育有限，应适时为基层党组织注入新鲜血液，使基层党组织焕发新的活力。基层党组织的不断完善，为乡村振兴战略的实施提供了组织保障。

（二）综合治理体系的提升

威县是国家新型城镇化试点县，也是河北省第一个县级综合改革试点县。威县从多个角度进行改革，不断提升治理能力，完善了威县的治理体系。重点进行行政审批改革，探索出"六集中、一下移"（集中审批、集中现场服务、集中中介管理、集中联合办税、集中综合执法、集中检验检测，审批服务下移）模式，方便民众办事，优化营商环境。简政放权，使政府权力在阳光下运行，经得住考验，同时不断提高办事效率，群众不出乡镇、村也能办事，提高群众满意度，促进投资和服务的便利化。同时，加强城乡一体化改革，重点是推进"五个一体化"（规划一体化、推进一体化、信息一体化、管理一体化、医保一体化），破解城乡二元结构，推进城乡统筹发展。坚持全域规划，创新体制机制，把县域作为一个整体进行统筹规划，构建城乡一体、有机衔接的规划体系，促进城乡一体化发展。

（三）乡风文明的传承

精准扶贫不仅是解决"两不愁三保障"，还应加强社会主义精神文明建设。这是为改革开放和社会主义现代化建设提供思想保证、精神动力和智力支持的重要保障。孝道文化是我国传统优秀文化，威县以方营镇孙家寨村为样板，打造200余个孝亲敬老村，不断树立良好家风民风。不断完善村规民约，引导农民讲文明、树新风，树立红黑板，对善行善举进行宣传，对不文明行为进行通报，通过表扬与批评将好的理念、作风、习惯转化为农民群众自身的需求，使之真正内化于心、外化于形，深入骨髓、形成自觉，改善农村农民的精神面貌。对婚丧嫁娶攀比等陈规陋习进行革除，移风易俗，形成良好风气。在精准扶贫中要扶贫、扶智更要注重扶德，让传统美德代代相传，推动形成积极向上的乡村社会道德风尚。

五、威县脱贫攻坚的溢出效应

威县正式脱贫摘帽后，不仅取得了一系列直接和间接的减贫效果，还产生了一些溢出效应。通过不断优化产业结构，促进传统产业转型升级，推进第一、二、三产业融合发展。构建绿色循环经济体系，协调人与自然的关系，使产业生产从数量型的物质增长转变为质量型的服务增长。通过改善医疗、教育等基础设施，促进城乡一体化发展；创新家庭病床服务模式、职教初中班和防贫险等民生可持续机制，推动社会公平正义，建设和谐社会。

（一）传统产业转型升级

"授人以渔"的扶贫理念最能体现威县目前产业发展状况。过去的威县曾被冠以农业大县、工业小县、财政穷县的称号，不难看出威县当初的产业结构极不平衡，农业产业相对发达，但工业产业停滞不前。随着供给侧结构性改革的深入推进，威县建设现代化农业产业园区、构建工业"3+2"体系结构，完善"五网"以推动威县产业结构向合理化方向发展。威县利用区位优势、资源优势、政策优势，坚定推进绿色发展，推动自然资本大量增值，让良好生态环境成为人民美好生活的增长点。大力推进节本增效和适度规模经营，对区域布局不断优化，走品牌化道路，拓展产业链价值链，打造农村产业第一、二、三产业融合发展新格局。发挥新兴经营主体对贫困户的辐射带动作用，实现从分散生产种植向组织化、集约化、规模化生产种植转变。规模化种植、集约化布局，改变了过去一家一户土地条块分割、分散经营的传统模式，为农业综合开发、农业现代化、机械化发展创造了条件。规模化、集约化种植，有效地提高了农作物产量，提高了粮食质量，实现了农业生产的增产增效。同时也发展非农产业，改变非农产业少的局面，吸引农村剩余劳动力就业，解决农村剩余劳动力的就业问题。

这一系列措施不仅使威县的扶贫工作得到跨越性发展，还改善了威县整体经济概况。大批企业入驻带来了产业技术革新、生产设备升级换代。产业职业技术培训班的设立，使当地的剩余劳动力具备专业技能，农户既能在当地企业就业，也可以凭借一技之长外出到其他公司就业来增加家庭收入，拓宽了农户的增收渠道，缓解了威县社会贫富不均的问题，降低了低收入者的仇富心理，有利于稳定威县社会治理环境，同时提升威县产业劳动力的整体素质，为以后承接高新技术产业奠定基础。

（二）构建绿色循环经济体系

"绿水青山就是金山银山"，威县现代农业产业的发展秉持"既要社会经济发展，还要绿水青山"的理念。从种植业到农产品深加工业的整个流程中，威县以生产生态健康农产品为目标，走绿色循环发展道路，帮助农户降低市场风险。规模化的林果种植，改善了农村生态环境，保护地表水源，净化空气，进而在保持威县生态平衡方面发挥重要作用；从畜禽养殖到产品深加工的整个流程中，威县对于畜禽粪污的科学化处理是生态养殖和生态文明化的需要，解决了威县多年难处理的畜禽粪污问题，既确保了禽畜产品的安全，也治理好了威县农业面源污染。这一系列措施，改变了原来的先污染后治理的模式，对威县生态环境治理起到关键性作用；打破常规发电模式，采取节能环保的光伏扶贫，威县转变使用能源资源结构，减少能源消耗，打造经济发展的循环可持续模式，为后续现代产业发展奠定坚实基础。威县注重用循环经济或清洁能源来发展产业，注重可持续发展，有利于改善生态环境，提升了生态治理能力，加速了威县生态经济可持续发展。从农业和非农业产业构建绿色循环经济体系，带动当地剩余劳动力就业，增加农民收入，促进县域经济可持续发展。发展循环经济，从末端治理到源头控制、从利用废物到减少废物的质的飞跃实现了环境与发展的协调。

（三）创新民生事业可持续机制

着力保障和改善民生，应从解决人民群众最关心最直接最现实的医疗、教育、社会保障等利益问题入手。因病致贫返贫是贫困户脱贫的"拦路虎"，威县采取大病专项救治、乡村医生培训、结对健康帮扶等措施解决因病致贫返贫问题，加强农村基础医疗设施建设，改善农村医疗条件，解决了农民看病难的问题和生病的后顾之忧。创新家庭病床服务模式，解决了贫困户各种住院难、费用难报销等问题，减轻贫困户的家庭负担，把陪护人员解放出来，可继续从事自己的工作或学业。同时，缓解了大医院医疗资源紧张的局面，提升了乡镇医院的医疗水平，优化医疗资源配置。扶贫先扶志，威县为使城乡教学资源均衡、教学质量同步提升，财政出资改善教学薄弱环节，使教育资源可持续发展。同时，完善学生资助体系，"两免一补"政策的全面落实，使受益学生面更广泛。试办"职教初中班"，吸引有厌学情绪的学生就读，不断提高儿童受教育年限，提升素质。构建边缘户防贫机制，防贫对象不事先识别、确定，在边缘户发生重大事件后，给予帮助缓解经济负担，使非贫困户心理平衡，政府在扶贫的路上，不会忘记每一个人。从不同方面出发，创新民生事业可持续发展机制，注重社会公平，保障基本民生，实现全体人民共同迈入全面小康社会。

第三章 | 规划先行：威县扶贫战略的制定与设计

扶贫开发事关社会主义现代化大局，深入推进扶贫开发意义重大、影响深远。为了切实攻克脱贫攻坚过程中的各种难题，必须坚持规划先行的扶贫战略。在国家大扶贫背景下，秉着省、市、县三级规划的连续性设计逻辑，威县按照省、市级的规划基调与方向，设计全县的脱贫攻坚规划思路，制定扶贫战略。

一、威县脱贫攻坚的规划设计思路

威县县委县政府认真贯彻习近平总书记关于扶贫工作的重要论述，基于国家、省、市的脱贫攻坚规划，结合全县贫困状况，按照"自上而下、逐级增加细节"的原则，确定威县"十三五"期间的扶贫思路、扶贫任务、扶贫举措。

（一）运筹帷幄：省级规划定基调、谋思路

河北省贫困规模大、程度深，国家级、省级扶贫开发重点县众多，主要分布在燕山、太行山一带和黑龙港流域。作为实施京津冀协同发展战略的重要省份，河北省在全面建成小康社会和脱贫攻坚的征程中肩负着重要使命。为了有计划、系统化地推进脱贫攻坚工作，加快解决贫困地区发展

瓶颈，尽快实现脱贫攻坚的突破，使贫困地区与全省其他地区共同步入全面小康社会，河北省基于《国家"十三五"脱贫攻坚规划》，结合本省实际，出台了《河北省"十三五"脱贫攻坚规划》，明确了全面建成小康社会决胜阶段脱贫攻坚的基本目标和总体思路，确定了精准扶贫、精准脱贫的有效途径，确定了提升贫困地区发展能力的重大行动和重点工程。2018 年，河北省各有关市和贫困县（市、区）坚持以脱贫攻坚统领经济社会全局工作，加大对深度贫困县、贫困村的扶持力度，重点抓好产业、就业、科技、健康、教育扶贫和易地扶贫搬迁、特困群体脱贫等扶贫工作，实现了 25 个县（市、区）退出贫困县序列。这是继望都、海兴、南皮三个贫困县退出后，河北省第二批退出的贫困县，标志着河北省脱贫攻坚取得了阶段性成效。

（二）承上启下：市级规划明方向、抓落实

截至 2015 年底，邢台市共有 10 个贫困县，其中国定贫困县 6 个，省定贫困县 4 个，贫困村 799 个，贫困人口 26.67 万，贫困发生率 5.3%。邢台市基于《国家"十三五"脱贫攻坚规划》和《河北省"十三五"脱贫攻坚规划》等文件精神，明确了邢台市"十三五"期间脱贫攻坚的目标和任务，确定了实现贫困人口稳定脱贫的有效措施。在市委、市政府正确领导下，邢台市在"十三五"脱贫攻坚时期扶贫工作取得显著成果（见表 3-1）。

表 3-1　邢台市"十三五"脱贫攻坚时期阶段性扶贫成效及减贫计划

时间	扶贫成效		
	累计脱贫摘帽县（个）	累计贫困村脱贫出列（个）	累计脱贫人数（万人）
2017	0	231	7.75
2018.1—2018.9	6	568	17.61

时间	扶贫成效		
	减贫计划		
	脱贫摘帽县（个）	贫困村脱贫出列（个）	脱贫人数（万人）
2018.10—2018.12	4	124	4.5
2019—2020	0	107	4.56

数据来源：根据邢台日报网整理。

（三）精准发力：县级规划定举措、创实效

威县是国家扶贫开发工作重点县，"硬件"和"软件"基础薄弱，涉及的贫困面广、程度深，扶贫扶志任重而道远。为了开展有尊严可持续的脱贫攻坚工作，威县根据《中共河北省委 河北省人民政府关于坚决打赢脱贫攻坚战的决定》《河北省农村扶贫开发条例》《威县国民经济和社会发展第十三个五年规划纲要》等文件精神，制定了《威县"十三五"农业产业扶贫规划》，明确了"十三五"期间产业脱贫的目标和产业扶贫项目建设内容，坚持脱贫致富与全面小康相结合、农业产业发展与扶贫开发相结合的基本原则，大力实施农业产业扶贫、政策扶持"双扶"工程，抓好资产收益扶贫和投融资平台试点，结合农业产业发展实现带动广大贫困群众脱贫致富。2018年，威县"五大资产收益模式"已经成熟，为威县脱贫摘帽作出巨大贡献，为全国产业脱贫攻坚提供了宝贵的经验。

二、以脱贫攻坚统揽威县社会经济发展

穷县富规划，威县为了摆脱"大破穷"的标签，先后出台两版威县城市总体规划，合理安排威县空间布局，促进城乡经济、社会、环境协调发展，以期实现跨越式发展，并在整体规划的大环境下，打造"三带三园"现代化农业新格局，聚焦产业扶贫，以脱贫攻坚统领威县社会经济发展。

（一）威县城市总体规划

贫困县的落后在狭义上主要表现为经济指标方面的差距，经济基础薄弱、产业结构优化度低，区域间生产要素流动性低、小城镇集聚力不明显等因素制约着威县的城镇化的进程、脱贫攻坚工作的推进以及全面建成小康社会的步伐。为了合理安排威县空间布局，促进城乡经济、社会、环境协调发展，威县按照"穷县富规划，规划出财富"的理念，依据《河北省城镇体系规划（2004—2020）》《邢台市城市总体规划（2008—2020）》《威县国民经济和社会发展"十一五"规划纲要》《威县国民经济和社会发展第十二个五年规划》，先后出台了《威县城市总体规划（2009—2020年）》《威县城乡总体规划（2013—2030）》（以下简称《规划2013—2030》，见图3-1），有助于威县紧紧抓住新的发展机遇，实现跨越式发展。《规划2013—2030》确定了威县县城的城镇化发展战略，探寻了县域城镇化发展途径，划定了县域的城镇发展空间，合理确定产业结构与布局，对促进威县的城镇化进程、县域经济与社会各项事业协调发展起到了重要作用。

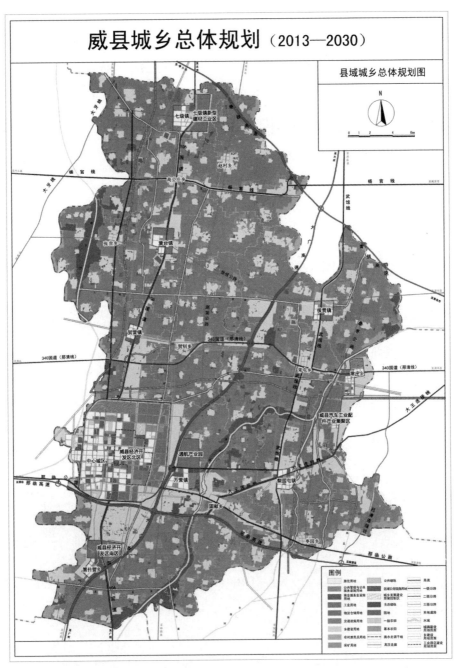

图 3-1 威县城乡总体规划（2013—2030）

随着规划的不断推进与调整，经济和社会发展战略在空间布局上不断落实，威县的城乡结构逐渐趋于合理，县城辐射带动作用不断增强，基础设施与公益性设施建设取得初步成果，城市功能逐步完善，对促进威县的城镇化进程、城市经济与社会各项事业协调发展起到了重要的作用。自2010年以来，威县的城镇化从25.38%持续上升到2018年的44.17%，城镇化水平不断提高（见图3-2）。

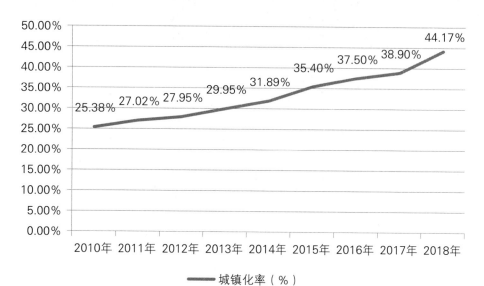

图 3-2　2010—2018 年威县城镇化率情况

数据来源：威县统计局。

（二）聚焦产业扶贫："三带三园"打造现代化农业新格局

1. "三带三园"空间结构布局

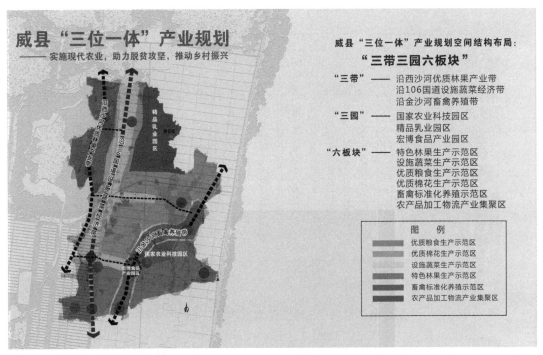

图 3-3　威县现代农业示范区总体规划区域空间结构

威县立足自然条件和区位优势，积极构建"三个科技示范园、三个产业园、五个标准化生产示范板块、一个农产品加工物流板块"的"三带三园六板块"空间布局，实现种植良种化、农田设施化、生产机械化、养殖标准化、产品市场化，打造"新品种、高品质、金品牌"的现代化农业示范区。助力威县产业扶贫，并为推动乡村振兴夯实产业基础（图 3-3）。

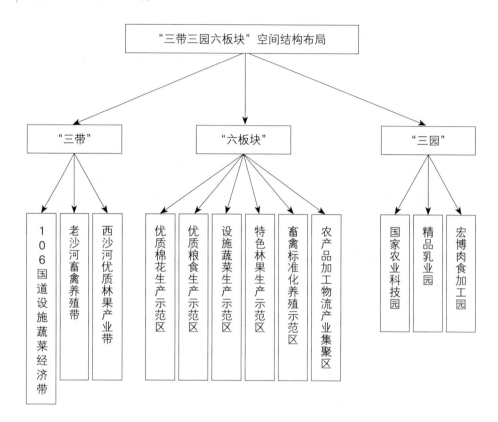

图 3-4 威县"三带三园六板块"空间结构布局

2. "三带三园"规划内容

威县把产业作为县域经济发展、乡村繁荣振兴的基础和支撑，积极打造了全县域"三带三园"的现代农业布局。

表3-2　威县"三带三园"规划内容情况

名称		简介
"三带"	设施蔬菜生产经济带	重点区域：106国道、县域内主要公路沿线；蔬菜生产基地：以高公庄乡"万亩蔬菜科技示范园区"为重点；辐射带动区域：七级镇、章台镇、贺营镇、规划期内建设沿106国道、邢临线、邢清线等
	林果经济带	重点区域：老沙河和西沙河沿岸，该区土地贫瘠，土壤沙性较强，保肥保水性差，但威县积极推广应用咸水灌溉研究成果，联合利用地下微咸水与淡水资源混浇灌农用地，加大水、土、林的综合治理，积极建设特色林果产区，提高本林区的水土保持功能，抵御风沙危害；辐射带动区域：张营乡全部、常屯大部分和七级镇、贺营镇、方营乡、第什营乡、高公庄乡等村庄
	畜禽养殖经济带	
	其中：生猪产业优势区	龙头企业带动：威县华威牧业有限公司辐射带动区域：以梨园屯镇、固献乡、枣元乡，侯贯镇的主产区，辐射周边生猪业产业发展，力争打造威县生猪产业集群，建成优质生猪集约化养殖基地、优质种猪繁育基地
	羊产业优势区	龙头企业带动：威县祥森牧业有限公司辐射带动区域：形成了以侯贯镇、高公庄乡、第什营乡、贺营镇、七级镇的肉羊养殖主产区
	禽蛋产业优势区	龙头企业带动：河北宏博牧业有限公司（肉鸡养殖）、河北宏达家禽养殖有限公司（蛋鸡养殖）辐射带动区域：在全县发展肉鸡养殖，实现从鸡苗孵化、肉鸡养殖、屠宰加工、饲料生产、物流一体化；在以第什营乡、枣元乡、侯贯镇、高公庄乡、赵村乡、常庄乡的蛋鸡主产区建立肉、蛋鸡产业带
"三园"	国家农业科技园	区位：位于固献乡、梨园屯镇，距县城13公里；规划区南侧以省道大王线路为界，东侧以武馆线道路为界，西、北以老沙河为界，呈扇状分布功能与成效：基本实现农业试验示范、标准生产、辐射带动、科普教育、休闲观光和生态保护等功能，逐步形成"创新、集成、示范、辐射"的集聚农业高科技成果"洼地"和农业科技成果对外推广示范"高地"

续表

名称	简介
精品乳业园	区位：位于威县东北部，北至县界、东至侯贯镇、西至东风渠、南至七支渠 辐射带动区域：涵盖赵村、章台、贺钊、侯贯和高公庄等5个乡镇 主导产业：以饲草种植、奶牛养殖、乳品加工、物理配送、旅游观光为主导产业，同时统筹推进镇村建设，实施一、二、三产业融合发展的综合园区 园区规划：规划面积100平方公里，到2022年建成10万亩标准化饲草种植基地、5个万头奶牛养殖基地、1个精饲料深加工基地、1个乳品深加工基地、1个物流配送基地和3个旅游观光区；同时完成"四横三纵"路网建设及水电信等其他一批基础设施建设，达到省级园区标准
宏博肉食加工园	地理区位：位于方营镇 投资与生产：总投资为9亿元，占地面积300亩，其中一期投资2亿元，占地面积166.44亩，建设生产加工车间、仓库、冷库、检测中心及其他配套辅助用房，形成年产20000吨熟调产品、10000吨生食调理品的生产规模 产业链：拥有从种禽、孵化、饲料生产、兽药疫苗生产、屠宰到熟食加工、调料生产完整的产业链，建立了产品可追溯体系，目标市场为日本、马来西亚、中国香港等

资料来源：根据威县资料整理。

（三）威县经济社会发展成就

2009年威县工业化率19.9%，城镇化率24.64%，县域经济综合实力在全省140个县市区排名第137位。为了摆脱"大破穷"的标签，推进威县的脱贫攻坚工作，威县科学编制县域发展规划，形成富民强县的发展格局，打好工业跃升、农业转型战役，推动教育、医疗、卫生等事业全面协调可持续发展。基于此，威县经济社会得到迅速发展，呈现全面崛起的良好局面，2010年财政收入首次突破1亿大关，生产总值为34.98亿元；截至 2018 年，威县全部财政收入直逼 10 亿元，生产总值持续增加到 94.89 亿元（见图 3-5）。

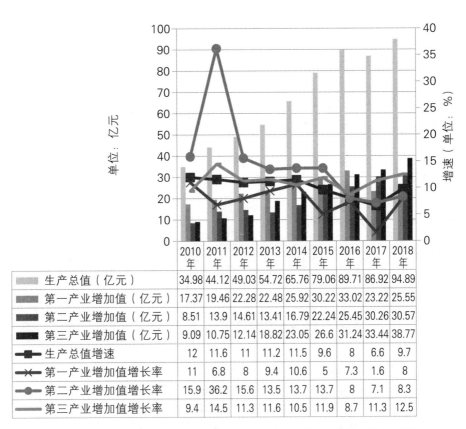

	2010年	2011年	2012年	2013年	2014年	2015年	2016年	2017年	2018年
生产总值（亿元）	34.98	44.12	49.03	54.72	65.76	79.06	89.71	86.92	94.89
第一产业增加值（亿元）	17.37	19.46	22.28	22.48	25.92	30.22	33.02	23.22	25.55
第二产业增加值（亿元）	8.51	13.9	14.61	13.41	16.79	22.24	25.45	30.26	30.57
第三产业增加值（亿元）	9.09	10.75	12.14	18.82	23.05	26.6	31.24	33.44	38.77
生产总值增速	12	11.6	11	11.2	11.5	9.6	8	6.6	9.7
第一产业增加值增长率	11	6.8	8	9.4	10.6	5	7.3	1.6	8
第二产业增加值增长率	15.9	36.2	15.6	13.5	13.7	13.7	8	7.1	8.3
第三产业增加值增长率	9.4	14.5	11.3	11.6	10.5	11.9	8.7	11.3	12.5

图 3-5　2010—2018 年威县生产总值和产业增加值及其增速情况

数据来源：威县统计局。

1. 现代农业高点起步、产业化水平持续走高

威县在县委、县政府的大力扶持和重视下，按照"调结构、育龙头、促融合、增收入"的总体思路，实施"三带三园"产业布局，成为全省唯一一个拥有 3 个"国字头"农业园区（国家现代农业示范区、国家农

业科技园区、国家现代农业综合开发示范园区）的县份。农业生产实现稳定增长，农业产业化步伐不断加快。2018 年，农业化经营率 67.14%，农林牧渔业总产值 416299 万元，比上年增长 10.5%。其中，农业产值 260038 万元，增长 7.88%；林业产值 6144 万元，增长 3.61%；牧业产值 135052 万元，增长 17.36%；渔业产值 415 万元，下降 11.51%（见图 3-6）。

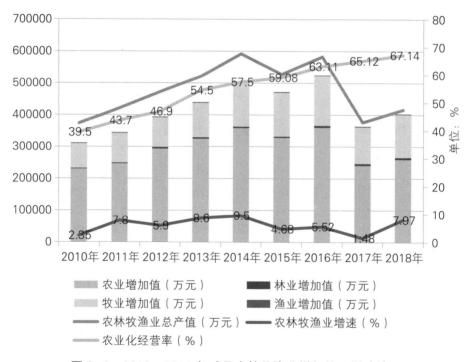

图 3-6　2010—2018 年威县农林牧渔业增加值及增速情况

数据来源：威县统计局。

2. 工业体系日趋完善、经济持续增速提质

威县按照"建精品园区、育特色产业、促规模集群"的总体思路，打造 "3+2"（电子信息、汽车及零部件、农产品深加工三个主导产业，通用

航空、新材料两个新兴产业）工业体系；规划实施了省级经济开发区和威县北京·顺义产业园、通用航空产业园、汽车配件产业园、新型建材产业园"一区四园"，被列为"全省工业转型升级试点示范县"。自 2010 年以来，威县工业经济持续增长，2017 年规模以上工业增加值完成 25.34 亿元，增长 9.10%，2018 年规模以上工业增加值增长率为 12.50%，工业生产保持快速增长（见图 3-7）。

图 3-7 2010—2018 年威县规模以上工业增加值及增速情况

数据来源：威县统计局。

3. 人均可支配收入稳定增长

自 2010 年以来，威县城镇居民人均收入不断增高，2016 年就已经突破 2 万元，2018 年人均收入高达 24354 元；农村居民人均可支配收入从 2010 年 3569 元持续稳定增加到 2018 年的 9069 元，但是城乡居民人均收入差距依然很大，而且差距越发明显，因此威县仍需进一步协调城乡发展，把缩小城乡收入差距作为脱贫攻坚的重点（见图3-8）。

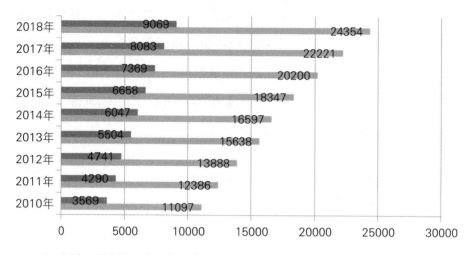

图 3-8　2010—2018 年威县城乡人均可支配收入情况

数据来源：威县统计局。

4. 民生事业显著改善

民生事业显著改善。威县坚持"以人为本、民生为先"的理念，教育、卫生、文体等社会事业长足发展。自2010年以来学龄儿童入学率均为100%，九年义务教育完成率不断增高，基本实现全覆盖（见图3-9）。2017年义务教育发展基本均衡县通过省和国家验收，获得全国群众性体育工作先进单位、河北省"公共文化服务示范县"、全省双拥模范县等殊荣。

图 3-9　2010—2018 年威县教育情况

数据来源：威县统计局。

附件 3-1 《河北省"十三五"脱贫攻坚规划》

河北省明确，在"十三五"期间，河北省以"六个精准""五个一批"为主线，以燕山—太行山、黑龙港集中连片特困地区为主战场，以张承坝上和深山区十个深度贫困县为重点，以促进贫困地区群众稳定增收为核心，不断创新机制体制，激发贫困地区和贫困人口的内在发展活力，促进贫困地区经济发展，打好脱贫攻坚战。

基本目标：到 2020 年，河北省稳定实现农村贫困人口"两不愁三保障"（不愁吃、不愁穿，义务教育、基本医疗和住房安全有保障）。贫困地区农民人均可支配收入比 2010 年翻一番以上，增长幅度高于全省平均水平，基本公共服务主要领域指标接近全省平均水平。确保全省 310 万农村贫困人口全部脱贫，7366 个贫困村全部出列，62 个贫困县全部摘帽，实现贫困地区农村居民人均可支配收入增速高于全省平均水平，贫困人口易地搬迁、危房改造全覆盖，贫困县义务教育巩固率达到 95%，贫困地区农村集中供水率达到 88% 以上，基本控制建档立卡贫困人口因病致贫返贫率。

有效途径：把发展脱贫致富产业作为解决贫困问题的根本途径，结合转移就业、易地搬迁、社保兜底保障、基础教育、健康医疗等有效途径共同治理河北省贫困问题。

（四）产业脱贫

紧紧围绕建档立卡贫困人口增收脱贫，把发展脱贫致富产业作为解决贫困问题的根本途径，建立脱贫产业体系，实施特色优势产业扶贫工程，发展特色种植业、畜牧业、林果产业、农产品加工业等；加快制造业发展、鼓励发展家庭手工业，大力开发光伏产业，促进农村第一、二、三产业融合发展；实施乡村游扶贫工程；实施电子商务扶贫工程；实施资产收益扶贫，用足财政投入形成的资产，用好集体资产收益权，用活农民宅基地使用权，推进资源开发收益共享，做到对有劳动能力的贫困人口特色产业项目全覆盖，实现户户有脱贫门路。

（五）转移就业脱贫

转移就业脱贫，提高贫困农民工技能培训精准度，"十三五"期间累计培训农村劳动力 10 万人。多渠道促进转移就业，创造多种就业机会，促进贫困劳动力在本地实现转移就业。开展劳务协作，促进劳务输入地、输出地的劳务协作和岗位对接。支持返乡农民工创业，在贫困地区全面落实"多证合一"登记制度改革，鼓励有条件的贫困县推行创办小微企业"零收费"。

（六）易地搬迁脱贫

对居住在不具备基本发展条件、"一方水土养不起一方人"的地区，以及因其他因素确需搬迁的农村人口实施易地扶贫搬迁。到2020年，对分布在7个市38个县（区）的42万农村人口实施易地扶贫搬迁，其中贫困人口19万。总投资约252亿元，人均6万元。每个集中安置区要规划建设一个以上产业园区、种养基地、商贸物流园、乡村旅游示范区等，精准制定搬迁对象的扶持计划，确保搬迁一户、脱贫一户，促进搬迁群众稳定脱贫。

（七）社保兜底保障

实行低保线和扶贫线"两线合一"，对无法依靠产业扶持和就业帮助实现脱贫的贫困人口实行政策性兜底脱贫，确保到2020年全省111万名完全或部分丧失劳动能力的农村贫困人口全部脱贫，鼓励经济条件好的地方低保标准高于国家和省扶贫标准。加强贫困地区特困人员供养服务机构建设，到2020年，全省贫困县特困人员集中供养能力达到70%以上。逐步提高农村基本养老保障水平，建立适应农村老龄化形势的养老服务模式，2020年基本实现养老保险人员全覆盖，实现农村幸福院服务全覆盖。

（八）教育扶贫

"治贫先治愚"，以提高贫困人口基本文化素质和贫困家庭劳动力技能为抓手，瞄准教育最薄弱的领域，阻断贫困的代际传递。到2020年，全省贫困县基本实现义务教育学校标准化，基本普及学前和高中阶段教育，贫困地区基本公共教育服务水平基本达到全省平均水平。降低贫困家庭学生就学负担，对就读于省内公办普通高中、中职学校、普通高校（不含独立学院）的河北省建档立卡贫困家庭学生，实行免学费、免住宿费、免费提供教科书、享受国家助学金等政策。提高贫困地区高等教育质量，高校招生加大对贫困地区的倾斜力度。

（九）健康扶贫

完善基本医疗保险、大病医疗保险和医疗救助"三重保障"机制，到2020年，切实减轻农村贫困人口看病就医经济负担，防止和解决因病致贫问题。提高贫困人口门诊报销水平，提高政策范围内住院费用报销比例，取消贫困人口大病医疗保险报销起付线，降低贫困人口大病费用个人实际支出。推进贫困地区县、乡、村三级医疗卫生服务网络标准化建设，重点对集中连片特困地区和国家扶贫开发工作重点县给予倾斜。到2020年，每个乡镇卫生院至少有二名医师，每个村卫生室至少有一名乡村医生掌握五项以上中医药适宜技术。推进分级诊疗，县城内就诊率提高到90%左右。

附件3-2　邢台市"十三五"脱贫攻坚的基本目标与实现途径

邢台市委、市政府始终把脱贫攻坚作为第一责任扛在肩上，安排部署全市脱贫攻坚重点工作。树立精准扶贫理念，以促进贫困群众稳定增收为核心，以发展扶贫产业为主攻方向，以完善社保政策兜底为保障，以改善农村生产生活条件为着力点，狠抓脱贫攻坚各项工作落实，高标准推动脱贫攻坚各项工作，举全市之力打好脱贫攻坚战。2016年初，邢台市扶贫办接受记者专访，解读邢台市"十三五"脱贫攻坚政策。

脱贫攻坚的目标和任务：邢台市在"十三五"脱贫攻坚期间的目标和任务主要概括为"一个突出""两个步骤""三个确保""四个提升"。（1）"一个突出"，即要突出精准脱贫的总要求，把2016年作为精准脱贫攻坚年，全面启动脱贫攻坚行动。（2）"两个步骤"，即通过三年时间集中攻坚，到 2018 年底，全市 10 个贫困县全部摘帽，799 个贫困村全部出列，29.35 万贫困人口实现稳定脱贫；再用两年时间集中扫尾、巩固提升，到 2020 年底前解决剩余 3.5 万特困人口脱贫。（3）"三个确保"，即到 2020 年，确保现行标准下农村贫困人口实现脱贫，确保贫困村全部出列并基本达到美丽乡村建设标准，确保贫困县全部摘帽。（4）"四个提升"，即贫困县贫困人口生活水平明显提升，稳定实现不愁吃、不愁穿，贫困地区农民人均可支配收入增长幅度高于全市平均水平；综合经济实力明显提升，人均公共财政增长幅度高于全市平均水平；基本公共服务水平明显提升，主要领域指标接近全市平均水平，义务教育、基本医疗和住房安全有保障，基础设施条件显著改善；生态环境建设水平明显提升，水和大气污染治理取得显著成效，森林覆盖率高于全市平均水平。

实现途径：构建专项扶贫、行业扶贫、社会扶贫互为补充的扶贫大格局，突出抓好发展扶贫增收产业、实施易地搬迁、加大教育扶智、落实低保兜底政策、实施医疗救助五项脱贫攻坚重点工作。其中，发展富民产业是解决贫困问题的根本途径，重点发展种植业、养殖业、家庭手工业等三大脱贫产业，主要实施扶贫资金直接到户扶持模式、变扶贫资金为股金的扶持模式、扶贫小额信贷贴息到户扶持模式等三种模式，对有劳动能力的贫困人口做到特色产业项目全覆盖。

附件 3-3 《威县"十三五"农业产业扶贫规划》

"十三五"时期是威县全面建成小康社会的决战期、攻坚期，如何补齐贫困这块"短板"，实现贫困人口如期脱贫，必须深入分析脱贫攻坚未来五年面临的攻坚拔寨的实际，准确把握威县新阶段脱贫攻坚的总体要求和主攻方向。为深入贯彻落实党的十八届五中全会、中央和省扶贫开发工作会议以及《中共河北省委、河北省人民政府关于坚决打赢脱贫攻坚战的决定》精神，威县按照邢台市委和威县县委的脱贫攻坚总体部署，结合县情实际，深入推进农业产业扶贫，特制定《威县"十三五"农业产业扶贫规划》。

一、规划目标

从 2016 年到 2020 年，通过实施招商引资与重点项目建设，大力发展畜牧、林果、蔬菜三大支柱产业，抓好龙头、产业与贫困群众的利益联结，最终实现产业脱贫的终极目标。畜牧产业重点打造奶牛、蛋鸡、肉鸡、生猪等四大主导产业，计划带动全县 30% 的贫困户实现脱贫致富；林果产业重点打造绿色梨果、葡萄两大优势产业带动全县 20% 的贫困户实现脱贫致富；蔬菜产业重点打造设施蔬菜、食用菌两大传统产业带动全县 20% 的贫困户实现脱贫致富。

二、效益预测

（一）扶贫效益

全面组织实施"十三五"产业脱贫攻坚规划，精准用好每一分农业产业及相关扶贫资金，到 2020 年，通过农业产业发展与安排贫困群众就近务工就业等措施全面消除绝对贫困，全县农村贫困人口 19491 人全部脱贫，181 个贫困村全部"销号"，实现"三年集中攻坚目标"，与全省基本同步实现小康目标。

（二）经济效益

规划实施后，贫困村人均可支配收入年均增长 500 元以上，增幅 15%。产业结构明显优化，主导产业基本形成，主导产业产值占年人均可支配收入的比例上升 35%。市场体系初步建立，产供销产业链呈现一体化发展。

（三）社会效益

规划实施后，学前教育大幅度提升，九年义务教育继续巩固，职业教育全面发展，办学条件和办学质量得到更大程度的改善，劳动力素质全面提升，以技能型人才为劳动力主体。公共卫生服务体系较为完善，常见病就地诊疗，大病防、治体系建立，医卫人才队伍充分保障并实现城乡覆盖。文化产业健康发展，科技服务体系健全，科技对经济增长的贡献率、城乡居民的社会保障体系覆盖全面提升。

第四章 | 政府统筹：威县脱贫攻坚的政策落实与组织建设

扶贫是一项长期而系统的工程，威县在探讨农村扶贫的可行性战略和措施时，突出了政府的主导作用，统筹财政、产业、社保等政策，依赖各项政策之间的配套协调，以形成扶贫合力，并根据本县的贫困属性设计扶贫方案，全面落实扶贫举措。创新行政机构，转变政府职能，激发扶贫措施落实的效益最大化，促进脱贫效率。对于扶贫领域的腐败与不良作风，组织专项治理活动，及时落实整改，保证扶贫环境的健康。

一、政策承接：全面落实扶贫举措

威县在脱贫攻坚的进程中，以习近平新时代中国特色社会主义思想为指导，全面贯彻习近平总书记关于扶贫工作的重要论述，认真落实中央和省委、省政府、市政府关于打好精准脱贫攻坚战的决策部署，坚持精准扶贫精准脱贫基本方略，聚焦产业、医疗、教育、社会保障扶贫，用"绣花"的功夫精准落实威县脱贫攻坚政策，全面打赢打好邢台市脱贫攻坚战。

（一）立体式脱贫攻坚政策的设计与落实

1. 河北省脱贫攻坚政策的设计与落实

河北省政府办公厅印发的《河北省"十三五"脱贫攻坚规划》中明确提出，"十三五"期间，河北省以"六个精准""五个一批"为主线，以燕山—太行山、黑龙港集中连片特困地区为主战场，以促进贫困群众稳定增收为核心，举全省之力打赢脱贫攻坚战。

在扶贫资金监控方面，河北省财政厅制定了《河北省财政扶贫资金支付监控暂行办法》（冀财规〔2018〕1号）。为了进一步加强财政扶贫资金支付监控，保障资金安全，提高资金使用效益，在开展专项治理方面，河北省制定《全省扶贫领域腐败和作风问题专项治理实施方案》，重点针对低保、特困两项主要制度，查清党的十八大以来在政策落实中存在的问题；在社保兜底保障方面，河北省认真贯彻落实党的十九大提出的"兜底线、织密网、建机制"的总体要求，印发并实施了《2018年社会救助和兜底脱贫攻坚工作要点》，旨在统筹城乡社会救助体系，完善最低生活保障制度，健全特困人员救助供养制度，全面提升全省社会救助和兜底脱贫攻坚工作。在发展特色产业方面，河北省农业厅等12个部门联合印发《关于贫困地区发展特色产业促进精准脱贫的实施意见》，提出通过突出大力发展特色种养业、做大做强农产品加工业、积极发展休闲农业与乡村旅游等八项工作，基本形成产业扶贫体系。在教育扶贫方面，为进一步加强义务教育阶段家庭经济困难寄宿生生活补助管理工作，进一步提高资金使用效益，制定并实施了《关于资助农村义务教育阶段贫困生暂行管理办法》，为该类补助对象补助贫困寄宿学生生活费；为规范和加强普通高中国家助学金管理，确保家庭经济困难学生资助工作顺利开展，制定并实施了《河北省普通高中国家助学金管理办法》。

2. 邢台市脱贫攻坚政策的设计与落实

邢台市全面贯彻落实党的十九大精神，以习近平新时代中国特色社会主义思想为指导，全面贯彻习近平总书记关于扶贫工作的重要论述，认真落实中央和省委、省政府关于打好精准脱贫攻坚战的决策部署，坚持精准扶贫精准脱贫基本方略，全面打赢打好邢台市脱贫攻坚战。为进一步提升邢台市农村建档立卡贫困户低保、医疗、教育、住房等保障水平，进一步提高扶贫脱贫驻村工作队帮扶成效，全面提升邢台市脱贫攻坚质量和水平，加快脱贫攻坚步伐，确保2020年国家现行标准下全市所有贫困县脱贫摘帽、贫困村脱贫出列、贫困人口稳定脱贫，邢台市人民政府制定并发布了《关于进一步强化保障能力全面提升我市脱贫攻坚质量和水平的决定》（邢字〔2018〕13号）。

在农村低保政策兜底保障方面，邢台市制定并实施了《关于将全市农村建档立卡未脱贫贫困户全部纳入农村低保的实施意见》；在医疗救助方面，为了切实减轻全市农村建档立卡贫困户人口就医负担，进一步提高贫困群众医疗保障救助水平，预防因病致贫、因病返贫，制定并实施了《关于提高全市农村建档立卡贫困人口医疗保障救助水平的实施意见》《关于加强定点医疗机构目录内药品和诊疗项目使用比例管理工作的通知》；在教育扶贫方面，为了加大农村建档立卡贫困户学生资助力度，确保全部农村建档立卡贫困户适龄学生无障碍入学，制定并实施《关于做好全市农村建档立卡贫困户适龄学生无障碍入学的实施意见》，制定并实施《关于在扶贫领域开展三个专项清理的实施方案》，确保教育扶贫政策落到实处；在住房保障方面，为了加快全市农村建档立卡贫困户D级危房改造进度，制定并实施《关于全市农村建档立卡贫困户D级危房改造的实施方案》；为了全面提高市派扶贫脱贫驻村工作队的帮扶成效，提高群众对帮扶工作的满意度，制定并实施了《市派扶贫脱贫驻村工作队的考核办法》。

3. 用"绣花"的功夫精准落实威县脱贫攻坚政策

（1）产业扶贫：依托"资产收益扶贫模式"助力可持续脱贫。为了全面贯彻落实党的十九大精神，大力实施乡村振兴战略，威县人民政府印发《2018年农业农村暨脱贫攻坚重点工作》的通知，以扶贫脱贫为统领，以"三带三园"现代农业格局为依托，以农业提质增效为抓手，实现产业融合建设。依托"五大资产收益扶贫模式"，培育发展生态循环农业等项目，鼓励发展家庭手工业，大力开发光伏产业，制定并实施《贫困户屋顶发电项目加快推进整改实施方案》，紧抓国家促进光伏产业发展的政策机遇，采取政府主导和市场运行相结合的模式，与嘉寓公司签订200MW的《户用光伏发电系统战略合作协议》，大力培育发展户用光伏发电产业，优先保障贫困户的政策享受，同时兼顾非贫困户，以确保扶贫政策精准和实现产业快速连片发展，助力农户增加收入。制定《威县产业脱贫三年实施方案》，以产业就业扶贫为重要抓手，全面提升扶贫成效，坚决打好脱贫攻坚战。

（2）健康扶贫：完善"三重保障"机制，解决因病致贫。威县深入落实国家、省健康扶贫工作要求和威县脱贫攻坚总体部署，扎实推进精准扶贫工作，使因病致贫、因病返贫群众切实得到健康扶贫工作的实惠，实现"看得上病、看得起病、少生病"的目标，提高全县贫困人口健康水平，为决胜全面建成小康社会作出新的更大贡献。威县从大病专项救治、乡村医生培训、结对健康帮扶等角度制定研究方案，切实减轻全县农村贫困大病患者住院垫资压力和费用负担，提高乡村医生综合素质和精准扶贫有关方面政策，使乡村医生全面了解掌握医保扶贫、健康扶贫和防贫险项目的内容，促进扶贫业务水平不断提升，助力打赢精准脱贫攻坚战。创新性提出家庭病床服务模式，全面落实县域内住院先诊疗后付费、"一站式"结算服务，积极开展"光明扶贫工程"，对经县卫生计生局核准的建档立卡贫困白内障患者实施免费救治，开展"春雨工程"，进一步深化城乡医院对口支援工作，解决农村医疗人员短缺问题，提高乡镇卫生院医疗卫生服务能力，促进健康扶贫工作扎实开展。

表4-1　2018年威县制定的有关健康扶贫的政策文件汇总

项目	文件
大病专项救治	《威县卫生和计划生育局、威县人力资源和社会保障局关于进一步推进农村贫困人口大病集中救治工作的通知》
乡村医生培训	《威县乡村医生培训项目实施方案的通知》
结对健康帮扶	《威县医疗机构医生与因病致（返）贫群众结对健康帮扶的工作方案》
"光明扶贫"工程	《威县"光明扶贫工程"实施方案》
"春雨工程"	《威县卫生和计划生育局关于威县乡镇卫生院能力提升"春雨工程"的实施方案》
防病先行活动	《威县健康扶贫防病先行专项行动工作方案》

资料来源：根据威县资料整理。

（3）社会保障兜底：强化社会保障能力，提升脱贫攻坚质量。威县贯彻落实党的十九大报告关于"加强社会保障体系建设"和"坚决打赢脱贫攻坚战"的重要论述，制定并实施了《威县深化农村低保精准认定精准核查机制改革的实施方案》，扎实推进农村低保制度与扶贫开发政策的有效衔接。为进一步发挥农村低保政策兜底保障作用，切实保障全县农村建档立卡未脱贫贫困户基本生活，提高农村建档立卡贫困户脱贫质量，实现全县农村建档立卡未脱贫贫困户低保全覆盖、应保尽保，威县根据《中共邢台市委、邢台市人民政府关于进一步强化保障能力全面提升我市脱贫攻坚质量和水平的决定》精神，制定并实施《关于将全县农村建档立卡脱贫贫困户全部纳入农村低保的实施意见》。

（4）教育扶贫：治贫先治愚，有效阻断贫困的代际传递。威县深入贯彻落实习近平总书记关于扶贫工作的重要论述和国家教育扶贫有关政策，充分发挥好教育在脱贫攻坚中的基础性、先导性作用，切实提高威县教育扶贫工作水平。从精准识别教育扶贫对象、学前教育资助、适龄学生无障碍入学、贫困寄宿学生生活补助、中等职业学校和普通高中助学金管理、资助宣传、控辍保学等角度，制定相应的实施方案，完善从幼儿园全程追踪到高中、中职教育，建立覆盖学前教育到高中教育各个学段的学生资助政策，做好学生资助宣传工作，提高了资助政策的透明度，促进政策的贯彻落实。进一步落实好学前教育资助工作，切实解决家庭经济困难儿童入园、保障适龄学生无障碍入学等全县教育扶贫工作中存在的突出问题，有效阻断贫困代际传递，切实提高巩固义务教育成果。

表4-2　2018年威县制定的有关教育扶贫的政策文件汇总

项目	文件
精准识别	《威县教育局关于在扶贫领域开展三个专项清理中清理教育扶贫识别不精准问题的实施方案》
生活补助	《威县教育局、威县财政局关于进一步加强义务教育阶段家庭经济困难寄宿生生活补助管理工作的通知》
普高助学金	《威县普通高中国家助学金管理办法》
适龄学生入学	《威县教育局关于做好全县农村建档立卡贫困户适龄学生无障碍入学的实施意见》
中职助学金	《威县中等职业学校国家助学金管理办法》
资助宣传	《加强学生资助政策宣传工作》
结对帮扶	《威县教育局关于开展教育系统结对帮扶贫困学生推进精准扶贫工作的实施方案》
学前教育资助	《进一步加强学前教育资助工作》
控辍保学	《威县教育局关于进一步加强控辍保学工作的实施方案》

资料来源：根据威县资料整理。

（5）扶贫资金与金融扶贫：加大扶贫资金投入，为脱贫攻坚夯实财政保障。为了进一步加强扶贫资金在县乡村支付环节的监控，威县制定《威县财政扶贫资金支付监控实施细则》；根据《威县"十三五"脱贫攻坚规定》，结合财政在保障脱贫攻坚中肩负的职能，威县紧紧围绕县委、县政府脱贫攻坚工作部署，制定《威县财政局2018年至2020年支持脱贫攻坚规划》，强力支持不断加大财政脱贫攻坚投入和资金监管力度，为全县脱贫攻坚夯实财政保证。为使威县有关金融机构切实发挥好金融扶贫主力军作用，威县出台了《威县银行金融业支持脱贫攻坚实施意见》；为了更好地发挥金融对全县脱贫攻坚全方位的支持作用，威县金融工作办公室印发了《关于建立银行分包各乡镇扶贫开发工作制度的通知》；为了加强金融扶贫政策宣传，进一步推进扶贫小额贷款工作，威县制定了《全县金融扶贫政策宣传活动和扶贫小额贷款促进活动方案》。

（6）腐败专项治理：聚焦腐败专项治理，为脱贫攻坚提供纪律保障。威县认真贯彻执行党中央关于精准扶贫、精准脱贫的重大决策部署，坚持问题导向，聚焦扶贫领域腐败和作风问题专项治理"四个一批"的要求，结合市、县领导有关扶贫领域问题的批示意见精神，对"专项治理活动"开展以来发现的产业扶贫、教育扶贫、健康扶贫、社保兜底等领域腐败和作风问题整改情况进行"回头看"，认真对照检查，彻查彻纠彻改，解决各个扶贫领域违法违纪和作风问题，巩固深化治理成果，为威县打好脱贫攻坚战提供坚强保障。

（二）威县脱贫攻坚的具体实践

1. 聚焦产业脱贫攻坚，巩固富民产业发展成效

威县始终把产业扶贫作为脱贫攻坚的重中之重，专门成立产业扶贫工作领导小组，研究部署产业扶贫，按照现代农业组织化、规模化、标准

化、智慧化的"四化"方向和《威县"十三五"农业产业扶贫规划》，依托现代农业"三带三园"，抓好梨果产业、畜禽产业提升，形成"五大资产收益模式"，强力推进产业发展，巩固产业振兴基础。2018年，威县专业合作社已达到1475家，其中新增省级示范社2家，总数达到10家；新增市级示范社7家，总数达到31家，成为"全省农村股份合作制经济示范县"；培育省级扶贫龙头企业9家，农业产业化经营率达到70%。

（1）依托现代农业"三带三园"规划，推行"五大资产收益模式"。金鸡、白羽、金牛、威梨、根力多"五大资产收益模式"，覆盖497个村6405户13654名贫困群众，每人分红450元以上，群众收益631.525万元，符合条件的建档立卡贫困群众实现分红全覆盖；发放到村分红收益442.895万元，惠及269个行政村，每村增加集体收入1.5万元以上。对梨果、葡萄等特色产业，探索人保财险、中华联合和太平洋保险"三险联保"，县财政补贴60万元对7738亩三年标准化梨园、2162亩挂果葡萄上了农业保险，有效防范了扶贫产业风险，确保了贫困群众产业分红的稳定持续。目前，正将"三险联保"推广到金鸡、金牛、白羽肉鸡等扶贫模式，构建防范资产收益风险长效机制。

（2）全县形成"3+2"产业体系，加快工业经济由"从无到有"向"从有到优"的转变。威县按照"建精品园区、育特色产业、促规模集群"的总体思路，打造"3+2"工业体系。即电子信息、汽车及零部件、农产品深加工3个主导产业，通用航空、新材料2个新兴产业，威县的工业经济持续增速提质。

2. 全面抓好就业扶贫，增加群众收入渠道

就业是民生之本、脱贫之要，是贫困群众增加收入、实现稳定脱贫最有效的途径。为了全面打好就业脱贫攻坚战，确保贫困人口稳定增收，威县全面开展就业扶贫，充分发挥政府主导作用，激发群众内生动力，努力

探索就业扶贫之路。首先，通过制定《关于就业扶贫技能培训引导性专项方案》，依托教育部定点帮扶支持的职教园区、社会机构等，为建档立卡贫困群众开展就业创业技能培训，实现一人稳定就业，带动全家脱贫。其次，认真落实省市"双创双服"决策部署，用好"国家级农民工返乡创业试点"，制定扶持建档立卡贫困群众自主创业特殊政策，对有就业意愿的贫困群众开展"一对一"帮扶；建立"科技特派员"制度，抽调科技、农业、林业等部门30名技术专家，与威县30个深度贫困村结成帮扶对子，探索产业"首席专家"机制，精准开展技术指导，帮助发展"一村一品"主导产业，完善县乡村三级林果技术推广体系，探索出一条生态与经济双赢的产业脱贫之路。

3. 狠抓政策落实，确保小康路上不漏一户一人

在医疗保障方面，创造性实施大病集中救治一批、普通住院治疗一批、家庭病床管理一批、家庭医生签约一批的"四个一批"，完善"基本医保＋大病保险＋医疗救助"的"三重保障线"机制，形成多层次的医疗保障救助体系创新贫困人口家庭病床服务模式，有效提升了贫困人口医疗保障水平和医疗卫生服务能力，为威县解决因病致贫这一脱贫攻坚难啃的"硬骨头"助力。在扶贫助学方面，威县构建从学前到高中阶段"全覆盖"的学生资助体系，全面落实贫困学生学前资助、"两免一补"、"三免一助"、"雨露计划"等政策，除了开展常态化控辍保学工作以外，威县针对一些学生因厌学而辍学状况，探索开办"职业初中"班，引导义务教育阶段学生完成学业，避免因辍学落入贫困陷阱。在社会保障方面，落实危房改造政策，杜绝"眼球贫困"；为符合条件的贫困群众缴纳医疗保险、养老保险，为建档立卡贫困户和临界边缘群众缴纳"防贫保险"，构建精准防贫机制。在民政兜底方面，威县扎实开展精准认定低保对象工作，建立农村低保与扶贫标准同步提高工作机制，农村低保标准提高到每人每年

3600 元；加强养老机构建设，全县失能半失能老人集中供养率达到 95%，建档立卡失能特困人员全部实现集中供养。

表 4-3　威县低保、特困供养人员认定情况

贫困类型	低保贫困户		特困供养户	
	全县低保人数	21066	全县特困供养人数	2372
	其中：建档立卡	12189	其中：建档立卡	1008
	占比	57.86%	占比	42.5%
每月补助	217 元 / 人 400 元 / 人		分散供养	集中供养
			585 元 / 人	

数据来源：根据威县资料整理。

4. 强化党建引领脱贫，凝聚基层组织强大合力

习近平总书记强调，要把扶贫开发同基层组织建设有机结合起来，真正把基层党组织建设成带领群众脱贫致富的坚强战斗堡垒。威县筑牢脱贫攻坚党建基石，全面抓好乡镇党委书记、农村党支部书记、致富带头人"三支队伍"。加强村级党组织标准化、制度化、智慧化"三化"建设，达到"九有三化"（有党员活动室、有党群服务站、有农家书屋、有统一党建制度、有办公桌椅、有远教和广播器材、有党务村务公开栏、有规范国旗和党旗、有齐全档案台账，院落硬化、美化、绿化）标准，强化阵地建设；成立精准脱贫驻村干部管理办公室，建立驻村干部管理台账，探索建立"三查两看一提升"（查工作纪律、工作作风、工作落实，看帮扶成效、群众公认，提升贫困村发展能力）管理机制，加强工作队管理。

（三）保障脱贫质量的运行机制

脱贫攻坚是全面建成小康社会的关键，顺利完成"十三五"时期脱贫攻坚、精准扶贫的重大任务，是全面建成小康社会的战略任务。扶贫开发工作已进入"啃硬骨头、攻坚拔寨"的冲刺期，威县政府始终把脱贫攻坚主体职责扛在肩上，不断落实扶贫政策、扶贫工作和脱贫攻坚责任，健全完善多层压力传导机制、资金投入保障机制、社会帮扶保障机制、精准识别退出机制，着力解决扶持谁、谁来扶、怎么扶、如何退的问题，保障脱贫攻坚质量。2018 年 9 月 29 日，威县顺利实现脱贫摘帽。

1. 多层压力传导机制

威县政府通过建立县委书记、乡镇党委书记、村党支部书记（驻村第一书记）三级责任体系，召开三级干部大会，安排部署脱贫攻坚，层层压实脱贫攻坚责任与压力，确保政策、工作、责任落实；组织举办乡镇部门脱贫攻坚"擂台赛"，激发干部参与扶贫工作的积极性与责任心，切实提升扶贫脱贫工作质量和水平。同时，威县政府积极开展监督工作，成立 16 个驻乡镇督导组，明察暗访，督查人员在岗、驻村帮扶、政策落实等情况，约谈工作履职不力的单位领导，发挥警示效应，提高扶贫工作各级人员的自觉性，以推进扶贫工作的层层落实。

2. 资金投入保障机制

扶贫资金作为脱贫攻坚的动力源泉，它的闲置或"雨露不均"，都会影响扶贫任务完成实效。为此，唯有利用好扶贫资金，把扶贫资金用在刀刃上才能提高脱贫攻坚的成效。威县围绕全力打好脱贫攻坚战中心任务，树立"大财政"理念，制定资金统筹实施方案，多措并举全力打造脱贫攻坚资金保障硬机制，撬动扶贫资金实施精准扶贫，为脱贫攻坚提供资金保障。成立统筹整合使用财政涉农资金领导小组，整合涉农资金，用于农业生产发展、基础设施建设、资产收益扶贫等，明确资金使用方向；积极对接域外金融机构，为龙头企业争取金融贷款，巩固提升产业扶贫成果；制定《创新金融扶贫模式助推产业扶贫发展的实施意见（试行）》，印发《关于进一步完善扶贫小额信贷机制助推脱贫攻坚实施方案》，融合财政探索推进"一自三合"金融扶贫模式，为贫困户发放小额贷款，增强贫困群众"造血"功能。

3. 社会帮扶保障机制

按照习近平总书记关于"调动各方力量，加快形成全社会参与的大扶贫格局"的要求，广泛动员社会各界参与，形成脱贫攻坚合力，全力构筑全社会参与的大扶贫格局。威县成立公益志愿者协会，开展"善行威县，扶贫惠民"等志愿服务活动，积极探索公益扶贫；深入开展"百企帮百村"活动，引导企业与贫困村结成帮扶对子，发挥企业效应，帮助贫困村拓宽致富门路；举办爱心捐助，开展"扶贫先扶智，我为威县做贡献——爱心捐书活动"，丰富农村书屋。

4. 精准识别与退出机制

精准扶贫贵在精准，扎实做好精准识别退出工作，切实做到精准识别、精准施策、精准退出、精准考核，不符合识别标准的坚决清除，没达到退出要求的坚决回退，保证威县脱贫攻坚的不漏评、不错退。精准识别，做到不漏评、不错评：威县通过开展贫困户月采集工作，逐户测算月收入情况，全面了解贫困户生产生活情况，做到识别精准；根据致贫原因，对症下药，逐户分析健全扶贫脱贫措施，为贫困户量身定制年度帮扶和脱贫计划。精准退出，做到不错退、"零失误"：威县各部门深化精准退出全面排查工作，逐村逐户逐人进行再核实、再复查。依托大数据平台，建立数据信息共享机制，开发信息预警系统，根据群众收入、支出情况，进行自动预警提示，防止边缘群众致贫返贫，保障脱贫成效。

二、机构创新：转变政府职能，提升扶贫效率

在脱贫攻坚工作中，由威县政府牵头，县扶贫开发和脱贫工作领导小组统筹，与县财政局、教育局、人力资源和社会保障局、卫生和计划生育局、农业局、林业局、住建局、民政局等部门精准对接，扎实做好产业、教育、医疗保险救助、社保政策兜底等方面的扶贫工作，共同助力脱贫攻坚战（见图4-1）。

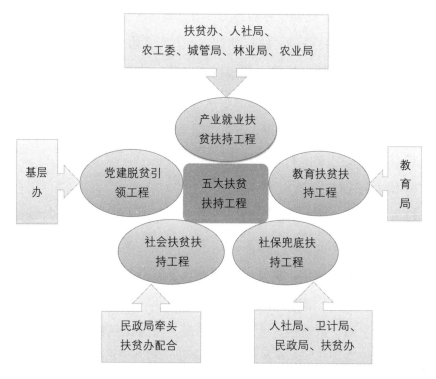

图4-1 脱贫攻坚与行政部门的工作衔接

（一）"一站式"服务的行政审批局

为了深化行政审批制度改革，河北省在曹妃甸区、渤海新区、北戴河新区、威县以及秦皇岛经济技术开发区、石家庄经济技术开发区等 9 个试点地区设立行政审批局，将区域内分散在不同部门的审批权，全部集中划转到这一新部门实施，统一使用行政审批专用章，废止原部门行政审批公章，原审批部门不再实施审批，实现"一个部门、一枚公章管审批"。2014 年 12 月 17 日，威县行政审批局成立并运行，成为河北省首个成立并运行的行政审批局。威县县长安庆杰说，成立行政审批局是行政审批体制改革的突破口，旨在解决行政许可"公章四面围城、公函长途旅行"的问题，促进投资和服务便利化，实现"重审批、轻监管"向"审批、监管分离"转变。

1. 内设机构与人员编制

威县行政审批局为威县政府工作部门，行政编制人员 30 名，其中局长 1 名，副局长 3 名，股级干部职数 8 名。行政审批局办公区内共设投资项目服务区、企业设立服务区、涉农事务和交通城管区、文教卫事务区、社会服务区 5 个功能区，内设办公室、政策法规科、项目服务科、投资项目科、企业设立科、文教卫事务科、社会事务科、交通城管科 8 个内设机构，涵盖了县域经济发展各个事项的审批需要。打破了原来按部门设置审批窗口的方式，转而按企业和群众办理事项需求优化内设机构，最大程度提高行政审批效能（见图 4-2）。

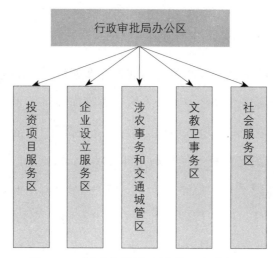

图 4-2 行政审批局内设的五大功能区

2. 行政审批职责不断调整优化

新组建的行政审批局，接收了县发改局、县教育局等 26 个部门。这些部门的 166 项审批职责全部划转到此，42 枚公章也变成了一枚行政审批专用章，实现了"一个部门、一枚公章管审批"。行政审批局的成立使威县的审批主体由分散变为集中，为审批服务提速创造了体制条件。为规范县级政府各部门的行政许可事项，进一步提高审批效率，威县行政审批制度改革工作领导小组办公室组织县政府有关部门及部分垂管单位根据河北省人民政府办公厅《关于公布河北省行政许可事项通用目录（2016 年版）的通知》的要求，对威县本级当时实施的行政许可事项目录进行了规范调整，编制形成了《威县行政许可事项目录》，共涉及行政许可事项298 个。其中，县级终审行政许可事项 236 个，县级初审转报行政许可事项 1 项，县级有待国务院规范和明确的事项 61 个。

3. 审批服务机制持续升级

威县于 2014 年被确定为河北省第一个综合改革试点县，随后河北省首个行政审批局在威县成立并运行，打响了全面推进综合改革"当头炮"。随后组建全省首家网上"中介超市"和市民服务中心，打造了"集中审批＋现场服务＋中介超市＋网上办理"的审批服务体系。2018 年，威县行政审批局开展了"一窗办、就近办、网上办、承诺办"的政务服务改革，形成审批服务便利化，实现企业和群众办事"只跑一趟"或"一趟也不跑"。目前，威县行政审批局已完成审批服务 1.0—5.0 的版本升级，实现了从分散到集中，从单一到综合，从县城便利到全域便利，从传统面对面到线上网上办，从"审批就是权力"到"审批就是服务"的转变。

4. 审批与监管相互制约

"一枚公章管审批"让行政审批局成为权力的集大成者，为了避免"一权独大"，就必须要有监督机制做保障。审批局的 67 人承担了原来全县 26 个部门近 300 人的审批职能。不再持有审批职能的各部门，反而有更多精力放在了监管上。行政审批局与各职能部门之间，通过网络互通信息，实行"信息共享"。各职能部门会将行政处罚等后期监管情况，通过邮箱第一时间告知审批局，以便审批局采取相关措施。行政审批局设立派驻审批局的纪委工作人员的办公室，来自纪委的工作人员列席参加审批局的会议，监督审批人员办理时限，并可以进入办理审批的信息后台，定期通报违规现象。除此之外，让渡出审批权的 26 个部门有权在系统受理的审批事项与某个部门相关，在后台监督该事项的办理过程。

（二）"两办"相辅相成抓扶贫

威县扶贫开发工作领导小组办公室成立于 2002 年，由于威县的脱贫攻坚任务十分繁重，加之 2017 年威县开展脱贫摘帽工程，仅扶贫办不能更好地统筹协调各部门，基于此，威县于 2016 年 10 月临时成立脱贫攻坚指挥部，专职脱贫攻坚的统筹协调、精准推进、督查考核，更有利于扶贫办在

"扶"上下功夫，提升贫困人口劳动致富能力。在全县干部群众共同努力下，威县于2018年9月28号脱贫摘帽。

1. 县扶贫开发工作领导小组办公室

2002年，威县被确定为省级扶贫开发工作重点县，成立扶贫开发工作领导小组办公室。2012年3月被确定为国家级扶贫开发工作重点县，县扶贫开发办公室下设综合股和劳动力转移培训中心两个股室。2016年4月，威县扶贫开发办公室和威县农业开发办公室合并，成立威县扶贫和农业开发办公室，下设4个部门：综合股、项目股、信息中心和培训中心（见图4-3）。

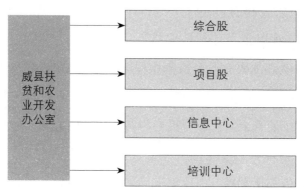

图4-3　威县扶贫和农业开发办公室的下设部门

2. 县脱贫攻坚指挥部

2016年10月，威县成立脱贫攻坚指挥部，在威县于2018年9月圆满完成脱贫摘帽后撤销。脱贫攻坚指挥部政委由县委书记安庆杰担任，指挥长由县长商黎英担任，第一副政委由县委副书记担任。指挥部负责统筹协调推进脱贫攻坚各项工作，定期召开专题会议，研究工作中遇到的问题及应对措施，确保各项工作有序开展。指挥部下设办公室，办公室人员由行业部门主管领导和各乡镇扶贫业务骨干组成，办公室下设六个组（见图4-4）。

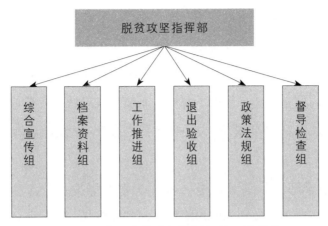

图 4-4　威县脱贫攻坚指挥部的下设机构

三、从严要求：净化扶贫大环境

整治扶贫腐败与不良作风是打赢脱贫攻坚战的先决条件，目前，我国的脱贫攻坚已经到了攻克最后堡垒的关键时刻，治理扶贫领域腐败和不良作风问题刻不容缓。扶贫领域的腐败问题折射出当地政治生态的不健康，专项治理扶贫腐败，及时落实整改，整体提升行政作风，强化干部的责任意识，从根本上澄清扶贫大环境、净化政治生态，为脱贫攻坚奠定良好的制度基础。

（一）工作作风的整顿与提升

1. 激发干部内生动力，强化工作责任意识

在提升机关干部对扶贫政策的了解度上，扶贫办要认真组织全体党员干部学习《扶贫知识手册》，不定期地组织不同层面的业务知识考试，提升自身业务素质，学到真本领。在提升机关干部大局意识上，突出解决少

数干部大局意识较差，不讲规矩、不守制度，松松垮垮，甚至乱发牢骚等问题。在提升机关干部责任担当上，重点解决少数干部不求上进，消极应付工作、不负责任的问题。在提升机关干部工作作风上，着重解决少数干部工作与原岗位不脱钩，不愿下基层，不能深入一线，习惯遥控指挥，很少亲力亲为，工作"耍滑头"，办事"踢皮球"，导致群众满意度不高等问题。

2. 加强干部作风建设，进一步优化政治环境

各分包乡镇县级领导，要切实担负起领导责任，督促所包县直单位和乡镇把工作重心向脱贫攻坚第一线倾斜；县直部门主要负责同志，要切实负起工作责任，大力支持下村工作队员，保障工作队经费开支，并亲自担任队长，亲自分包帮扶；各驻村帮扶队员要真帮实扶，切实把帮扶工作做到实处，让贫困群众感受到党和政府的温暖；各督导联系人要切实发挥自身作用，把工作做实、做细、做好；乡村干部要发挥基层工作优势，把优惠政策宣传到户，把群众冷暖放在心头，切切实实做好群众工作，成为脱贫攻坚主力军。

（二）专项治理扶贫领域腐败问题

作为国家级扶贫开发重点县，威县县委、县政府高度重视扶贫领域腐败问题专项治理工作，牢固树立"四个意识"，把握纪委职责定位，强化监督执纪问责，坚持组织领导、安排部署、政策宣讲、督查调度"四个到位"，坚持把开展专项治理作为提高脱贫质量、推动迎检验收的重要抓手，推动专项治理工作扎实有效开展。截至2018年12月，全县共发现2017年10月以来扶贫领域违纪违法及作风问题共计485个，其中违纪违法问题288个，作风问题197个；已处理整改484个，其中违纪违法问题288个，作风问题197个，清退款95万余元，给予党纪政纪处分58人，组织

处理 377 人，涉及乡科级 33 人，乡科级以下 104 人，村干部 298 人。

1. 切实加强组织领导，搞好动员部署

威县及时动态调整县专项治理领导小组，由县委常委、纪委书记、监委主任徐艳刚同志担任县领导小组常务副组长，并专门成立产业扶贫问题、扶贫资金使用问题、危房改造问题、健康扶贫问题、教育扶贫问题、低保特困问题、驻村帮扶和基层组织问题、扶贫领域监督执纪问题 8 个专项治理督查组，每组都由一名县处级领导担任组长，分别明确了工作职责和人员构成，确保做到专项核查全面覆盖、多头推进。

2. 加大宣传力度，畅通群众监督渠道

威县充分利用威县报、威县发布、威县纪委公众号等媒体并通过公开举报电话、举报邮箱、悬挂条幅、张贴标语、电子屏显示等多种形式广泛宣传，营造浓厚的治理氛围。将专项治理工作的监督举报方式印制明白纸分别在服务窗口、便民服务中心随机向群众发放宣传单，设置固定宣传牌，在各村主要街道张贴可长期留存的公告，实现宣传全覆盖，到村入户。

3. 认真开展"回头看"活动，及时落实整改

威县第一时间学习贯彻省、市作出的扶贫领域专项治理，巡视反馈问题落实整改，整改"回头看"等工作部署，结合威县专项治理工作实际，对党的十八大以来扶贫领域问题线索进行大起底、大排查，全面清理专项整治发现的问题线索，建立健全整改问题台账。

第五章 | 新型扶贫平台："大数据"与 政府职能提效

　　精准扶贫事关中华民族伟大复兴，事关全面建成小康社会，政府是推动精准扶贫实施的火车头。2013年，中国共产党第十八届中央委员会第三次全体会议提出"全面深化改革的总目标是完善和发展中国特色社会主义制度，推进国家治理体系和治理能力现代化"，并对经济体制改革、政治体制改革、文化体制改革、社会体制改革、生态文明体制改革和党的建设制度改革进行了全面部署。国务院《关于在公共服务领域推广政府和社会资本合作模式指导意见的通知》中指出，在科技领域，鼓励采用政府和社会资本合作模式，吸引社会资本参与。通过政府与民间资本的合作来建设智慧城市，既减轻了政府财政负担，又使政府从全能型向服务型转变；同时拓宽了企业的发展空间，促进了社会主义市场经济的发展。智慧城市的建设，为政府简政放权，不断提高行政审批效率创造了有利条件。利用大数据平台，将政府职能进一步转变，为精准扶贫搭建更好的平台。

　　实施精准扶贫方略以来，威县通过建设智慧威县和一系列的简政放权措施，构建新型扶贫平台，不断整合信息资源，优化营商环境，充分发挥市场在资源配置中的决定性作用，形成全社会参与扶贫的大格局。

一、PPP 模式：公共服务市场化改革

PPP 模式将部分政府责任以特许经营权的方式转移给社会主体，政府与社会主体建立起"利益共享、风险共担、全程合作"的共同体关系，使政府的财政负担减轻，促进经济的发展，同时也使社会和主体的投资风险减小，拓展企业发展空间，进一步促进社会主义市场经济的发展。PPP 模式比较适用于公益性较强的项目，这就为智慧城市建设提供了新动力。

（一）PPP 模式的定义

PPP（Public-Private Partnership）模式又称公私合营模式，是指政府与私营部门之间，为了提供某种公共物品和服务，以特许权协议为基础建立一种长期伙伴式合作关系，并通过签署合同明确双方权利和义务，以确保合作顺利完成，最终使合作各方利益最大化，以最少的资源提供最多的公共产品和公共服务的供给。我国政府发布的《政府和社会资本合作模式操作指南（试行）》中将 PPP 模式定义为政府和社会资本合作。在传统方式下，政府部门在项目初期建设到后期完工并交付使用的全过程都承担着重要责任；在 PPP 模式下，政府在这个过程中的身份发生了转变，扮演着合作和监督的角色。PPP 模式通过引入市场机制，让擅长的企业去做专业的事，让政府从不擅长的事务中解脱出来。

（二）PPP 模式在智慧城市中的应用

智慧城市是依靠先进的科学技术手段所构建而成的，先进的科学技术在智慧城市日后的运行与维护过程中，提供了坚实保障。积极地利用 PPP 融资模式，将技术、智慧城市建设等内容，统一打包进行。切实地利用社

会融资参与的形式，结合社会发展的总趋势，不断引进能够促进社会发展的先进技术与经验开展智慧城市运行维护，切实保障智慧城市的运行质量，促进社会的稳定、现代化发展。在PPP模式之下，必须要积极地转变传统政府投资的弊端。传统政府信息化建设在政府出资的基础上，导致各个部门各自为政，造成了很多项目建设内容重复、烦冗的现象，在一定程度上造成了财政资金的浪费。在PPP融资模式之下，必须要开展统一协调处理，将多个项目打包建设，调控整合所有的项目内容，合理规划智慧城市建设。

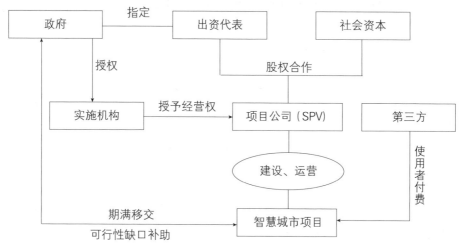

图5-1　PPP模式在智慧城市项目的运作过程

（三）PPP模式在威县应用的意义

PPP模式是供给侧结构性改革的重要抓手，是新经济形势下的主要投资模式，在县域经济发展应用中有着重要作用，能够减轻地方政府的财政负担，加快县域经济的转型升级，加快新型城镇化建设的步伐。[1]国家

---

① 乔治：《PPP模式在县域经济中的应用研究》，郑州大学学位论文，2017年。

将 PPP 作为地方融资的新渠道，为智慧城市建设者提供了新的思路。一方面，有利于增加资金来源渠道、提高基础设施与公共服务项目管理质量，降低政府的建设成本，促进政府职能转变，将更多精力投入规划和监管上；另一方面，拓宽了企业发展空间，进一步激发非公有制经济的活力，有效促进社会主义市场经济体系持续健康发展，有利于深化公共服务和基础设施领域供给侧结构性改革。

威县引入市场机制，将 PPP 模式应用于建设智慧威县数据中心、"金鸡"资产收益模式、河道确权等项目，保证了项目在技术和经济上的可行性，缩短前期工作周期，使项目费用降低，减轻财政负担。同时，政府部门和民间部门相互取长补短，发挥政府公共机构和民营机构各自的优势，弥补对方身上的不足。双方可以达成互利的长期目标，可以以最低成本有效地为公众提供高质量的服务。

二、改革的第一扇门——智慧威县数据中心

智慧城市建设，是通过促进信息技术在自主创新、产业发展、公共服务、社会管理、资源配置等领域的广泛应用，发挥信息技术对经济社会发展的引领支撑作用，有利于加快经济转型升级、形成以智慧产业为核心的现代新型服务业及其产业服务链，有利于提升人民群众生活品质，有利于创新社会管理方式，有利于提高资源配置效率，有利于提升整个城市生产方式、生活方式、公共服务、政府决策、市政管理、社会民生等方面的智慧化水平。建成具有区域特色的京津冀边界重要的中心城市，打造富裕威县、智慧威县、幸福威县，这对于威县抢占未来制高点、争创发展新优势，把城市转型全面推向新阶段，有着十分重要的意义。

（一）智慧威县数据中心建立的背景

1. 智慧城市在我国的发展

现代信息通信技术快速演进为提升城市运营和产业发展水平带来了重大机遇。20世纪90年代以来，现代信息和通信技术融合发展，催生巨大的商业能量和应用活力。信息通信技术对产业的渗透和带动日益明显，新的业态不断涌现，信息和通信产业获得前所未有的发展。城市信息化发展进程也从初期简单应用信息技术、处理具体事务的应用系统集成阶段，发展到实现精细化、动态化管理的智慧阶段。特别是云计算、物联网、泛在网、移动互联网、数据挖掘、分析优化等新一代信息通信技术日新月异、交叉融合，实现了更全面的感知、更快速的互联互通以及更高效的信息处理，为全面提升城市经济生活质量创造条件。

智慧城市建设已成为世界各国和地区刺激经济发展和建立长期竞争优势的重要战略。近年来，一些国家、地区和城市先后推出了新的城市信息通信技术基础设施建设、技术研发以及产业发展规划，"智慧化"日益成为未来发展的共同愿景和目标。国内众多城市把智慧城市建设作为城市转型发展的战略选择。我国政府高度重视物联网、云计算、泛在网等技术研发和产业发展，把新一代信息技术产业作为战略性新兴产业重点推进。特别是2009年8月温家宝同志提出建设"感知中国"后，国内经济较发达城市纷纷提出各自的发展思路、制定相关规划，掀起发展物联网产业、建设智慧城市的热潮。智慧城市近两年显然在中国获得不少地方政府的认同。目前，北京、上海、宁波、深圳、无锡、武汉、南京、昆明、成都等国内城市已纷纷启动智慧城市战略，意在抢占先发优势。这些城市的相关规划、项目和活动渐次推出，进入了我国智慧城市的第一梯队。

智慧城市作为一种城市发展的新途径，是一个庞大且复杂的城市体系，所涉及的外延较为广泛。智慧城市的建设需要巨大的资金支持，据我国相关的报告表明，我国未来几年中，对于智慧城市建设的资金投入大约在两万亿元，这是我国传统地方政府无法承担的巨大财政负担。为了切实促进我国社会的发展，构建完善的智慧城市体系，就必须引入市场机制，积极地借助社会资源运营经验，强化商业开发的拓展能力，有重点、有目的地开展 PPP 融资模式，为智慧城市建设拓展融资途径。

2. 威县建设智慧威县数据中心的背景

基于建成区域特色的京津冀边界重要中心城市的发展战略，威县县委、县政府提出了创建国家智慧城市的构想，下发了《威县创建智慧城市 3—5 年实施方案》，明确了各重点项目的建设内容、承担单位，成立了威县智慧城市建设试点工作领导小组，由县委书记任顾问、县长任组长、常务副县长任常务副组长、相关分管领导任副组长、各相关单位主要领导任成员。并拟由政府成立威县信息中心负责系统整合、统筹推进智慧城市相关重大基础设施建设，负责建设智慧城市公共信息平台和公共基础数据库，负责智慧城市总体建设和运行等智慧城市建设相关管理工作。①

问题导向是威县建设"智慧城市"坚持的一条基本原则，面对河北省唯一综合改革试点，国家新型城镇化试点的艰巨政治任务，传统管理模式难以适应社会发展和城市建设新形势的尖锐矛盾，经济转型升级和节能、环保等高新产业的刚性需求，人民群众在更加便捷、全面、人性化的社会服务方面的强烈要求，威县县委、县政府站在提升政府治理体系和治理能力的高度，克服"吃饭财政"的现实困难，于 2014 年 11 月 12 日开始寻找战略合作伙伴，启动"智慧城市"建设，编制完成《智慧威县总体规

---

① 北京数立通科技有限责任公司：《威县智慧城市总体规划》，2014 年。

划》，目前完成一期工程，包括天网覆盖、数字化城管、数字交警、全城光纤传输网、数据中心、云计算平台和综合行政审批系统等。

（二）智慧威县数据中心的发展建设

威县是国家新型城镇化试点县，也是全省第一个县级综合改革试点县，2014年5月以来，以探索建设智慧城市为抓手，着力推动云计算、大数据、物联网等新一代信息技术创新应用，促进县域规划管理信息化、基础设施智能化、公共服务便捷化、产业发展现代化、社会治理精细化，成为推进治理体系和治理能力现代化的重要突破口，被科技部和中科院遥感所确定为"国家遥感工程中心威县基地"。

1.规划统筹、高标定位

智慧城市建设是一项长期、复杂的系统工程，涉及领域广、建设周期长，必须搞好顶层设计，一张蓝图绘到底。威县专门聘请住房和城乡建设部中国城市科学研究会、中科院计算所、软件所、清华大学、省测绘院等知名专家学者编制《智慧威县总体发展规划（2015—2020）》，包括《智慧威县顶层设计》《智慧威县建设设计方案》《智慧威县产业与融资规划》《智慧威县运营规划》等。规划中始终坚持高起点、高站位，把握推进新型城镇化建设这一总方向，成为全面指导威县智慧城市建设和智慧产业发展的纲领性文件，全面推进区域国民经济与社会信息化的健康、持续、稳定发展。通过智慧城市建设，以信息化促进全面提升政府治理体系和治理能力"两治"水平，以保增长、保民生、保稳定"三保"为切入点，搞好与"十二五"及"十三五"规划、与第一二三产业规划、与行业应用、与群众需求的"四个结合"，努力做到场地、网络、硬件、软件、数据和人员"六共享"，实现城市信息系统建设由局部单点向集中集成转变，由自建自用向共建共享转变，避免概念不清、外延不明、条块分割、重复投资、信息孤岛现象。

2. 开展基础设施建设

智慧威县建设主要架构分为感知层、网络层（传输层）、平台层和应用层四个层面。首先开展一网、一云、一号、一网格、一系统"五个一"方面的基础建设。

一网。建立一张适合的政府自控网，链接全县所有乡镇和主要业务单位，改变原先向运营商租用的做法，带宽、端口自主控制，各类应用和指令随时通达，一网和一云还可为入威企业提供全部的信息化支撑与服务，成为招商引资的有利条件。对一网的综合利用，已经为三网合一、雪亮工程、党政直通、智慧信访、精准扶贫、教育联网和智慧农业等建设，节省出大量投资。

一云。建成总面积 1700 平方米、存储能力达 10PB 级的云计算数据中心，对各类数据进行汇总、分析、运算和存储，为各种应用提供有效支撑，还可为各部门随时划拨云服务。今后除特殊需要外，将不再单独分散批准硬件采购预算，一律由云计算数据中心提供。

一号。智慧威县的便民服务以"提升社会管理、社会治理和社会服务"为出发点，整合政府各类热线电话，开通县域"12345 市民服务热线"，现已配备座席人员 12 名，24 小时全天候受理群众诉求，统一调度处理城市管理、社会治理、公共服务等问题，实现一号对外、集中受理、分类处置、限时办结和跟踪反馈。

一网格。简称"多责任网格治理"，是科技部、住建部"十三五"科研项目——"智慧城市网格化综合服务管理平台关键技术研究与综合示范"课题，即通过信息化的手段，将原先单一责任网格改变为多责任大网格，实行一岗多责，解决资源分散和管理效率低下的问题。截至 2019 年，已重新划分基础网格 597 个，开发出"威县事事通"手机 App，组建出专职、兼职和志愿共 1500 多名的网格员队伍，实现对各类对象管理精细化、精准化。

一系统。即综合感知系统，由新建的 3000 多路各类探头和智能传感设备组成，保持在线率 99%。通过权限管理和数据脱敏，做到资源共享，有效地支撑了公安、城管、交通、综治、维稳、信访、安监、食药、建设、气象等各职能部门的使用。

3. 强化组织领导机制

智慧城市建设领导小组由县委书记任组长、县长任常务副组长、主管副县长任办公室主任、各有关单位一把手为成员的领导小组，为推进智慧威县建设提供了强有力的组织保障。领导小组改变挂名的形式，真抓实干，一任接着一任干，换班子不换目标，使得智慧城市建设项目得以持续发展。同时，设立专门机构——威县智慧城市建设协调服务中心，负责各重点创建工程的组织、协调、推进和监督考核等工作，由各责任单位和相关部门具体承担各重点项目建设和综合管理。[①]

（三）智慧威县数据中心的应用

智慧城市建设的效果，最终要体现在便捷高效的应用上。智慧威县的应用，主要分为三个阶段。

第一阶段，建设公共信息平台。

在上述硬件环境基础上，依托数据采集、数据管理等共性软件，建立公共基础数据库、共性业务数据库、共性专题数据库，构成城市公共信息平台，所有应用都将以此平台为支撑设计开发，如果平台数据更新，全部应用将同步更新，避免重复录入信息。截至 2019 年 6 月，已完成地理空间、机构数据、人口数据、建筑物数据、标准地址、企业数据、网格数

---

① 威县人民政府：《威县智慧城市建设经验总结》，2019 年。

据 7 大类基础数据库，以及视频监控、手机及轨迹、车辆及轨迹、城乡管理事件、市场监管事件、角色权限、法律法规等 23 大类共性数据库建设。同时，发挥"多责任大网格管理"系统和网格员作用，实时补充、更新数据，确保数据及时更新和输出结果真实准确。

第二阶段，搭建各类应用系统。

城市管理（善政）方面：已建成公安城管交通多网合一、扁平化指挥系统、智慧城管、党建直通、食药监管、智慧人大、智慧交通、智慧安监、智慧信访监督、综治中心、警务监督平台等 20 余项应用系统，政府部门信息化基础设施和应用水平显著提升。

民生服务（惠民）方面：已建成精准扶贫、便民服务系统、12345 市民服务热线系统、事事通手机端等 10 余项系统，提升了群众的满意度和获得感。

在精准扶贫方面，研发了精准扶贫系统。在系统对接方面要求：数据标准一致，数据库可直接对接；县乡镇村扶贫的工作平台与国家扶贫动态数据统计平台对接。其中的精准扶贫大数据平台，覆盖县、乡、村三级的互联互通及相关部门之间信息共享的扶贫管理和服务信息化系统。平台的系统结构有三部分组成：手机移动端 App、电脑端信息系统、大屏幕展示系统。数据平台自 2016 年 5 月建设以来，对 16 个乡镇 181 个村的第一书记、508 个村的帮扶责任人、乡镇相关人员不断进行培训，拉开了威县精准扶贫精细化管理的序幕。9369 户贫困对象，1151 名帮扶干部，181 支驻村工作队已经进入大数据平台。

精准扶贫大数据平台的应用效果。

（1）各级领导：监督帮扶责任人履职情况；掌握扶贫工作推进效果；统计分析，为决策提供依据；查看"四个一批"实施情况。

（2）帮扶责任人：采集上传贫困户信息；撰写扶贫日志；制定脱贫计

划；填报脱贫效果。

附件 5-1

2016 年 11 月，威县贺营镇袁家庄村敬老院建设工程如期交工。邢台市委办公室驻该村第一书记冯博随即拿出手机，通过威县精准扶贫大数据平台手机 App 系统，修改了有关该村帮扶成效的信息，并上传了照片。

2016 年 8 月 8 日，威县精准扶贫大数据平台上线运行。平台中的数据，大到全县贫困人口数、贫困发生率，小到每个贫困户的住房、人口、收入等信息全部登记在内。目前，威县 181 个扶贫开发重点村的 9369 户 19491 名贫困人口的基本信息，已全部录入大数据平台，实现了对全县扶贫开发工作的精准识别、动态管理。

"根据大数据平台中的信息，我们可以针对贫困对象的不同情况对症下药，精准扶贫。"冯博说。大数据平台还为贫困村"摘帽子"设定了标准，达到设定的村集体收入、安全饮水等 10 项指标，贫困村就能"摘帽"。

威县扶贫办主任刘宝华说，大数据平台可清楚地显示每个帮扶工作组做了哪些工作、任务落实得如何，实现了脱贫过程可视化、数字化和动态化管理。通过大数据平台还可以对责任链、任务链、项目资金链进行实时监督，抓好每一个环节的落实情况，实现精准扶贫。

（3）贫困户：了解帮扶政策；查询帮扶项目；找准脱贫出路。

产业拉动（兴业）方面：已经建成综合行政审批、多规合一系统、智慧农业（一期）系统。如行政审批系统自2015年1月上线以来，累计办理各类事项35.2万多件，办结率100%，审批效率提高75%，现在67人承担原300人的职能。

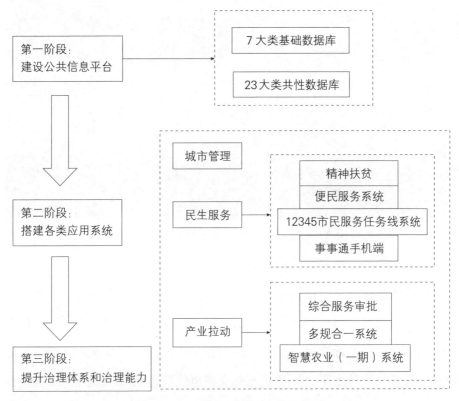

图5-2　智慧威县数据中心的应用

第三阶段，提升治理体系和治理能力。

党的十九大提出，全面增强执政本领，要善于运用互联网技术和信息化手段开展工作。未来将通过"多责任大网格"系统、12345热线和手机事事通App等感知反馈手段，向全社会公开，将政府管理模式由过去的粗放式、定性式和手工式，逐步提升为精细化、定量化和信息化模式；逐步由政府全管、社会消极、群众旁观，向打造以政府为核心、社会共治、群众参与的良好局面转变，提升政府治理体系和治理能力现代化水平。

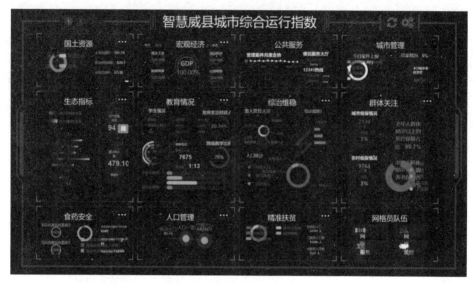

图 5-3　智慧威县城市综合运行指数图（全貌）

智慧威县建设是以快速响应国家城市化、信息化建设需求为基础，将满足内部协同管理需求和对外综合服务需求与智慧威县建设信息资源整合策略相结合，根据标准规范、管理控制和规章制度的体系要求，有序地提升城市智慧化管理水平，滚动式地实现城市信息化能力的提升，以适应和促进城市管理机制的创新和发展方式的转变。

三、改革的第二扇门——行政审批局的职能改革

威县是河北省综合改革试点县，为促进经济持续发展，不断深化行政审批制度改革，加快政府职能转变，成立行政审批局，集中行政审批事

项，简化审批办理方式。减少行政审批以及行政干预，能大幅度减少权力寻租现象，让政府更廉洁高效，让人民群众的生活更好，对社会的满意度更高。从体制机制上最大限度地给各类市场主体松绑，充分激发企业和个人创业积极性，对于完善社会主义市场经济体制、从体制机制上加强社会建设、保障和改善民生都会起到积极作用。

（一）行政审批局改革的背景

中国经济已由高速增长阶段转向高质量发展阶段，正处在转变发展方式、优化经济结构、转换增长动力的攻关期，事关民生利益。形势发展促使我们必须从政治体制改革方面着手，理顺权力运行关系，减少甚至剔除各种原生阻力对经济发展的影响。简政放权，就是要激发制度和体制潜力，让改革释放出更多更大的活力，让民众享受到改革红利，这是促进经济持续发展的前提和保障。转变政府职能，是当前形势下稳增长、控通胀、防风险，保持经济持续健康发展的迫切需要和重大举措，也是经济社会持续发展的客观要求。而行政审批改革则是转变政府职能的突破口，是释放改革红利、打造中国经济升级版的重要一招。行政审批制度改革的核心就是简政放权，这就是为了"把错装在政府身上的手换成市场的手。这是削权，是自我革命，会很痛，但这是发展的需要，是人民的愿望"。"简政放权"是自我革命的开拓者，它能激发市场主体的创造活力，促进经济稳定增长；它能更好地发挥地方的作用，激发内在活力；它能推动经济转型、释放改革红利、激发内需潜力、形成新动力。

2014年1月，威县被河北省确定为黑龙港流域综合改革试点县，开启了以改革促发展之门。进行改革，首先得解放思想，敢于破除阻碍改革的各种思想障碍。威县县委书记安庆杰说，我们把试点作为政治使命、历史机遇，转变传统的发展理念，破解体制机制障碍，强力持续探索创新，努力打造一批能复制、可推广的经验和样板，为威县自身发展助力，也给全省县级改革探索路径。广大干部群众在改革中形成共识：必须破除不敢越雷池半步的惯性思维，有敢想敢干的精神，改变因循守旧、故步自封的工作态度，甩掉包袱，轻装上阵，大踏步前行。威县在省、市职能部门支持下，聚焦职能定位、划转审批、流程再造、事中事后监管等运行机制，"大胆闯，大胆试，自主改"。改革的矛头首先对准行政审批制度。成立行政审批局是行政审批体制改革的突破口，旨在解决行政许可"公章四面围城、公函长途旅行"问题，促进投资和服务便利化，实现"重审批、轻监管"向"审批、监管分离"转变。通过成立行政审批局，把审批和监管职责分离，实现了审批流程再造，大大提高了审批效能。2014年12月1日，威县行政审批局投入运行，成为审批的"加速器"。

（二）行政审批局改革的具体做法

1. 从"多次跑、排长队"到"马上办、网上办、一次办"

过去申办一个项目从审批到落地，要去不同的部门排长队，多次跑、长时间等待才能办理完成。现在来到行政审批局后，并没有想象中人头攒动的情景，南侧是一字排开的8个受理窗口，北侧是4个代办窗口，来办事的人分散坐在窗口前的高脚凳上，几乎没有人排队等候。威县政协副主席、行政审批局局长蒋志华说，这是我们大力推行"马上办、网上办、一次办"，持续优化升级审批服务模式的结果。2018年4月10日，行政审批局通过审批流程再造，在行政审批环节率先启动了"一窗受理、集成服务"模式，将原来的8个科室2个中心整合为受理、审批、代办等5个中心和1个办公室，受理窗口由原先的24个减至8个，平均受理时间进一步缩短了30%，审批效率再次提高。

附件 5-2

　　顺利办妥万友熙园二期工程规划许可证，万友房地产开发有限公司外联部经理李昭普显得很轻松。他公文包里只简单地带着企业公章和法人印章。"过去提交过的材料和办过的证照都不用准备。"他说，常来这里办事，这已是公司在当地开发的第四个房地产项目。"公司 2011 年入驻威县时，行政审批局还没有成立，那时办理类似事项要来回跑多个部门，花费个十来天很正常，现在只需一个小时"。

——摘自河北新闻网

　　2. 从 1.0 版到 5.0 版，审批服务改革提档升级

　　1.0 版本通过整合政府职能，创新完善运行机制，提高了政府审批效率。2014 年 12 月，威县将原来 26 个部门的人员、编制及 166 项行政审批权一并划转至新建立的行政审批局，废止原部门的 42 枚印章，启用"威县行政审批局行政审批专用章"，实现了"一枚印章管审批"。行政审批局成立后，审批效率平均提高 75% 以上，其中，审批类项目审批时限由 65 个工作日削减为 13 个工作日，效率提高 80%；核准类项目审批时限由 60 个工作日削减为 10 个工作日，效率提高 83.3%；备案类项目审批时限由 52 个工作日削减为 9 个工作日，效率提高 82.7%。

　　2.0 版本解决审批中介服务环节多、耗时长、收费乱、垄断性强的问题，利用网络平台组建河北省首个"中介超市"，吸纳全国各地的 185 家机构、395 项资质入驻超市，让群众知道如何选择优质中介，从而形成中介、审批、办证紧密联结的整体机制，不断缩短中介服务时效。引入市场机制，对中介行为进行统一管理，提高了中介服务效能。中介超市的成立，使项目审批到落地全流程时限大幅度缩短，其中核准类项目全流程时限由 258

天削减至93天，备案类项目由283天削减至93.5天，实现中介服务变垄断为竞争、变分散为统一、变封闭为公开、变指定为竞价"四个转变"。

3.0版本促进审批效率与服务效率的融合发展，提高了群众办事满意度。威县在2016年将集中审批、现场服务进行融合后建立河北省第一家市民服务中心。过去群众和市场主体办事，需要跑多个部门，耗时长，加上个别工作人员态度不好，群众意见很大。市民服务中心基本覆盖了群众日常办理的全部事项，通过多个窗口互动共享，实现了"推开一扇门、办成一揽子事"，实现了"一厅覆盖便民企"。设置读书角、饮茶室、影院等休闲区，拓宽了服务范围，群众在办事的同时可以享受到体贴温馨，使市民服务中心真正成为"市民之家"，赢得了群众和市场主体的充分认可，各类事项办结率、满意率均达到100%。

4.0版本以信息化、智慧化为纽带，将审批服务权下放，拓展服务路径，密切了党群干群关系。2017年，威县加快打造"威县速度"，更好地提升审批服务效率，深化"互联网＋政务服务"，构建"1114"政务服务新模式。将政务服务触角延伸至各乡（镇）、村，开通网上办事大厅，做到线上线下服务标准一致、无缝衔接、合一通办。利用手机小程序，搭建涵盖70个证件的电子证照库，实现一证通用、一码监督。整合全县非紧急类服务热线，开通12345市民服务热线，实现一个号码接入、一个平台受理，全天候24小时受理群众诉求。自助服务终端，实时追踪，真正做到让"数据多跑路、群众少跑腿"。同时，威县规范乡镇便民服务中心，提升村便民服务站服务水平，统筹"项目代办"和"乡村代办"，探索了农业科技服务110、用工就业服务110，构建起上下衔接、运行规范的县、乡、村三级服务网络。形成了实体大厅和网上大厅互补的政务服务新局面，拓展了服务路径，密切了党群干群关系。

5.0版本方便群众办事，实现了群众办事"只跑一趟"或"一趟也不跑"。2018 年，威县审批局从方便企业和群众办事角度考虑，进行了"一窗办、就近办、网上办、承诺办"政务服务改革，取得了良好成效。大幅削减受理窗口数量，实现受理业务的全能化、综合化。通过一窗受理改革，实现受理、办理相互分离，两不见面的审批流程，削减了自由裁量权，阻断了人为操控的可能。改变了依据部门所属设置窗口造成办事群众东奔西找、多跑路的弊端，同时解决了办事排长队，窗口人员忙闲不均的问题，使群众办事更方便。将"一窗受理"和"网上办理"事项所需材料以清单列明，样本以图片列明，所有事项由河北政务服务网统一管理，将事项标准化。通过标准化管理，规范行政审批权力，后台审核人员接收到前台受理人员推送材料后，在规定时限内完成审核，实现受理标准统一化、规范化。政务服务"全县通办，就近能办"。通过将事项受理权下放乡镇便民服务中心，打破政务服务属地辖区受理的限制，群众可向就近的服务窗口提出申请、递交材料，打通了服务群众和企业的"最后一公里"。①

附件 5-3

改革成效怎样，审批服务对象最有发言权。根力多生物科技股份有限公司从最初的流通企业逐步发展成研发、生产、销售、服务为一体的高新技术企业，这几年成为威县排名靠前的利税大户，经常跟行政审批局打交道的党支部副书记张建荣说："公司的发展壮大，必须给行政审批局记一功！"

在公司集产学研于一体的现代农业科技服务中心，张建荣说，这个中心立项时行政审批局已经成立，项目备案加环评仅用了三天。"现在我们需要办的事情依然很多，去行政审批局反而更少了，

---

① 威县行政审批局：《体制大突破、服务大提升：威县打造审批服务 5.0 升级版》，2018 年。

好多事情网上提交就行。倒是审批工作人员经常主动找我们征求意见，有需要时预约办、加班办、上门代办，心里特别舒坦。"张建荣记得，有一次公司急需带一份文件证明连夜赶到北京，下午三点紧急说明情况后，审批人员当即特事特办，一点儿都没耽搁。

——摘自河北新闻网

从 1.0 版到 5.0 版，威县审批服务持续提档升级，是深化"放管服"改革的生动实践和有益探索，实现了从多个部门分散办理到集中审批，从单一部门、专项办理到综合服务，由涉企到涉农、县城到乡村等，从县城便利到全域便利，从传统面对面到"两不见面"在线网上办，从审批就是权力到审批就是服务的转变，带来了市场活力迸发、示范作用显著的成效。

3. 从敢于试验到推广示范

威县作为河北省唯一综合改革试点县，有先行先试的"特区"权力，允许搞任何"敢为天下先"的有益尝试，可以率先打破传统体制机制藩篱，拥有更灵活的决策权、审批权。得益于上级领导的支持，威县对行政审批服务的改革越来越彻底。与以往相比，威县的行政审批服务效率、方式、流程经过多次不断创新及优化升级，取得了跳跃式的进步，工作人员在理念上也发生了转变，如何想方设法为群众提供更好的优质服务成了共同的追求。

改革千头万绪，必须在纷繁复杂的变化中找准突破口，实施重点突破、冲破藩篱、带动全局。以行政审批改革作为突破口、当头炮，综合改革为威县各项事业发展注入了源源不断的活力，让曾经远近闻名的"大破穷"县实现了跨越式发展。威县勇挑行政审批服务改革"试验田"重担，为省内外提供了可借鉴、可复制、可推广的经验。2016 年 2 月，全国相对集中行政许可权工作推进会在威县召开；2017 年底，河北省 11 个设区市、168 个县（市、区）和符合条件的 60 个重点开发区全部设立了行政审批局，在全国率先实现市县行政审批局全覆盖。截至 2018 年 12 月，已有省内外 600 多家政府部门和单位到威县参观考察。①

（三）行政审批局改革取得的成就

作为河北省首个综合改革试验县，威县探索出一系列改革新路径，这里诞生了多个全省乃至全国第一：2014 年，成立全国第一家县级行政审批局，实现"一枚印章管审批"；2015 年，组建全省首个"中介超市"，项目全流程时间缩短近三分之二；2016 年，组建全省第一家市民服务中心，实现"一厅覆盖便民企"；2017 年，在全省率先探索"70 证合一"，实现一证通用、一码监督。这里试点的多项制度创新成果，现在已经推广至河北省乃至全国。

威县行政审批服务事项将整合原来多个窗口一环接一环受理业务的格局，尽快落实一窗综合受理、多事项联办联批，变群众和市场主体"办一个证"为"办一件事"，最大限度地把方便留给群众，真正实现"最多跑一次"。威县行政审批局运行以来，成效显著，产生了强大的示范引导效应。

1. 优化了政务服务中心管理模式，提高了审批效率

政务服务中心由于没有人事权、财权和审批权，很难从根本上杜绝部门窗口受理不到位、多头受理、体外循环、暗中"勾兑"等问题，同时，窗口工作人员由于工作性质和审批事项季节性等原因所出现忙闲不均的状况也很难通过窗口进行整合和改进。行政审批局成立后，编制、人员全部划转到审批局，承接了 26 个部门的 166 项行政审批权，碎片化的权力经

---

① 河北新闻网：《威县：行政审批改革方便群众》，2018 年 8 月 26 日。

过物理平移，发生了"化学"反应，从根本上克服了政务服务中心模式的各种弊端，实现了"严谨、规范、高效、便民、透明"。

表5-1 审批效率提高情况汇总

项目类型	改革前审批时限（天）	改革后审批时限（天）	效率提高（%）
审批	65	13	80
核准	60	10	83.3
备案	52	9	82.7

2.审批权力更加公开透明，加快政府职能转变

在传统审批运行模式下，各职能部门既负责审批，又负责监管，权力寻租、审批腐败等现象时有发生且很难杜绝。审批职能划转后，行政审批局明确并公开所有审批事项的办理依据、申请材料、承诺时限、工作流程等内容，最大限度地控制了办事人员的自由裁量权。同时，也加大了对审批过程的监督，监督不仅来自纪检监察部门、办事人员，还来自划转审批事项的原职能部门，使审批权力运行更加公开透明。

从单一窗口办单一业务到综合窗口办综合业务，意味着所有的窗口要重新设置。企业和群众办事更加方便，但对于行政审批局的工作人员来说，却是一个不小的挑战。行政审批局实行"一岗多能、一人多专"，审批局的67人承担了原来全县26个部门近300人的审批职能。各职能部门的主要职责转向了监督、管理和服务，真正实现了审批、监管分离，使工作人员责任更加明确，业务更加专业，彻底解决了重审批、轻监管，只审批、不监管的问题。

3.审批档案管理规范化，群众办事更加便捷，充分激发市场活力

成立行政审批局后，投资项目、"三证一章"等关联事项审批由多个部门负责变为审批局一个科室负责，审批档案也由多部门分别存放变为审

批局统一归档，在受理时即生成统一、唯一的代码。利用信息技术平台，同时保存纸质档案和电子档案，实现了审批档案的可查询、可追溯。

审批局对所有的审批流程进行了再造，通过闭环式、流水线的工作方式，让申请者在一个窗口就可以递交所有的材料，避免多头、重复提交材料，从"申请人围着窗口转"变成了"申请材料窗口内部转"，实现了"让材料多跑腿，申请人少跑路"的便利化服务。通过采取"三证合一""全程"代办等工作措施，充分激发了市场创业激情，截至2018年9月，威县共有各类市场主体27000余家，其中企业6675余家，个体17650余家，都比2014年翻了一番多。

4. 推动了"思想观念革命"，产生了强大示范引导效应

党的十八届三中全会以来，党和国家加快了改革进程。但由于种种原因，社会上对经济体制改革的认同感和心理承受能力相对较强，而对政治体制改革有时不理解、不积极；特别是面对长期形成的利益格局，思想上存在不想改、不愿改甚至抵触的问题，这是制约改革创新最大的"绊脚石"和"拦路虎"。行政审批局的成立，是对原有体制格局的巨大改变，更是对僵化意识和惯性思维的冲击，释放出强烈的改革信号，使社会迅速改变固有观念，为今后强有力推进各项改革奠定了思想基础。

行政审批局运行以来，引起社会广泛关注，河北电视台、《河北日报》等多家主流新闻媒体前来实地调研，对产生的良好效果进行持续深度报道，《人民日报》也用较大篇幅进行了报道；省市编制部门、省委改革办等也进行现场了解，协调解决相关问题，宣传威县的做法及成效，使这一新生事物日益聚焦吸引各地的目光，近段时间以来，省内外先后有近20个县市区前来参观考察，一些地区正在借鉴威县经验着手组建。

四、改革"两扇门"——相互支撑机制的效果

智慧威县数据中心的云计算作为一种计算模式，其重要特征就是资源整合，提供强大的应用支撑能力。传统政府部门工作模式下，各部门系统均按照自己的思路和规划进行建设，缺乏统一规划和协调，已建设的信息系统形成相互独立、互不兼容的"信息孤岛"。通过云计算技术可以为这些"信息孤岛"架起沟通的桥梁，收集整理各种基础数据，在对政务数据、社会数据、互联网数据进行比对清洗和规范后，建立统一的基础数据库。然后，通过大数据分析，为相应部门提供所需数据。智慧威县数据中心的建立解决了电子政务和城市信息化建设所固有的矛盾和问题。

通过建设智慧威县数据中心，及时传递、整合、交流、使用城市经济、文化、公共资源、管理服务、市民生活、生态环境等各类信息，提高物与物、物与人、人与人的互联互通、全面感知和利用信息能力，从而能极大提高政府管理和服务的能力，极大提升人民群众的物质和文化生活水平。智慧威县数据中心的建设，节约了信息化建设的成本，同时带来的是效率的提高。智慧威县数据中心和各委办局的日常工作需求结合，能对电子政务、综合执法、城乡管理、社会治理、精准扶贫和便民惠民等工作需求，起到积极的支撑作用。

利用智慧威县的光纤与网络资源，为威县审批局与市民服务中心组成专网，向下直通乡（镇）、村，向上与河北省电子政务外网互联，解决网络安全问题，实现电子政务外网四级互联并延伸到村，做到了审批系统全网通办和便民系统不出村为百姓服务，真正做到了"数据多跑路、群众少跑腿"，大大提高办事效率。群众一次办事，手机追踪查询进度，无须跑路，在家坐等结果。通过"智慧审批"平台，政府各部门间实现

了数据共享、业务协同，市场主体和办事群众可在线办理业务，使服务
从"群众和干部跑"到"信息和网络跑"，公共服务更加便捷、高效。行
政审批服务改革提档升级，离不开智慧威县数据中心在背后的技术支持。
行政审批局作为受理前台，智慧威县数据中心作为"数据跑路"大本营，
使得信息沟通渠道畅通。"两不见面"的审批流程，打造了服务市场主体
"直通车"，使得审批权力更加公开透明，方便了群众办事，加快政府职
能转变（见图 5-4）。

　　加强供给侧结构性改革中的行政审批改革，激发了市场活力和社会创
造力。威县不断加大简政放权力度，提高行政审批效率，提供更加透明、
规范、高效的政务服务环境。将简政放权与智慧威县数据中心建设紧密结
合，进一步释放"数据红利"，行政审批服务不断优化，为智慧威县数据
中心的建设与发展提供了制度保障。

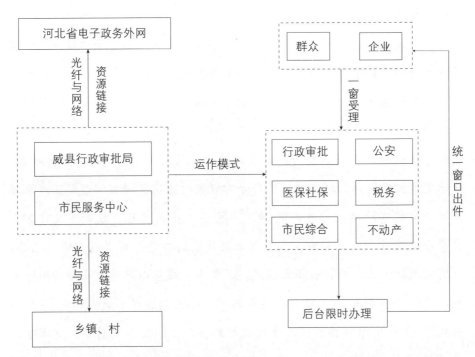

图 5-4　智慧威县数据中心对行政审批局的支撑作用

第六章 | 扶贫核心动力：高端化、集约化、合作化的农业产业转型升级

改革开放40多年来的经济高速增长，使中国在消除绝对贫困方面成效显著。自2013年以后进入以全面脱贫为目标的精准脱贫阶段，构建了以开发式扶贫方式为主，救助式、保障式扶贫方式为辅的精准扶贫路径。按照习近平总书记的指示精神，要把扶贫脱贫工作落到实处，就要抓好"精准"二字。在扶贫工作中如何做到精准帮扶？那么，资产收益扶贫即为精准扶贫脱贫的最佳选择之一。

资产收益扶贫模式是指在坚持农村基本经济制度不变的前提下，以资产股权为联结纽带，以自主创收能力受限制的建档立卡贫困农户为帮扶主体，以各种沉睡、分散、细碎的资源为实体基础，最后统一整合到具有优势的产业平台上，赋予贫困群众更多财产权以及自我发展能力，发展农村股份合作制经济，建立参与各方稳定的利益联结机制，增加资产性收益，从而实现特定群体的脱贫致富。基于对资产收益扶贫模式的理解，河北省着眼于当前实际情况，为实现2020年全面脱贫的目标，鼓励下属市县探索市场化扶贫方式。其中，威县在上级政策的指导下形成以市场为主导、政府宏观把握的资产收益五大模式。近年来，威县以优质农业带动地区发展的经济势头强劲，在邢台市连年名列前茅，创造了"威县速度""威县模式"，荣获中国最具特色经济发展潜力县、全国生态文明县、中国绿色名县等称号。2017年，全县农业总产值58.43亿元，是邢台市农业强县、

河北省农业大县。威县依托当前的发展优势和当地区位优势，将产业扶贫作为重中之重，以现代农业"三带三园"为基础，依托农业主导产业和龙头企业，以农民合作社为纽带，扶贫资金入股合作社，实现产业对贫困村户"全面覆盖、多层覆盖"，在此基础上，创新探索了金鸡、金牛，白羽、威梨、根力多五大资产收益模式。

一、现代农业："威梨"模式显神通

威县依托秋月公司、海升公司、龙集公司等龙头企业，带动贫困群众建设威县绿色 A 级梨产业园区，在产业扶贫政策的基础之上，创新性地探索出"威梨"模式，聘请专家团队、引进新型梨品种，使威县现代化梨产业迅速发展。该模式的带动使广大贫困户走上发家致富的道路。

（一）威县梨产业的发展优势

梨产业发展需要良好的自然生态环境，而威县无论从地形地质、气候条件等方面都具有先天性优势。此外，威县的市场优势、历史优势和政策倾向都有利于威县大力发展梨产业。

1. 自然地理优势

首先，威县位于河北省南部，邢台市东部，隶属于黑龙港流域，冀南的低洼平原区，地形平坦，适宜大规模梨树种植；其次，威县是传统农业大县，土地总面积 151 万亩，其中农业用地 121 万亩，未利用地 11 万亩，人口 60 万，其中农业人口 48 万，具有良好的种植经验。县域内有 6 条河流经过，地处冲积平原，沉积颗粒较细，土壤多为沙质土，经过专家检测和长期实验，认为威县土质适合梨树生长。最后，威县地处华北平原地区，属温带大陆性半干旱季风气候，四季分明，具有得天独厚的气候优势，夏季雨水充沛，年均日照时数为2574.8小时，具备梨树生长所需的各种自然条件。

2. 历史政策优势

从威县历史上可以追溯到该地区在明朝时期就已开始种植梨树，因而具有种植梨树的传统。在威县的梨产业形成规模之前，其西部地区就已经有36万亩沙地在种植梨树，并形成了14万人口、7个乡镇的威县百梨经济带。与此同时，威县依托当前国家政策和各方技术支持，其梨产业起点高，市场前景广阔，梨产业发展始终坚持"规模化生产、集约化经营、品牌化销售、产业化发展"的理念，推动梨产业向高端化路线发展。政府高度重视生态林业建设，因此在2013年就开始规划西沙河流域绿色A级梨产业带，通过一系列先进思路和政策指导，威县将西沙河流域绿色A级梨产业带打造为河北领先、全国一流、世界知名的绿色A级梨果生产基地。

3. 市场优势

棉花一直是威县的传统农作物，形成了棉花一业独大的情况，农业农村部在威县设立了6个高产棉花示范区，它是国家级优质棉花基地县。但是近几年，随着国家棉花政策的改变，威县的棉花种植优势逐渐下降，同时自中国加入世界贸易组织后，使得棉花来源更广，加之新疆棉在质量和数量上远远超过威县棉花，使其逐步占据棉花市场，因此威县的农业优势逐步减弱，从而转向具有现代农业优势的梨产业。威县梨业经济虽然起步晚，但其在种植技术、品种选取、管理模式、销售渠道等方面均秉持国内前沿理念，因此威县梨果在上市之初凭借该优势迅速占据国内市场，成为国内梨产业的佼佼者。

（二）"威梨"模式的运行

威县把发展梨果产业作为建设现代化农业与带动贫困户脱贫致富的

重要组成部分，自确定发展梨果产业后，2013 年颁布并实施了《威县西沙河流域绿色 A 级高效梨产业带建设规划（2013—2020 年）》，按照"规模化生产、集约化经营、品牌化销售、产业化发展"的总体思路，大力投入资金，推动威梨规模化发展。威梨模式依托秋月公司、海升集团、龙集公司等大型龙头企业，带动当地贫困群众建设优质果园，且重点采取租赁经营、合作经营、入股经营的方式来提高农民收入，其经营模式有（见图 6-1）：

租赁经营模式：大园区小业主，每个有劳动能力的贫困户承包 5 亩梨园，见果前，间作农作物收益全部归贫困户所有，见果后，扣除年承包费用剩余收益归农户所有，采取这一模式使 860 个贫困户受益。

合作经营模式：贫困户成立合作社，自筹资金或申请扶贫资金，统一建设标准梨园，利益共享、风险共担，合作社统一进行梨园管理、果品销售服务，采取这一模式建设果园 1.8 万亩，每亩增加收入 3000 元以上。

入股经营模式：财政扶贫资金每人补贴 4500 元，入股到威州农投公司，建设经营冷链物流项目，带动贺营等 4 个乡镇 101 个村（34 个贫困村）2160 户 4435 名贫困群众稳定脱贫。

在租赁经营、合作经营、入股经营三种模式的带动下，发展优质果林 6.8 万亩，带动农业合作社 120 个，种植大户 34 户，标准化梨园 200 个，形成了"262"新兴产业主体模式，即"20% 龙头企业 +60% 合作社 +20% 大户"。[1]

---

① 韩婕：《资产收益扶贫创新研究》，河北师范大学学位论文，2018 年。

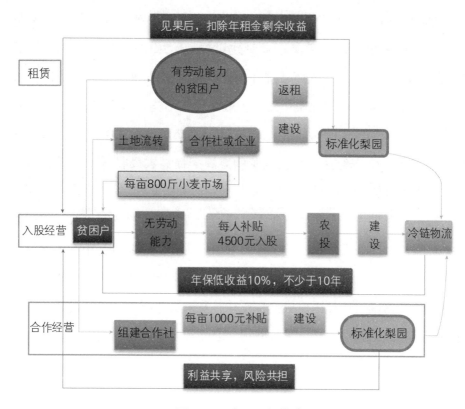

图 6-1 威梨运行模式

数据来源：根据威县资料整理。

（三）威县梨产业的具体举措

1. 现代化措施建梨园

威县梨产业虽然起步晚，但是其发展速度快、发展质量高，为威县迅速占据市场提供有利条件。目前，威县梨产业走高端化、绿色化路线，其高端化人才引进、标准化梨园建设都保障了梨产业的高速发展。

（1）高端化引领。一是成立顾问团队。聘请高校的专家团队，结合当地实际情况，为威县量身定做了一系列战略目标，并结合"多规合一"的思路，形成标准化、区域化、规模化管理，同时也出台了《加快梨产业建设实施意见》《威县标准化梨园建设财政奖励办法》《威县梨产业提质增效实施方案》等一系列政策来配合梨园发展。引进优良品种秋月梨、雪青梨、新梨七号和红香酥梨等。二是采用先进的种植技术。根据每种梨果品种的生长特性和因地制宜种植梨树的原则，每50亩地打一个深坑，坑深1.5米，探测土层，根据每个梨园土壤性质的差别而选择不同的梨果品种进行种植，做到每一个梨园就是一张图；采取先进的机械化种植水平，推广合理密植的高效栽培模式，株行距选择（2—3）m×（4—5）m或（1—1.5）m×4m，密度在44—166株，树形可采用自由纺锤形、开心形或圆柱形，以提高植株的挂果率。

（2）区域化管理。为大力发展优质梨产业，威县专门成立梨产业园区管理委员会，深化涉农资金整合试点，累计投入8亿元，实施路网井电、智慧节水、墒情测定等20余项基础设施工程。通过立体化管理，全面解决发展梨产业的重重阻碍。同时，在梨产业管理过程中，创新性地提出"六位一体"运行机制，很大程度上解决了跨区域管理难、涉农力量整合难、项目规范难、发展质量保证难的问题。

（3）科技化支撑。其一，聘请专家团队，威县始终坚持技术驱动科技创新的原则，积极进行人才引进，与河北农业大学、山东农业大学等高校建立长效联盟机制，与各高校林果业专家、省林业厅正高级工程师曲宪忠，建成束怀瑞院士省级工作站、河北省梨工程技术研究中心威县实验站，进行技术指导，同时形成以张玉星教授带头的梨产业科技智囊团队，聘请中国农业科学院果树研究所研究员李秀根进行梨树育种育苗研究；其二，组建园区技术支撑队伍，同时从县、乡、村三个层面完成立体化梨产业技术推广体系，从省各高校招聘优秀专业本科毕业生，为各相关县村配备专职梨产业干部，为每个标准梨园配备两到三个具有丰富经验的技术指导员为农户提供专业技术指导，通过人才和科技资源的聚集，以产业优质发展为主导，形成政府、企业和农户的良性互动，从而形成完整的技术培训网络，使威县梨产业形成跨越式的发展。

专栏 6-1 攻克梨产业发展技术问题

众所周知，梨树扭梢一直是梨产业研究的一个难题，许多专家专事该技术研究而不成。但中国农业科学院果树研究所李秀根通过一次偶然的机会，成功解决了梨树扭梢问题，他提出，梨树不同于苹果树，本身枝丫柔韧度较小，10点以后通常不容易扭梢，应该在早上10点之前，温度较低且潮湿的环境下扭梢，这个时间段梨树扭梢最容易成功。另外，政府和当地企业引进先进的剪枝设备，从根本上减轻了员工的工作压力，提高劳动效率且节约时间成本。这一系列科学化措施都在助推威县梨产业的发展。

图 6-2 农户为梨树修枝

（4）标准化生产。首先，威县依据国家绿色 A 级食品标准，创新性提出"一标五规一方案"的 A 级梨标准理念（威县绿色 A 级梨果质量标准，育苗、建园、生产管理、储藏保鲜、加工 5 个技术规程和《威县绿色 A 级梨产业标准化生产实施方案》）；其次，制定"六个统一"即统一株行距、统一南北行、统一挖沟施肥、统一专业队嫁接、统一覆膜套管、统一流水线作业、八大工程、30 道工序等建园标准；最后，建立果品检测、化学品控制、疫病监控、产品追溯"四大体系"，在整个生产过程中严格执行国家 A 级绿色食品标准，遵循绿色现代化农业原则，保证从威县售出的每一个梨果都是绿色无污染的好产品。

（5）品牌化培育。塑造品牌定位，明确品牌管理主体。由于威县梨产业起步较晚，如果按照传统梨产业定位，那么在市场上优势度必然会下降，且传统梨产业模式落后、生产效率低下不利于威县梨产业走现代化农业的路子，所以在威梨品牌建立之初就以梨业发展规模化、梨园管理现代化、梨树栽培科技化的标准为"威梨"品牌定位为现代梨果标志性品牌。第一，梨业发展规模化：已建立我国最大梨产业园；第二，梨园管理现代化：对于梨园管理，威县采用集约化、产业化、园区化的现代管理模式；第三，梨树栽培科技化：全国唯一梨院士工作站落户威县，是国内梨果栽培技术最先进、标准化程度最高的地区之一。另外，威梨产业之所以成效显著，这离不开运营主体的统一管理，在"威梨"品牌建立之初政府确定威梨产业协会为威梨品牌的统一运营主体，主要负责威梨品牌运营和威梨品牌许可，然后由龙头企业直接与生产者、消费者、经销商对接。多渠道宣传，打通国内外市场。

其一，户外媒体推广：在 2018 年 5 月，威梨宣传片在京广高铁及西安铁路局全线发布，发布范围涉及北京铁路局、郑州铁路局、武汉铁路局、西安铁路局等高铁列车；在主要高速公路、国道和省道上立广告牌；

各大机场、火车站循环播放威梨宣传片。其二，互联网推广：在电商平台上，与京东商城、布瑞克农牧人商城等合作，依托顺丰快递、供销e家等物流公司，顺利打开北京、天津、上海、广州等重点城市梨果市场，真正实现了实体、电商"两条腿走路"；建立威梨微信微博，定期发布相关信息。其三，国内外市场双结合：威县集各方智慧仔细研究当前市场发展方向，针对不同消费群体和市场环境有方向地推出不同品种供消费者食用。在国内市场，对接深圳峰鲜宝、泊头亚峰、山东万汇等销售企业，以订单收购形式，销往北京、深圳、广州等国内重点城市。在国外市场，借助"一带一路"的优势，成功将威梨推向迪拜等中东国家，实现了实体与电商相配合、国内与国外相结合的多方向市场发展。

图 6-3 梨产业"六个统一"

图 6-4 威梨品牌 LOGO

2015年，威县梨果顺利通过中国武警疾控中心食品检测室严格检测，成为纪念抗战胜利70周年"阅兵梨"；2017年6月，初步建立公共品牌——"威梨"，并在母品牌的带动下，后续又注册相应的子品牌，诸如翠威、洺水果品、威梨等梨果商标，快速实现了母子品牌的市场推广；荣获省"十佳农产品区域公用品牌""十大林果地域公用品牌"，至此为威梨后续品牌向国内外市场的发展奠定了坚实的基础；2017年党的十九大及2018年全国"两会"期间，威梨被选为会议期间主要水果而摆上餐桌，这样的殊荣使"威梨"一炮走红，连续四届在中国（廊坊）农交会上获果王、金奖等荣誉（见图6-5）。

图6-5 威县梨果获奖证书及奖杯

（6）融合化发展。"扶贫+旅游"：花开西梨园。威县紧随国家政策发展方向，在建设梨园初期以长远目光规划集扶贫经济产业发展与旅游环境美化于一体的思路，创新性提出"扶贫+旅游业"的发展模式，全面实现农户物质、精神双丰收。威县全力打造以梨产业发展发掘当地旅游资源潜质，在梨产业路两侧和重点标准化梨园周边种植具有观赏价值的油菜花，形成高低错落、黄白相间的花海，在此基础上连续3年举办"威县梨花节暨迷你马拉松比赛"及"威县首届旅发大会"，吸引省内外游客30余万名，由此带动袁庄、草楼等省级美丽乡村的建设，它们与梨园旅游相辅相成，让游客在游赏花海、参加竞技比赛的同时，可以在闲暇时间到农户家中歇歇脚，品尝当地美食，了解威县历史文化，让游客身心放松的同时丰富自己的知识阅历，由此初步形成"以点带线、以线带面"的梨果特色小镇框架，推动梨园区旅游服务业协调发展。与此同时，为全力打造高端化旅游业，威县不仅在旅游基础设施这些硬件上下足了功夫，还不忘在软件设施上大显身手，打造威梨文化节、《最美威县》摄影大赛、《梨花仙子》威梨品牌形象代言人等活动，以"梨花节""采摘节""仙子选拔"等为宣传重点，巧妙地融入威县民俗文化，如威县红色故事、威县乱弹、威县大鼓等，形成了传统文化与现代特色兼具的威县旅游扶贫新模式，因而成功实现了由最初单一种植梨树的第一产业向第一、二、三产业相融合的特色发展模式。

图 6-6　梨园马拉松

"扶贫＋绿色环保"：绿色西梨园。习近平总书记在党的十九大报告中指出，"绿水青山就是金山银山"。威县以推动生态保护与扶贫开发为目标，成功实现生态治理与扶贫治理有机融合，构成威县特色生态扶贫并打造威县绿色西梨园。一是绿色产品使用机制，摒弃传统的使用农药减少病虫害的方式，转而采用先进的生物物理综合方法防治病虫害；二是大力推广仿生农药、推广生物和允许有限使用的农药，充分利用天敌来防治病虫害，形成生物防治、物理防治和化学防治相统一的综合防治体系；三是统一采用优先使用的出流节水灌溉方式，减少废弃物污染，节约自然资源，提高农业资源使用效率。

（7）多元化扶持。为推动威县梨产业向高质量、高标准的方向发展，威县在做到从技术上支持梨产业发展的同时，采用"政府＋社会资源"的整合方式，多方面扶持威梨产业。

第一，建立梨产业基金：设立梨产业发展引导扶持担保基金，整合和争取专项资金 500 万元以上，为梨产业在资金运用上保驾护航。第二，简化审批手续：以威县昊诚农业担保公司为基准专门设立梨产业担保机构，使相关公司和合作社在进行梨产业申请时少走弯路；完善审批制度，简化审批步骤，高效完成相关项目的实施和运作。第三，提高资产管理能力：成立资产管理公司，与土银网形成战略伙伴合作关系，为梨产业提供贷款使用管理、风险控制和资产处置服务，土地租金及贷款采用报账制或委托授权支付方式，保障梨园正常运行。第四，拓宽融资渠道：广泛吸纳社会资金，同时完善金融机构的服务职能，提供多样化贷款服务产品，对符合条件的进行贷款贴息补贴，减低梨树种植成本。第五，加强梨园保险，降低梨园损失。针对花期冻害，威县政府与各保险公司进行商谈，成立威县梨园农业特色保险，政府和保险公司各承担一半保险费用（保险公司承担 60 元/亩 ＋ 政府补贴 60 元/亩），每亩最高补贴 3000 元，降低梨园损失。

专栏 6-2 梨园流转助扶贫——袁家庄村

曾经的袁家庄村以种植棉花、小麦、西瓜等为主，因为土地贫瘠，种植效益低，2013 年人均收入仅 2600 元，贫困发生率为 50%。为扭转贫困局面，村党支部带动全体村民，大力开展土地流转，调整产业经济结构，全村土地实现全部流转，组成 6 个梨园（秋月梨园、利派尔梨园、红霞梨园、陈程梨园、捷华梨园、袁家庄村果树种植专业合作社梨园），使村民成为流转土地得租金、扶贫资金入股得红金、打工务工得薪金的"三金"农民。

具体为：一是土地流转，租金按每亩每年800斤小麦价格计算。二是资金入股，流转土地的贫困户按每亩1000元扶贫资金在梨园入股，第四年开始每年得分红100元。同时组织贫困户与梨园建立借贷合作关系，由农户贷款5万元，梨园负责担保并使用贷款、偿还本息，贫困户每年得分红450元。三是务工创收，40岁以下劳力绝大多数外出务工创收，年老人员和部分带小孩的妇女就近在梨园打工，这样可以保证一个家庭有两份以上的收入，使农户收入大幅增加。目前，全村新增汽车82辆，有30余户群众在县城购置了商品房。

---

2. 传统梨果品种的科技升级

威县历史上就有种植梨树的传统，但迫于当时种植条件落后、种植品种缺点居多，所以梨产业曾一度停滞不前。在精准扶贫政策支持下，威县通过一系列的努力，促进威梨进入新的发展阶段。聘请高校专家团队研发新品种，针对不同顾客群体推出不同优质品种。其中，最典型的品种有以下四个：

秋月梨：属日韩系品种，是20世纪梨曾孙代，成熟期为8月下旬。果形大而圆，果皮厚，果皮颜色呈黄褐色，果肉绵软，汁水较多，含糖量在14.5%以上，甘甜适中，单果重约450克，市场价每斤10元，适合中高端消费群体。

新梨七号：第二代库尔勒香梨，以早酥梨为父本、新疆库尔勒香梨为母本杂交而成，成熟期为7月中旬。因新梨七号植株对气温的适应性要求高，而威县冬季气温适中，该梨树可以在此地过冬，所以适合在威县种植。果形为中小形，单果重180克左右，皮薄核小肉多，果皮呈黄绿色，上有红色细纹，口感酥甜，味美汁多。适合高端消费群体，主要出口阿拉伯地区。

雪青梨：最新一代白梨系新品种，亲本为雪花梨 X 新世纪，由浙江大学专家研制成功。成熟期在 8 月中旬。果形大而圆，平均单果重 350 克，最大单果可达 1425 克。果皮呈黄绿色，果肉呈白色，含汁水量约为 85% 以上，有"天然矿泉水"的美称。易结果，丰产、稳产、量大，耐储藏性好，是加工果汁的最优选择。适合工薪阶层的消费群体。

红香酥梨：第二代库尔勒香梨，以鹅梨为父本、库尔勒香梨为母本杂交而成。果形为纺锤形，果实为长卵圆形，果皮底色为黄绿色，表皮有红色细纹，果肉丰富，口感甜中带酸，平均单果重 200 克，最大果重 500 克，耐储藏。因其有醒酒效用，所以消费群体多为我国的内蒙古、新疆、东北地区和国外的俄罗斯等。

秋月梨

新梨七号

雪青梨

红香酥梨

图 6-7 威梨品种

3. 威县梨业经济的延伸发展

威县为使梨业经济多元发展，从产业自身出发延伸产业链，结合当地文化形成"威梨村"、梨文化等一系列梨园特色。

（1）"威梨村"。为促进贫困村农业经济现代化发展，威县多管齐下，采取多种措施打造贫困村梨产业新面貌，曾经的破败小村落摇身一变成为具备农业产业特色的"威梨"小村庄。威县县政府从 522 个行政村中选出符合旅游标准的 16 个村庄，将采摘园、威梨特色村镇及智慧梨园和仓储等所有梨产业旅游资源与威县其他旅游资源进行有机整合，开发特色威梨旅游线路，形成梨花游、采摘游、文化游、科技游等，或者将威梨旅游元素整合在其他旅游路线中，将威梨及文化融入游、购、娱、住、食等环节。以梨主题为元素，深度挖掘乡村旅游特色资源，依据每村特有资源，形成集产业、文化、民俗于一体的综合型旅游文化村庄——"威梨村"。通过在这些特色村庄里举办踏青、赏花、采摘、比赛、民俗等活动，拉动村庄经济发展，增加集体经济收入的同时形成一村一特色、一村一韵味的特色格局。完善基础设施和公共服务设施建设；完善指示系统及景观建设，充分应用威梨品牌元素。同时，利用村落地形和交通特点，打造梨花观景台或梨花观景步行走廊；结合村落既有特色，把梨文化与红色文化、民俗文化等有机融合；推动发展梨家小院（梨民宿）。

（2）梨文化。依托威县"书画之乡"和近京优势，联合在京的艺术家协会，如中国美术家协会、中国书法家协会、中国曲艺家协会、中国摄影家协会等，在威县建立威梨采风（创作）基地，开展威梨文化创作，以丰富品牌文化，深化文化内涵。依托企业打造"中华（威县）梨博园"。梨博园主要内容可以包括梨史展览：世界梨史、中国梨史、威县梨史；梨品种展示：世界梨、中国梨品种博览园；现代梨技术展示：栽培技术、授粉技术、管理技术等；梨文化展示：梨故事、梨节庆、梨艺术等。以梨博园为依托丰富威县梨文化内涵，将此文化延伸并融入每一个威梨村，形成由宏观到微观的威梨文化。

专栏 6-3　倾注心血建梨园

在一位退休老人的带领下，河北省威县数十万农民通过建梨园、种梨树，走上了脱贫致富路。这位老人就是曲宪忠，河北省林业厅原巡视员，曾主管全省果品产业发展，常年奔波于果园一线，在梨、红枣的提质增效和无公害生产方面颇有心得。2012年9月，已退休的曲宪忠受邀到威县参加河北省梨果现场交流会时，发现威县的土壤、水质、气候特别适合种植梨树。当看到农民仍在贫困中挣扎时，他决心留下，帮助威县发展梨果种植，带领农民脱贫致富。

科学规划，打造高标准梨园

7月下旬，河北各地下起了暴雨，曲宪忠还是和往常一样乘坐汽车由石家庄来到威县。他放心不下这里的梨树，这次过来他打算待上十几天。由于常年奔波，曲宪忠的脸晒得黑黑的，虽然已71岁，但依然精神矍铄。

自2013年起，曲宪忠全身心地放在了威县的梨果产业发展上。为论证种梨的可行性，曲宪忠仔细查看了威县的地形地貌和土壤、水质情况，走访了多个梨产地，又邀请国内多名林果专家进行论证，最终确定先在威县建设10万亩梨果产业带。3年来，他每年都有300多天在威县度过，每天又有80%的时间待在梨园里。他的学生告诉记者，为早一天建成高标准的果园，曲宪忠每天都在争分夺秒。

刚开始，曲宪忠选中一个村庄的 10 亩荒地作为试验田。一名村民开玩笑地说："曲老，俺们啥时候能吃上梨啊？""今年就让你们吃上！"村民以为这不过是句玩笑话，但曲宪忠却当成了一个承诺。为节省种植时间，曲宪忠打破常规种植方式，采用河北杜梨建园，冬季栽种，次年 3 月嫁接，完全打破以前春季栽种的生产方式，不仅梨苗成活率高，还实现了提前结果。"当时亩产 1800 公斤梨，我招呼村民吃梨的时候，他们都不敢相信。"曲宪忠笑着说。

为建设高标准的梨园，威县通过招商引资，引进了一家上市公司建设高标准现代化梨园。然而，这家企业的梨园建设、梨树栽种的设计图纸被曲宪忠全盘否定了。"不管是多大的企业，建设梨园都要符合自然规律，要因地制宜。在他们的规划中，树坑挖得很窄，果树定干在 80 厘米以上，树苗怎么能成活？"曲宪忠说。他一直坚持科学建园，寸步不让。最终，曲宪忠和企业达成协议，2/3 梨园按照他的方式来建，1/3 梨园按照公司原定方式建设。梨园建成后，按照曲宪忠的方法建园的梨树成活率远远超过按照企业的方法建设的梨园。"梨园是当地致富的希望，容不得半点马虎。"曲宪忠说。

呕心付出，打通农民致富路

3 年来，曲宪忠每天白天在果园做试验、培训果农；到了晚上，他就开始整理资料，经常工作到深夜。"凌晨 4 点起床，中午不回家，晚上连轴转"是他工作的真实写照。威县的果农都知道他的电话，经常打电话向他请教，他也都耐心回答。

熟悉曲宪忠的人都知道，他不离手的有两样"宝贝"——照相机和笔记本。无论走到哪儿，他会将所见到的值得借鉴学习的东西拍下来，刻成光盘，留作以后研究用。遇到解决不了的问题，就用本子记录下来，回去再仔细琢磨。在他的住处有一个柜子，满满的都是近几年刻录的光盘，这些也是他用来教学的最好工具。每次他讲课，都有成百上千的人争相参加，座位不够，就站着听。2014年春节，曲宪忠因为中风住院，刚住了5天，病情有所好转，他又偷偷从医院溜出来，直奔果园。功夫不负有心人。在第18届中国农产品交易会上，由曲宪忠指导种植的雪青梨获得了"梨王"称号，其他品种的梨也获得多个奖项。从此，威县梨一炮而红。如今，在曲宪忠的指导下，威县已建成高标准梨园6.8万亩，涉及7个乡镇104个行政村，引进陕西海升、利派尔科技、河北秋月、河北龙集、河北国莠等龙头企业35家，建立健全农民合作社63个，发展种植大户13个，新建标准化梨园136个。预计到2020年，威县梨树种植规模将达10万亩，梨果产量达2.64亿公斤，果品产值达18亿元，出口创汇4800万美元，规划区农民纯收入将超过1万元。

成效显现，贫困村旧貌换新颜

袁庄村的改变是曲宪忠辛勤付出得到回报的一个最好体现。袁庄村位于威县西沙河畔，是远近闻名的贫困村。村里大部分土地属于河滩地，沙化严重，漏水漏肥，不适合种庄稼。村民以前靠种植棉花为生，一亩地收入不到1000元，如果算上成本和人工费，经常赔钱。袁庄村村支书郑继奎介绍说，以前村里的年轻人忍受不了贫困的生活，纷纷逃离村子，去城里打工。村子里耕地仅由年迈的老人打理，有的耕地实在没人耕种只能撂荒。

"红龙集袁庄地皮洼，光棍儿汉子二百八。别地方闺女沤成泥，也不嫁袁庄红龙集。"当地流传的一首打油诗描述了袁庄村的贫穷。

近年来，在曲宪忠的带领下，袁庄村村民通过土地流转、入股分红、梨园务工等方式，加入梨产业发展大潮，日子逐渐好了起来。如今，一条漂亮的景观大道串起多个大型现代化高标准梨园，直通袁庄村。行驶在公路上，车辆宛如进入梨树的海洋，树上挂满了包裹着纸袋的梨子，预示着丰收。进入袁庄村，村里道路宽阔，路旁绿树成荫。光和里、福来巷……这些街道的名称都寄托着村民对美好生活的期盼。

目前，袁庄村有20多户村民在县城购买了楼房，村里增添了100多辆私家车，周边十里八乡的姑娘也都愿意嫁过来了。袁庄村也成功入选河北省的"美丽乡村"。

生活一天天好起来了，在郑继奎和村民心中，这一切都要感谢曲宪忠和他的科研团队。

在威县，像袁庄村一样，因种植梨果而旧貌换新颜的村子还有很多，每一个村子无不倾注了曲宪忠的辛勤与心血。

——摘自《燕赵林人》，作者：姚伟强

（四）"威梨"模式显成效

目前，威县正在由传统棉花种植业向具有现代农业特色的梨产业转变，并于2013年开始规划建设西沙河流域绿色A级梨产业带，成为威县现代农业崛起的新引擎，借助国家对贫困地区的照顾政策，开展现代农业基础社会服务体系建设，为形成小农户和现代化梨产业的有机衔接提供了基础设施条件。

一是在园区建设方面，总规划面积 35 万亩，其中主要生产面积为 10 万亩，囊括 14 个乡镇 200 个行政村，园区已引入陕西海升集团、河北秋月公司、龙集公司等龙头企业 40 家，创办农民合作社 120 个，带动 24 个种植大户发展，形成了"20% 龙头企业 +60% 合作社 +20% 大户"的新型产业主体模式，现已建成标准化梨园 200 个，优质梨树面积 10 万亩；二是在梨业产量方面，2016 年威县梨果总产量达到 3250 吨，其中优质梨果产量达 2600 吨，占总产量的 80%，依据当年梨果市场价，2016 年威县梨果总产值达 1800 万元；2017 年威县梨果总产量达 30000 吨，依据当年梨果市场价格，2017 年威县梨果总产值高达 1 亿元，相比于 2016 年，同比增长 445%，威梨产业由此进入高速发展阶段；三是在贫困户带动方面，依托西沙河梨产业带采取大园区、小业主方式，由龙头企业或合作社租赁农户土地建设规模梨园，农户采取反租倒包形式租赁经营，采用"国企融资建厂、扶贫资金入股、企业租赁经营、贫困群众分红"机制，带动 4 个乡镇 90 个村（65 个贫困村）1169 户 2537 名贫困人口稳定脱贫。2017 年和 2018 年每人分红 450 元。县农投公司投资建设冷链物流项目，政府投资 2.5 亿元全力打造威梨冷链物流园，可储藏果品达 5 万吨，支持 18 万吨的果蔬吞吐运作，辐射带动全县 12 个乡镇、104 个重点村、6847 户、1.87 万名贫困群众稳定脱贫，人均增收 8000 元以上。

二、土地托管："根力多"模式的集约经济

分散的小农户种植经营是目前我国农业主要生产模式，党的十九大报告指出，农业、农村、农民问题是关系国计民生的根本性问题，必须始终

把解决好"三农"问题作为全党工作重中之重。要解决我国当前农业问题，就要以提高供给质量为新时代农业供给侧改革的主攻方向，因此农业适度规模化经营是我国未来农业发展的主要方向。威县通过土地托管，依托河北根力多生物科技股份公司探索出利益联结扶贫的"根力多"模式，成功增强农户抵御风险的能力。

（一）新常态推动贫困村面貌改善

威县农业现代化发展曾面临土地资源分散、农业基础设施落后、农业环境污染严重等问题，导致威县经济长期处于滞后状态，这不仅仅是个案，也是中国现代化农业的普遍现象。习近平总书记在党的十九大报告中指出："构建现代农业产业体系、生产体系、经营体系，就要培育新型农业经营主体、健全农业社会化服务体系。"依据这一指示，威县全面贯彻落实习近平总书记关于"三农"工作的重要论述，努力构建符合"新常态"要求的新型农业现代化体系，加快农业农村现代化脚步。威县作为国家级扶贫县、全省农业综合改革试点，通过创新产业融合、区域融合、资本融合、多元融合的四项融合发展机制，整合威县分散资源，利用集约化、科学化方式，建立现代农业扶贫新机制，促进贫困户稳定脱贫、贫困村面貌大为改善。

（二）威县集约经济的初期准备

集约经济是当前我国农业发展的必由之路，威县土地托管和现代农业示范园区的建设是集约经济发展的前期工作，"根力多"模式依托威县土地托管，以现代农业示范园区为发展平台快速推动贫困地区经济提升。

1. 集约经营的前期保障：土地托管

土地流转的政策保障。威县政府首次启动"农村土地承包经营权抵押贷款试点"，已经办理了 10 笔土地经营权抵押贷款，共计 9939.8 亩，9297万元。当前，威县各村镇土地确权工作已基本完成，政府将根据土地确权登记颁证成果数据和土地承包管理信息系统，按照《威县农村土地承包经营权抵押贷款管理办法（试行）》《威县农村产权抵押贷款风险担保基金管理使用暂行办法》，创建完善的金融服务体制，探索开发针对农户的小规模农村承包土地经营权抵押贷款，保障农户自身发展资金来源的充足性，同时发挥龙头企业的带动作用，积极建立专业合作社，强化农业产业化率。

完善土地承包"三权分置"制度。政府明确党的十九大报告所提出的关于农村土地承包方向（保持土地承包关系稳定并长久不变，第二轮土地承包到期后再延长 30 年）并引进龙头企业入驻威县现代农业园区，于2018 年完成全县土地确权数字平台建设和电子扫描并移交档案局，完成颁证工作。构建农村土地承包经营权信息应用平台，实现县、乡承包土地信息联通共享，在农村集体土地所有权、土地承包经营权确权登记颁证的基础上，积极推动确权成果在"两区"规定、轮作休耕、土地规模流转等方面的应用，采取互换并地、土地流转、土地托管、股份合作等多种方式，提升适度规模经营管理水平。

政策鼓励土地流转。政府为鼓励农户将土地规模流转，对土地规模流转的主体给予奖励，并在此基础上出台《建立完善农村土地流转服务体系的实施意见》，形成县乡村立体化土地流转经营和管理体系，2017 年土地流转面积增加了 4 万亩，流转率提高 3.9 个百分点，2018 年新增土地流转面积为 4.12 万亩，预计到 2020 年土地流转面积将增加 15 万亩，大企业对农户流转的土地进行规模性托管种植，并实施产量保底的措施，实际产量若超出保底产量的农户要分成以保障农户的稳定收入，同时为保证贫困户稳定脱贫，根力多公司为贫困户提供公益岗位保障其收入更加稳定，同时也推动土地流转的进度。

土地规模经营。威县人口众多，土地面积广阔，但人均耕地面积较少，土地细碎化现象已成为威县提高农地利用效率的根本性制约，小农户分散式经营种植不能形成规模、耕地经营收益低已严重阻碍当前经济发展。有鉴于此，政府出台相关政策，努力构建"现代农业区带＋龙头企业＋合作社＋农户"的经营模式，打造群众集体流转土地拿租金、入园打工挣工资、入股得分红的"一份土地挣三份钱"格局，打破了农户流转土地资金来源少的问题，鼓励农户（特别是贫困户）在园区务工，这既解决了园区劳动力缺乏的问题，也拴住了农户的心，既能挣钱，还不用离家出外打工。将土地规模流转经营与扶贫项目相结合，做到"扶贫项目资金扶贫到位，充分受益于农户"，使单一资金入户转变为权益到户，确保扶贫资金被充分利用。例如，自政府实施这一惠农措施后，袁家庄村村民郝文芳的生活迎来了转机，他将3亩承包土地流转给当地龙头企业，如今他的收入来源不再是单一的打工收入了，除此之外还有土地流转租金、分红等，加起来年收入达3万多元，是3年前的10倍。

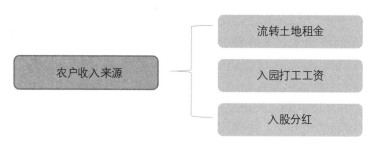

图 6-8　农户收入来源

分散式经营向集约式经营转变。在2012年以前，威县葡萄种植以小农户个体分散种植为主，葡萄种植技术落后，农户抵御自然灾害能力弱，葡萄收益相对较小，社会化服务相对滞后，市场配置资源的作用无法充分发挥。同时，由于使用过量超标农药，对环境造成严重污染。为降低损害，政府将扶贫项目与现代农业发展相结合，应当前农村经济发展要求，整合农业农村资本，将分散种植葡萄的小农户有效引入市场经济的大市场，打出"一家带一家，朋友带朋友"的口号，积极引导农户参与到规模化经营中，为专门服务农业农村发展、农业生产提供可靠的金融信贷支持，加强农业技术服务。

专栏6-4　创业先锋——王淑平

　　2002年，今天根力多的董事长王淑平，走进邢台市成立了"邢台市威远农资有限公司"。当时的公司就是一个典型的"三无"小店——没有自己的产品、没有自己的品牌、没有属于自己的办公场地。就是在这种艰苦的条件下，王淑平带领着几名下岗职工走上了农资流通的创业之路。"自己苦些累些无所谓，可是带领的职工要吃饭、要养家糊口，怎么办？"王淑平深深感到自己肩上的责任，暗自下定决心做好企业。她带领着大家风雨无阻，每天都坚持深入田间地头，讲给农民听、做给农民看、带着农民干。

　　在创业之初，营销经验不足、店面小、资金少、技术人员缺乏，这些都制约着公司发展。针对许多企业技术服务相对薄弱的现实，王淑平果断地把技术营销放在公司发展的首要位置，用"农科先锋、农服典范"要求员工并身体力行履行使命。用技术服务带动产品销售，这一准确定位为企业的快速发展赢得了先机，"好产品、好服务、好收成"的三好理念也逐渐孕育成型，并被确立为企业的经营理念。

　　王淑平作为根力多公司的领头人，在企业发展壮大的同时，将眼光投放于国家精准扶贫这一政策上，以威县政府引入的龙头企业这一角色，正式入驻威县农业现代示范园区。该企业紧随国家精准扶贫政策，与威县政府积极合作，在农业现代园区这样一个平台上，不仅发挥自己公司优势，将公司生态有机肥广泛推广于这个地区，同时还与农户形成紧密的利益联结模式，为贫困户提供就业岗位，提供资金帮助贫困户脱贫。做到了多效益联动发展。

2.筑巢引凤、搭建现代农业示范园区

如今放眼望去，威县不再是白茫茫一片棉海，多样化的农业种植经济带绘成五彩的油画，进入沿西沙河流域林果产业带，只见农户和技术指导员忙碌的身影，这边技术指导员指导农户如何整枝、抹芽，那边车辆川流不息农户忙着搬运成箱成箱的葡萄，一派热闹的景象。喜人的一幕，应归功于威县近年打造的现代农业示范园区。

图6-9 农户丰收

河北省威县国家级现代农业示范园区位于威县固献乡梨元屯镇，现已完成投资 11.4 亿元，流转土地 15000 亩，入驻企业 24 家，合作社 46 家。现代农业园区的建设，从根本上落实了 2015 年中央一号文件的精神，围绕促进农民增收，加大惠农政策力度，在优先保证农业农村投入、提高农业补贴的前提下，完善农产品价格机制，强化农业社会化服务功能，推进第一、第二、第三产业融合发展，将科技、金融、信息融入传统的第一、第二、第三产业中。

园区处于京津冀协同发展战略中的京冀发展轴上，具有重要的战略地位。园区作为北京疏解非首都功能承接主体，现代农业、加工物流、休闲旅游等产业蓬勃发展，连通了一体化经济圈和山东、江苏等经济大省，成为集科技研发、产业发展和农业信息金融服务等功能于一体的国家现代农业示范区。根据国家对京津冀协同发展的战略部署，计划建设一条"良种繁育—标准生产—加工物流—市场营销—文化创意"的产业链，同时依托"资金、政策、技术、人才、基础建设、组织"六大保障体系，实现四大功能：农业科技创新创业引擎、农副产品加工物流中心、高效特色农业生产基地、对外开放合作交流平台；提升五大能力：科技支撑能力、规模生产能力、示范带动能力、物流服务能力、品牌影响能力（见图 6-10），为建成冀南平原生态农业示范样板奠定基础。

现代农业示范园区的建设，给当地的农业现代化发展带来了显著的促进作用。经济效益方面，核心区建成后，年总产值约 74 万元，利润按照 10% 计算，盈利约 7 万元。生态效益方面，通过对核心区的大规模高标准建设以及对威县县域种养殖生产基地的改造升级，使相关辐射基地的农业可持续水平得到了极大的提高，改善了园区及周边地区人民的生活环境。社会效益方面，特色养殖区、高标准果蔬生产示范区、优质粮棉标准化生产基地等的建设强化了本地的优势特色产业，打造地方区域优势，提高了农民组织化程度和农产品市场竞争力。

威县现代农业园区依托政府扶贫专项资金和社会资金的带动，遵循国家精准扶贫发展标准，形成贫困户灵活经营的利益联结模式。它具有以下几个特点：一是以产业化扶贫园区建设为关键，以特色产业为主导，以扶贫资金投入为主要融资来源，打造产业园区带动贫困户增收。二是贫困农户"变身"园区当中的工人，形成以"园区＋贫困户"的基本模式。该模式下，贫困农户能够灵活参与利益分成，在园区内打工挣得薪金，扶贫资金加入企业股份分得股金，土地流转后赚得租金，形成稳定的"三金模式"。

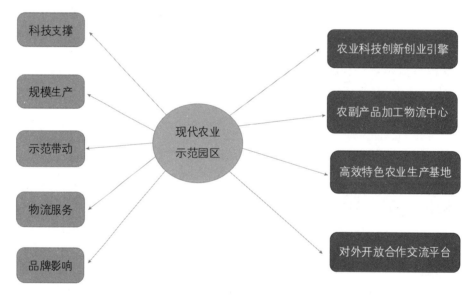

图6-10　现代农业园区四大功能、五大能力

（三）"根力多"模式的运行

一直以来，威县葡萄种植都是以家庭式小农种植为主，这样的种植方式一方面会占用过多农业资源，无法充分发挥农业资源的作用，造成资源

过度浪费；另一方面家庭式小农种植一般采用传统种植方式，无法利用大量资金引进先进的种植技术以提高葡萄产量。因此，威县县政府充分利用扶贫专项资金，建立农业投资公司，依托本地上市企业——河北根力多生物科技股份有限公司，探索出一套既增加贫困户收入来源还保证根力多公司发展的"根力多"模式，其核心是"集体整合土地、企业规模经营、农户入股分红、溢出效应共享"，具体模式流程如下：

一是集体整合土地，村集体将全村贫困户的土地整合到一起，由河北根力多有限公司管理。由政府整合相关部门资金完善基础设施配套，提高土地利用效率。二是企业规模经营，按照全县土地流转统一价格，将土地流转给根力多公司，用于有机肥试验基地，主要发展高标准设施葡萄，进行统一管理、规模经营，提高企业自主品牌有机肥知名度。三是农户入股分红，每人配股扶贫资金4500元作为本金入股根力多公司，期限不少于5年，年保底分红10%，到期后可继续入股或返还发展其他产业。公司对有劳动能力的贫困人口进行培训、优先录用。四是溢出效益共享，企业将品牌推广与扶贫有机结合，共享成果，对试验基地每亩增收部分，企业与贫困户按照7：3进行分配。同时，企业发挥辐射带动作用，在推动自身发展的同时，带动该地区其他副业发展，如葡萄采摘节、葡萄小镇等旅游业的发展，从而构建一个第一、二、三产业融合发展新机制。

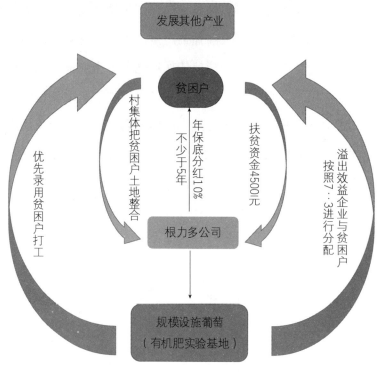

图 6-11 "根力多"运行模式

专栏 6-5 葡萄小镇——东夏官

　　和往年不同，今年的东夏官村显得格外热闹，除了往常收购葡萄的商贩以外，还有一个特殊的人群，那就是外来旅游的游客。他们体验着采摘的乐趣，同时也享受着乡土风情。这就是东夏官的特别之处。

　　东夏官村位于县城南 5 公里，106 国道西侧，南邻工业区，全村有 188 户，725 人，耕地共 1039 亩（其中包括支持县工业区项目建设的 756 亩）。沿国道 106 行驶 5 公里就进入了东夏官村。道路两旁，放眼望去是由紫色和绿色交织而成的画布，一串串如同珍珠塔似的紫色葡萄挂满了藤架。走在这样的小道上凉风习习，葡萄香味沁人心脾。

村里的老人说，完全不敢相信东夏官村还能变成现在这个样子。昔日的东夏官道路泥泞难行、处处可见垃圾堆、蚊虫满布、断壁残垣处处可见，村民的生活也是捉襟见肘。

为彻底改变这样的现象，政府也是下了血本，基于东夏官村有几十年葡萄种植的历史，加之有悠久的历史文化底蕴，东夏官村依托葡萄产业建设"巨峰葡萄小镇"，打造升级版的美丽乡村。

为更好地出特色、出精品、出亮点，威县聘请邯郸城乡规划设计院对东夏官村进行全方位、多视角、立体化设计，将历史文化底蕴发掘、旅游资源开发、生态环境保护、民生实业改善相统一。建设过程中，东夏官村按照"四美"要求，坚持"点、线、面"相结合原则，打造了6000平方米村西水系，利用空闲宅基地打造共2000平方米的游园4个，3500平方米的菜园1个，建成占地2万平方米，集村民健身文化广场、垂钓园、居民游园为一体的综合性公园，打造村史馆1座，搭建葡萄长廊900余米，新建可以满足全村道路照明用电的光伏发电站1座，建设了占地260亩高标准葡萄采摘园、生活体验园。东夏官党支部书记夏献杰说："进一步做大做强葡萄产业，把东夏官村融入全县乡村旅游'大盘子'，打造供市民休闲、娱乐的县城'后花园'。"

东夏官村通过土地流转建设具有高科技的合作大棚，将葡萄产业发展壮大，同时聘请相关专家团队为东夏官未来发展做出科学规划，进一步延长产业链，深度发掘葡萄价值。

（四）"根力多"模式的成效

现代农业园区的建设让政府看到，农业发展不能再沿老路子走了，现代农业已然成为必然趋势，规模化、集约化生产不仅能节约生产资本还能提高生产效率，还能让农户投更少的钱，获更多的利。在政府科学规划下，威县部分乡镇已由传统的葡萄种植方式转变为具有现代生产技术加持的设施葡萄种植。同时，在龙头企业河北根力多公司的带动下，2018年威县葡萄种植区在诸多方面取得成果。

1. 激发全员参与扶贫主动性

其一，合作社带动。在政府的带动下，不少农户也看到了现代农业的先进性。西河洼村的党支部书记说："在政府政策的帮助下，我们2016年成立了葡萄专业合作社，还别说，自从将咱村的土地规模流转，采用现代葡萄种植方法，我们这个合作社葡萄产量当年就超过了往年的两倍。社员们拿到钱的时候都美滋滋的！"其实在威县，这样的合作社近几年已经逐渐发展起来，其中最具代表性的有4家，分别是冀鑫葡萄专业合作社、洺州碧珠葡萄专业合作社、油坊葡萄专业合作社、威县国群葡萄专业合作社。

冀鑫葡萄专业合作社成立于2008年，是昌黎果树研究所的试验示范基地，赵胜建教授主抓。现在主打品种是巨峰，正在试种准备推广的品种有美宝、美提（无籽）、月光5号（无籽），产品主要销往北京、山东和河南。合作社的辐射范围为洺州镇、第什营乡、方营乡等乡镇，涉及农户900余户，面积1000多亩。油坊葡萄专业合作社成立于2005年，前身是油坊葡萄专业协会，由北京农科院提供技术支持，主打品种为晚熟品种巨峰和比较早熟的品种京亚，产品主要销往山东、河南、山西、北京、天津等地。有露地葡萄和部分大棚葡萄，大棚葡萄以京亚为主。经营范围主要是油坊村和宋庄村，涉及农户 106 户，面积 300 多亩。洺州碧珠葡萄专业合作社成立于 2010 年，占地面积 400 余亩，受益农户 70 多户。现在的主打品种为巨峰，推广品种是维多利亚，产品主要销往湖南、湖北、广西、武汉、山东、北京、内蒙古等地。威县国群葡萄专业合作社成立于 2010 年 6 月，现在已发展 100 多个葡萄大棚，面积 300 多亩，技术依托是衡水莱阳葡萄协会，主栽品种为藤稔、早玫瑰、维多利亚等，2018 年，以七级镇的西七级村为试验区种植无核的露地葡萄。产品主要销往山西的太原、长治、临汾以及河南、北京、天津、山东等地，涉及农户 100 多户。

其二，能人大户带动。在政府的正确引导下，威县的葡萄产业逐渐壮大，结合当地生产和政策措施，威县的葡萄产业逐渐向正规化方向发展。在龙头企业的带动引领下，涌现出许多能人大户。他们自发组织挖掘威县种植葡萄的潜能。这样的现象也正是政府所希望看到的，政府想做的不只是举一反三，更想举一反多，使威县葡萄产业在政府指导的同时，也带动农户自发"造血"，走出一条具备自家特色的可持续发展道路。

专栏 6-6　能人大户带动产业发展

今年已经 65 岁的李俊领是威县洺州镇胡家屯村一名普通农民。近 30 年来，他不断引进葡萄新品种、指导种植新技术，带领着乡亲种植葡萄增加收入。

威县葡萄 80% 是巨峰，品种相对单一。李俊领不断引进试种新品种，丰富葡萄品种结构。经专家推荐，他从研究所引进夏黑品种，经过两三年的学习钻研及经验积累，夏黑葡萄越种越好，被广大果农接受，得到大面积推广。他还引进"阳光玫瑰""蓝宝石"等葡萄品种，并在本地试种成功，目前已有群众开始种植。

种好葡萄，必须得有技术。李俊领一直认定这一理念，长期到石家庄果研所、昌黎果研所、中国科学院葡萄病虫害研究中心等科研机构学习。他与石家庄果研所合作推广测土配方施肥，使果品质量得到提高。他还把硒元素引进葡萄种植，让果树更加健壮、果粒大、上市早，葡萄销售收益更高。同时，李俊领牵头成立了俊鑫葡萄合作社，发展会员800多户，涉及3个乡镇19个行政村，面积达1万多亩。昌黎果品研究所赵胜建教授在该社建立新品种实验基地。合作社带领群众种植的葡萄由无公害食品向绿色食品迈进，进一步提高了果品质量。

眼下，李俊领正在寻求葡萄深加工客户，除了销售鲜葡萄外，进一步延伸链条发展深加工产品，增加产品价值，让葡萄为广大种植户带来更多的收入。

2. 推动葡萄生产的标准化

2018年是威县的"农业质量提升年"，推动农业由增产导向向提质导向转变。2018年制定了葡萄、梨、设施蔬菜等种植标准。2018年推广设施葡萄种植1000亩，改造提升霍寨、西梨园两个葡萄批发市场，到2020年露地葡萄达到10万亩，设施葡萄3000亩；政府大力开展多种功能，加快发展新产业、新业态，延长产业链、提升价值链、完善利益链，并加快葡萄、蔬菜产业标准化进程，建立健全农产品质量可追溯体系，打造京津后厨房；2018年设施葡萄、蔬菜、食用菌种植达10万亩。政府通过邀请专家学者科学规划畜牧养殖与规模种植企业，实现"养殖＋种植"的县域农业大循环与企业（牛沼草、禽肥果等）区域小循环全面发展。

3. 打造葡萄产品的品牌化

截至2018年，威县政府在葡萄产业的发展上取得了许多成就，2018

年威县培育了农产品省级商标两个，完成葡萄区域公用品牌创建，为将威县葡萄公用品牌推广出去作出了一系列努力。其一，融合电商扶贫发展，与生态农产品电商化供应链联合打造电商化项目，以拓展威县葡萄公共品牌的推广途径，该项目由江苏农牧人电子商务股份有限公司实施；其二，威县葡萄全国冷链物流配送运输项目，由江西赣州南北水果批发市场追加威县"一县一品"的葡萄系列产品为供应商，保证当前市场价收购，并负责威县葡萄全国冷链物流配送运输工作。

三、社会资本参与：农业发展新活力

威县作为全国重点扶贫县，针对国家给予的优惠政策不仅仅只是简单的"1+1=2"，而是将这些政策发挥到"1+1>2"的作用。作为全国重点扶贫县，威县紧扣扶贫重点，针对当前扶贫过程中出现的问题，引入 PPP 模式，并将其与金鸡模式相融合，创新性地解决了威县扶贫目标瞄不准、资金浪费等问题，基于此成功经验，威县将其又运用到禽类产业白羽模式和畜类产业金牛模式中，但是金牛模式在此基础上又有其突出特点。

（一）金鸡模式的多方帮扶

德青源农业科技有限公司与地方政府、政策性银行以及当地贫困户积极发掘四者之间的利益联结机制，开创性地将社会资金引入精准扶贫的模式中，从而建立了一套资产收益性产业扶贫模式（套用 Public-Private-Partnership，"政府和社会资本合作模式"的概念，简称 PPP 模式），该模式既巧妙地解决了贫困户"无启动资金、无项目、无技术、无市场"的问题，也保障了龙头企业因发展所需的一切资金来源的稳定性。与此同时，该项目也发展成为威县地方特色项目，并实现精准扶贫的目标。

1. "金鸡计划"落地，开启扶贫新篇章

目前，资产收益的扶贫模式在中国仍处于探索的初级阶段，还没有被广泛应用在精准扶贫之中，中央致力于探索一条有利于贫困人口实现稳定脱贫的资产收益扶贫模式。在中央的号召下威县始终走在扶贫脱贫前列，探索出贫困户稳定增收的扶贫模式。威县是河北省扶贫综合改革试点县，也是国家扶贫工作重点县，近年来，威县明确"扶持谁、怎么扶、谁来扶"这一理念，始终坚持产业扶贫带动一批，将扶贫产业与市场机制相结合，在帮助贫困户解决收入的同时，也激发贫困户内生动力，让贫困户有尊严地脱贫。2016年，国家将威县作为资产收益扶贫模式首列试点县，依托中国鸡蛋第一品牌——北京德青源农业科技有限公司，探索出"国企融资建厂、扶贫资金入股、企业租赁经营、贫困群众分红、集体经济受益"机制，金鸡项目将社会资源、市场效益充分调动起来，有效地解决了政府、企业、农户所面临的三种难题。

2. "德青源"："金鸡"模式的引领者 [①]

中国鸡蛋第一品牌——北京德青源农业科技有限公司作为全球知名的绿色生态企业，它在行业内具有很强的创新研发能力和产业链高度整合能力。在进一步扩大经营规模，发掘产业的市场潜力时，该企业主要克服了以下困难：

第一，缩小经营理念与筹融资之间的差距。德青源公司始终坚持标准化生产、绿色生态养殖与循环经济等先进的经营理念，如果将这些经营理念落实到实际生产中，需要有强大的资金支持。这对于一个正处于扩大经营规模的公司而言是一个比较棘手的问题，所以德青源公司在保障其经营

---

① 韩婕：《资产收益扶贫创新研究》，河北师范大学学位论文，2018年。孙晋：《社会价值、市场效益与精准扶贫：金鸡个案——以河北省威县金鸡扶贫项目为例》，《河北金融》2018年第8期，第48—51页。

理念顺利实施的基础上，谨慎进行融资，寻求与自身经营理念相一致的合作伙伴，如世界银行国际金融公司（IFC）、全球环保基金（GEF）等投资方（贷款方），这无疑增加了德青源公司规模扩张的压力。

第二，融合产品导向与市场导向之间的差异。德青源公司坚持蛋品营销需要借助产品差异化来打通快速消费品迅速占据市场的道路这一产品导向，因而德青源公司把蛋品的质量控制重心放在具有一般工业环节属性的生产流程中，即蛋品养殖、加工、物流等，构建了世界上最先进的生产车间、科技设备、流程管理。因为，从生产车间到销售市场是一个庞大的生产流程，所以在时间成本上需投入很大的精力。因此，也决定德青源公司在迅速占据市场份额上会处于劣势，从而与迅速扩大养殖规模、迅速占据市场份额产生冲突。

第三，解决全方位产业链扩张与单纯养殖规模扩张之间的冲突。德青源公司通过引进商品种鸡向上游产业链纵向发展，同时通过"食—菌—肥"的生态循环模式，发展生物有机肥、沼气能源、生物发电、碳排放交易等实现产业链的横向拓展，从而实现了生态养殖、蛋品物流、食品加工的全产业链的延伸与渗透。这样全方位的发展无疑会占据大量的企业资源，而制约着德青源公司对养殖规模的扩张。

德青源公司虽然在蛋品质量上做到了最佳，但是却无法占据市场份额，此外德青源公司也发现自己开发的蛋品追溯体系、生态养殖模式、蛋品后加工体系、蛋鸡场循环经济体系等一系列先进模式正在被业内其他公司所模仿，因此德青源公司意识到，自己的品牌、技术、管理理念等在同行业中占有无可争议的领军地位，但企业的融资进行规模扩张、占据市场的速度都在受到限制，基于此，德青源公司决定在坚持经营理念不变的前提下，将企业发展模式从重资产建设转换到轻资产扩张，以充分发挥全产业链优势迅速占领全国市场。德青源公司与产业金融服务商、地方畜牧企业共同探索出一种云养殖模式：由社会资本设立资产公司，投资固定资产，德青源公司设立运营公司以承包或租赁固定资产。虽然这种模式一定程度上取得了成功，却受到产业金融服务商和地方畜牧企业在项目规模方面的制约，促使德青源公司把目光转移到社会各方关注的产业扶贫。

3."金鸡"模式的运营

依据国家政策，威县作为资产收益模式首列试验点，将"金鸡"资产收益模式与PPP模式相结合，并成立了威县威州现代农业投资有限公司（简称农投公司），该公司的资金来源主要是中央和地方各级财政专项扶贫资金，加上整合后的资金以及来自政策性银行的贷款或其他方式的间接性融资；社会资金主要来源于企业自有资金和商业或政策性贷款，这部分资产约为14亿元。以威县政府为主体对PPP项目进行筛选，最终与北京德青源农业科技有限公司签订合约共同发展"金鸡"资产收益项目，该项目基本运作模式如下：

政府融资建设场地：农投公司自身投资2.5亿元，同时向中国农业发展银行（以下简称农发行）贷款1.25亿元（借贷期限为15年，年利率为4.9%）、由威县威州城镇化建设投资集团有限公司做资产抵押担保，发改委重点项目建设基金0.3亿元，河北省扶贫办支持威县试点资金0.2亿元，县政府整合各类涉农资金0.75亿元，建成拥有"八区四厂"，总规模240万只的金鸡产业扶贫生态园。扶贫资金入股：村镇和贫困户成为"特惠股东"。4个村镇合资建立6个蛋鸡养殖合作社，以"特惠股东"的身份加入威州农投公司，将扶贫资金投入该公司，实现资金转变为资产，实行动态管理；威县126个村（含48个贫困村），2117户家庭，4424人，以"特惠股东"身份人均入股4680元。企业租赁经营：威州农投公司建成后，德青源公司作为运营公司，投入1.25亿元的生物资产承包经营，承租期 25 年。前 15 年，每年按照农投公司固定资产总投资的 10%，由农投公司和合作社对入股的 2117 户 4424 人每人每年分红 1000 元，半年一次汇入贫困户所在村账户总计 442.4 万元。企业和村委会面向有劳动能力的贫困者，设立"特惠岗位"，提供就业岗位 1038 个，包括环卫、安保等公益岗 288 个，配套物流、包装业岗 600 个以上，保洁、绿化等爱心岗 150 个。集体经济收益：48 个贫困村每村每年 10 万元，由农投公司和合作社，通过乡镇财政拨入村账户，共计 480 万元，作为集体收入，用于公益事业建设和"特惠岗位"，同时，每只鸡蛋提取 0.01 元蛋基金，用于支持村级经济发展。

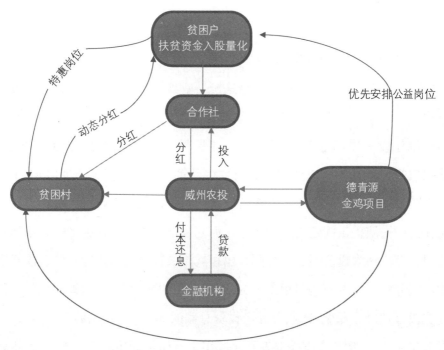

图 6-12　"金鸡"资产收益模式

专栏6-7 "金鸡"模式助力脱贫

　　威县固献乡沙河王庄村农民于华章因病致贫，村里想了不少脱贫办法，但总是救了一时救不了长久，扶贫资金发到手，没多久就花光了。自从他签订《分红协议书》，心里踏实了："咱现在有股份，每年都有分红，至少能拿到1000块钱，收益超过20%。"

　　"俺村在德青源打工的有30多人，有做防疫的，有装鸡蛋的，有喂饲料的，还有做保洁的。多的一个月挣4000多块，少的也有2000多块，都有五险一金。"威县固献乡沙河王庄村党支部书记张元华说。

　　4. "金鸡"项目+PPP模式的优势

　　（1）获得长期稳定的扶贫资金来源。威县县政府成立的威州农业投资公司，其注册本金来源是威县县政府专项扶贫资金共2000万元、发改委第三批建设专项基金3000万元（15年期贷款），合计5000万元。同时，威州农投公司从中国农业发展银行取得政策性贷款2亿元（期限15年）。国家政策规定，对从农业发展银行取得的贷款提供全额贴息。威州农投公司在其中扮演提供固定资产的角色，而北京德青源公司作为产业资本运营公司，与威州农投公司签订合同，出租威州农投公司的固定资产，既标准化蛋鸡养殖场，养殖场出租期限为25年。租期前15年，德青源每年支付给农投公司固定租金2500万元（投资总额的10%）；租期的后10年，德青源每年支付给农投公司967万元，用于养殖场固定资产回购。25年租用期满后，养殖场归德青源公司所有。因此，政府通过用扶贫资金建立农投公司，而农投公司设厂将其租赁给德青源公司获得收益，这使得政府的扶贫资金获得长效收益，政府再利用这些收益又可以投资扶贫项目，使得扶贫资金得到良性循环，形成长效扶贫机制。

（2）促进德青源公司扩大生产规模。德青源公司作为全球知名的绿色生态企业始终坚持标准化生产、绿色生态养殖与循环经济等先进的经营理念，在这样的理念支持下需要投入大量资金来支持运作，无疑加重了公司的资金投入。但自从参与到扶贫项目开发中，因为在自身初始资金的投入上有所减少，且能够快速获得利润，从而降低成本，这也促使德青源公司能够将更多资金用于公司的规模扩张。

（3）降低财政扶贫资金的投入风险。威县县政府成立威州农业投资公司，将5000万元作为注册初始资本，加上农业发展银行提供的2亿元的政策性贷款，开始运行"金鸡"产业扶贫项目，因为该项目既有利于公司资产收益，也有利于扶贫项目的实施，所以又额外获得了国家扶贫资金支持的政策性贴息贷款。该笔贴息贷款期限为15年，共计6420万元。德青源公司为了使"金鸡"扶贫项目顺利开工进行生产，又新增2500万元的前期开工建设费，又向银行贷款8800万元，两项合计11300万元。因此，在威县德青源"金鸡"资产收益产业扶贫项目中，威县县政府使用了较少的钱，引入了大笔资金的投入，真正实现了财政资金的杠杆作用，小投入撬动大量资金投入。同时，由于政府成立的威州农投公司，一方面不参与德青源公司的发展，另一方面不承担因公司经营不利带来的损失，所以也降低了扶贫专项资金的运行风险。

（4）能使财政扶贫资金保值增值。威县县政府建立的威州农投公司，在与德青源公司签订合同后的前15年内，每年经营利润为967万元，这些收益的主要来源为每年获得的2500万元的租赁费收入，贷款贴息收入428万元，共计金额2928万元。同时，农投公司再还贷本金为1533万元（2亿3000万，使用15年），再加上利息428万元，两项合计为1961万元。即租金收入＋贷款贴息－还款本金和利息=967万元；在德青源公司出租养殖场的后 10 年内，威州农投每年稳定收到德青源公司的固定资产回购资金 967 万元，因此在与德青源公司签订合同的 25 年内每年都有 967 万元的稳定资金收入。不难看出，威县县政府以初期的 2000 万元专项扶贫资金作为注册资金，每年可以获得稳定的投资收入，从而提高了财政扶贫资金的使用效率，促进扶贫资金的保值增值。

（5）带动贫困人口再就业。德青源公司在贫困地区投资生产，不仅带动了贫困地区的整体经济发展，同时因为需要大量劳工，所以需要在当地雇用大量劳动力，这就解决了贫困人口的就业问题。德青源公司与威县政府达成共识，在雇用的工人中必须保证有劳动能力的贫困户参与其中。威县县政府通过各方考核，从 16 个贫困村里的 4398 户，16567 名贫困人口中，最终选择出了特别贫困的 4060 名作为德青源资产收益扶贫持股人员。然后，威县县政府将 2000 万元整合来的专项资金，扣掉 100 万元的项目运营资产保证金后，剩余 1900 万元的部分，平均分成 4060 股，按照每人 1 股的基础股，折算成每人每股本金 4680 元。之后，威县县政府又成立 16 个村级经济合作社，把 4060 名贫困人员和 4060 名基础股按照平均分配的原则给予 16 个村级经济合作社。贫困人口享有每年德青源公司的分红，但是政府扶贫资金配股的股权归合作社所有。合作社拥有的股权委托给威州农投公司来实际运营，通过双方签订合同，威州农投公司负责把产生的收益分配给贫困人口。在威州农投公司实际收益分配中，分两次发给贫困人口：第一次是把之前选择的拥有基础股权的 4060 名贫困人口的收益分发到位；第二次是把收益分发给之前在 16 个贫困村之外的失去劳动力、没有能力获取股权也不能再就业的 3998 名人口，前后两次分红人数总计 8058 名。同时，德青源公司为激励贫困人口的内生动力，在养殖场中为其提供 1000 个工作岗位，这样就可以使每个家庭中有一名劳动力就业，使其拥有稳定收入，实质上一个家庭中有一人解决就业问题，那么就可以保证其他人的基本生活，实际一个岗位救助了一户贫困人口，这样总共可以救助三四千名贫困人口。不仅让贫困人口有稳定收入，同时也保证了他们的尊严。因此，可以计算出，实际上运用 2000 万元的财政专项资金，每年可使 11058 名贫困群众稳定摆脱贫穷走上致富道路。

5. "金鸡"模式显成效

2018 年 12 月，威县已有的蛋鸡存栏为 580 万只，是邢台市东部地区最大的蛋鸡养殖场，其中存栏蛋鸡数量在 1 万只以上的蛋鸡养殖场有 30 个，存栏蛋鸡数量在 10 万只以上的蛋鸡养殖场有 6 个。北京德青源威县农业开发公司"金鸡扶贫"项目的蛋鸡养殖场在 35 万只以上的有 4 个，共计 140 万只。截至发稿，青年鸡 1 区和蛋鸡 1、2、3 区已经开始运行，青年鸡 2 区和蛋鸡 4 区已在 2018 年完成设备安装，饲料厂、蛋肉加工中心已投入建设。按照"金鸡"项目的发展规划，当全部建成后，蛋鸡总存栏量将达 280 万只，其中蛋鸡数量将达 210 万只，年产蛋量 5.5 亿枚，共计 6.2 亿元，预计将成为邢台市规模最大、产蛋量最高的蛋鸡养殖场。

2016 年 9 月，全国产业精准扶贫观摩会在威县举办，该项目成为 2016 年威县 4 项产业扶贫的实验之一；2017 年，公司营业收入 8000 万元，带动就业 150 余人，成为中共中央政治局集体学习材料，央视《新闻联播》予以报道。金鸡扶贫成为十大"产业扶贫河北样本"之一，金鸡带贫情况在全省产业扶贫现场会作经验介绍；2018 年威县"金鸡"项目已覆盖 4 个乡镇，126 个村，得到分红的农户共计 1634 户，分红人口 3419 人，该模式按照"分期建成、分期移交、分期受益"的原则，每人分红 500 元，相比于 2016 年每户每人增加了 200 元的收入，同时也使得村集体收入每年每村增加 2 万元。据统计，截至发稿，1634 户贫困户已稳定脱贫。

图 6-13 《新闻联播》报道截屏

专栏 6-8　金鸡小镇——固献乡

如何能做到既促进生态建设发展，又能使农户发家致富？这是威县一直关心的问题。威县经过实地考察，结合县情将美丽乡村建设与脱贫攻坚完美融合，打造了威县首例特色小镇——金鸡小镇。

金鸡小镇是依托金鸡项目并结合美丽乡村建设而形成的具有现代农业产业和乡村旅游发展的综合型乡村小镇。该小镇总共涉及36 个行政村，覆盖人口约 3.8 万，总面积 68.5 平方公里。在此区域内，重点发展以"鸡"为特色的产业项目，带动区内贫困人口直接就业脱贫。同时，实现生产、生活、生态和一二三产有机融合，建成特色产业鲜明、生态环境优美的经济发展区。

金鸡小镇建成饲料厂、青年鸡区、蛋鸡养殖区，年可产鸡蛋1800 万枚，实现销售收入 1800 万元。之后，再建一个年产手撕酱鸡 150 万只、鸡肉肠 2685 吨、鸡汤 300 吨的熟食区。

在特色产业的基础之上，又统筹该区域的人文景观、水文景观等，人文景观主要包括义和团运动发源地、梅花拳、乱弹等历史人文景观；水文景观主要包括区域内的金沙河、十里荷塘等；同时还充分利用当地特色农业优势，如葡萄等瓜果采摘、婚纱摄影十八景等大力发展生态旅游业。以旅游业的大发展带动艾禾、海升、健坤、德青源、圣仙农业等龙头企业落户，在该区域内的金河社区先期发展3000亩饲草、2000亩标准梨园、1000亩设施蔬菜，加快农民增收。

（二）成功推广的白羽模式

作为五大资产收益之一的白羽产业，其整体运行方式与金鸡产业相似，由政府作为筹资平台，整合政府专项资金和社会资金，引进龙头企业河北宏博肉鸡产业并提供技术指导、生产场地、公益岗位，农户入股分红。

1. 政府助力、群众受益

宏博肉食加工园位于方营镇，占地300亩，总投资9亿元人民币，其中一期投资2亿元，占地166.4亩，建设生产加工车间、仓库、冷库、检测中心及其他配套辅助用房，形成年产2万吨熟调产品、1万吨生食调理品的生产规模。该园区拥有从种禽、孵化、饲料生产、兽药疫苗生产、屠宰到熟食加工、调料生产完整的产业链，建立了产品可追溯体系，目标市场为日本、马来西亚、中国香港等地。宏博白羽肉鸡产业扶贫项目一期投资2亿元，由河北宏博牧业公司自筹5800万元，国开行贷款1.3亿元，选择2988名建档立卡贫困人口，财政专项扶贫资金为每名贫困人口配股4500元入股合作社，合作社整体参与宏博白羽肉鸡产业扶贫养殖项目。

2. 运作模式

该模式依托北京上市公司——保吉安集团投资的河北宏博牧业白羽肉鸡项目，运作模式为"分户入股、保底分红、保险保障、集体受益"。

分户入股：县财政为 2559 名贫困群众每人配股 4500 元，入股宏博牧业公司，该入股年限不得少于 5 年，自 5 年以后，贫困户可以按照意愿分配这部分钱，可以继续入股，也可以将这部分钱投资于其他行业。保底分红：宏博肉业公司根据政策规定，对于入股贫困户，按照不少于入股本金的 10% 每年给予分红，每个贫困户每年可得分红 450 元。同时，该公司针对有劳动力的贫困户为他们提供了 3000 个公益岗位，每人每年收入在 3 万元左右，既解决了公司雇用劳动力的问题，也帮助贫困户实现有尊严的脱贫。保险保障：该公司为贫困户入股资金缴纳财产保险，入股贫困户为第一偿还人。集体受益：26 个重点村每村都有 2 万元以上的集体收入，用于公益事业建设和特殊救助。带动 4 个乡镇 73 个村（26 个贫困村）1043 户 2305 名贫困人口稳定脱贫，2017 年和 2018 年每人分别分红 450 元。

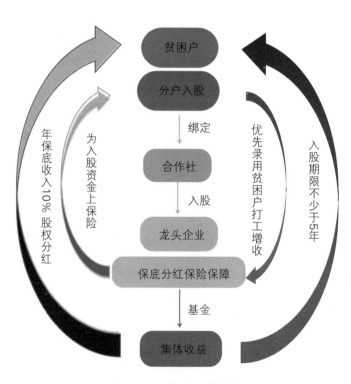

图 6-14　白羽运作模式

3. 白羽模式显成效

全县现肉鸡存栏 1200 万只、2017 年出栏 6060 万只，常年存栏 10 万至 24 万只的标准化肉鸡养殖场就达 58 个。威县是新兴肉鸡养殖基地县，依托宏博牧业肉鸡熟食加工项目，发展白羽肉鸡养殖、屠宰、熟食加工，延伸产业链条。到 2018 年底，全县肉鸡存栏达 1300 万只，出栏 7000 万只。将贫困户每人 4500 元的扶贫资金注入合作社，作为股份入股龙头企业，实行"保底收益 + 按股分红"，入股期限不少于 5 年，年保底收益 10%，贫困户只享受股权分红，不承担经营风险，龙头企业专门为贫困户入股资金上了保险。并优先录用贫困户，在企业打工增收；还设立了扶贫基金，用于贫困村公益事业建设维护。

四、龙头企业带动："金牛"模式的社会辐射

借鉴"金鸡"模式，威县依托君乐宝集团建设第三牧场和乳品深加工项目，实施"金牛"模式，在龙头企业带动下，贫困户不断接受新思想、探索新发展，使贫困户由"要我脱贫"转变为"我要脱贫"，实现贫困户有尊严地脱贫。

（一）"五位一体"促进农村产业发展

我国经济进入发展新常态以后，农业产业化发展成为当前中国农村产业结构调整的重中之重，将农业产业化发展与脱贫攻坚任务相融合成为目前解决农村产业结构落后、降低农村贫困发生率的高效做法。为打好脱贫攻坚战，威县县政府根据每个乡镇、每个片区不同生产发展情况，因地制宜采取不同的资产扶贫项目，对每个贫困村进行多层产业覆盖以确保贫困户稳定脱贫不返贫。县政府始终以农户的利益为己任，为让农民增收致富

生活更加优渥，威县借鉴"金鸡"项目，依托君乐宝集团建设第三牧场和乳品深加工项目，在"五位一体"总体布局的引导下，通过龙头企业辐射带动贫困户发展。

（二）"金牛"模式的合作路径

在河北乐源牧业威县第三牧场项目中，威县县政府投资建设威州农投公司扮演提供牧场基础设施的角色，政府总共筹集资金2.47亿元用于固定资产投资，由君乐宝公司租赁使用，而对于生物资产投资则由河北乐源牧业有限公司提供，总计4.27亿元投资，该项目覆盖了6个乡镇5228名贫困群众。

在君乐宝乳品深加工项目中，总投资为3.5亿元，其中威县县政府以新的财政资金投入方式为该项目整合涉农资金0.7亿元，注入威州现代农业投资有限公司。项目采用资产收益扶贫模式，授权威州现代农业投资有限公司向国家政策性银行贷款建设。君乐宝公司承租经营，年租金为固定资产的10%。君乐宝公司缴纳的租金用于该项目银行贷款的还本付息外，其余全部用于贫困群众脱贫与贫困村公益事业建设，该项目可直接带动300名贫困人口就业、6000名贫困群众稳定脱贫。

君乐宝乳业扶贫项目依托乐源牧业万头奶牛基地，采用利益联结收益扶贫模式，财政扶贫资金为每名贫困群众配股4500元入股合作社或者龙头企业，每年分红不低于入股资金的10%，期限不少于5年，带动赵村乡等5个乡镇69个村（21个重点贫困村）989户、2225名贫困群众脱贫，乐源牧业每年每头奶牛提取100元，设立牛基金，用于贫困人口二次分配和重点村公益事业建设。

专栏6-9　"金牛"模式助力脱贫

"赶年底终于脱贫了！"

"靠着君乐宝的'金牛'项目，俺也当上了股东，日子可算踏实了。"威县后南寺庄村村民孙幼云说。他把家里的土地流转给君乐宝深加工公司，除了入股分红还能在公司上班每月拿3000多元，加上家里耕地的租金，最近算是摘掉了"贫困帽"。

深挖农业发展潜力，扶贫攻坚借力而行。近几年邢台因地制宜探索以农业产业化带动精准扶贫、精准脱贫的路径，农业产业化经营率达到70.3%，在整体推进传统农业向现代农业转变的同时，实现贫困户户户有增收项目、人人有脱贫门路，22.1万名群众实现脱贫。

——摘自邢台日报网（2016年12月5日）

（三）龙头企业的绿色理念

众所周知，畜禽养殖的一大难题是粪污处理和病死家畜的处理，以往农户都是将粪污随意堆放或者不加以处理就当作肥料施用于田间，这样不仅造成整个村庄的环境污染，而且对耕地土壤破坏也比较大。此外，农户对病死家畜的处理只是将其扔到村庄周围。近年来，我国畜禽养殖业的发展从散户向专业户、规模化发展，但规模化的发展带来的环境污染问题也日渐突出，畜禽粪便污染已居农业源污染之首。

作为万头牧场，每天所产生的粪尿量相当庞大，如果不能做到合理有效地处理，将对资源造成极大浪费，也会对环境造成严重的污染。乐源牧业在粪污的无害化处理及资源的循环利用上做得非常完美，所以在牲畜粪污处理这方面尤为重视。政府出台了两套方案：第一套方案针对大型养殖场，政府拨款 115 万元，给厂户不超过 50% 的补贴，用于建立粪污处理中心。第二套方案针对散户，需要就近将牲畜粪污运输到粪污处理中心，将这些粪污集中后与生物菌剂发酵转换成沼气、沼液、沼渣。对于沼气提纯，中央补贴 4450 万元，将转换的沼气、沼渣、沼液充分用于当地农业生产发展（如灌溉农田、农户生火做饭等），形成良性循环，其中君乐宝对粪污的无害化处理花费了 9000 万元。另外，针对病死家畜的处理，政府建立无害化处理厂，按照生猪价格每头给予 100 元补贴。

政府和乐源乳业的正确引领，使农户逐渐具备绿色生态可持续的发展理念，做好畜禽粪污资源化利用，有利于促进农业的保护性生产，保护耕地资源，提高农产品质量安全，减少生态环境污染，优化人们的生活环境，为农业可持续发展奠定坚实的基础。

专栏 6-10　充分发挥产业模式作用，助力整体脱贫

资金入股、贫困群众受益的"利益联结模式"，带动 4520 人稳定增收后，政府领导给予充分肯定。

要坚持以习近平新时代中国特色社会主义思想为统领，深入实施乡村振兴战略，大力发展县域经济，充分发挥君乐宝的品牌效应，努力把威县乳业园区打造成乡村振兴战略示范基地和生态牧场。要着力推动乡村产业振兴，统筹乡村产业规划，科学考虑园区内养殖、种植、加工、物流等布局，加快构建现代农业产业体系、生产体系、经营体系；着力推动乡村生态振兴，做好生态规划设计，整合村庄土地资源，统筹园林、绿化、水系布局，实现景观营造、农业生产和观光旅游的有机融合；着力推动人才振兴，抓好技

能培训，促进农民向产业工人就地转化，带动贫困群众脱贫增收；同时，还要着力推动乡村文化振兴、组织振兴，打造乡村振兴的威县样板。

——摘自邢台日报网（2018 年 4 月 11 日）

（四）"金牛"模式的扶贫成效

全县现奶牛存栏 2.5 万头，日产鲜奶 350 余吨，规模化养殖比例达 100%。一是乐源牧业威县有限公司存栏奶牛 1 万余头，其中泌乳牛 5500 余头，日产鲜奶 160 余吨；二是乐源君邦牧业存栏奶牛 1.1 万余头，其中泌乳牛 7000 余头，日产鲜奶 180 余吨；三是河北中宝牧业存栏奶牛 700 余头，其中泌乳牛 600 余头，日产鲜奶 15 吨左右。设计存栏奶牛 1.3 万头的乐源君宏牧场已经进牛 3000 余头，2018 年底可实现存栏奶牛 5000 头以上。

为完善奶牛产业链条、打造种养结合示范县，威县大力发展了饲草产业，2018 年全县牧草播种面积达到 7.5 万亩以上，其中规模化种植面积达到 3.5 万亩，全县年产全株青贮玉米、燕麦、苜蓿等各类优质牧草 19 万吨以上，牧草产业已经成为威县的新兴优势产业。

表 6-1　各公司奶牛养殖情况

乐源牧业威县有限公司			乐源君邦牧业			河北中宝牧业		
存栏量（头）	泌乳奶牛（头）	日产奶量（吨）	存栏量（头）	泌乳奶牛（头）	日产奶量（吨）	存栏量（头）	泌乳奶牛（头）	日产奶量（吨）
10000	5500	160	11000	7000	180	700	600	15

数据来源：根据威县资料整理。

年产 16 万吨巴氏奶的乐牛乳业公司已经完成全部建设，正在安装调试生产设备。威县县政府借鉴金鸡扶贫模式，依托乐牛乳业公司发展奶牛产业扶贫模式，贫困群众入股乐牛乳业公司本金 2806.2 万元，按照年息 10% 的比例分红，2018 年的资产收益 450 元已于 9 月划拨到各乡镇。此外，县政府正在实施贫困户认养奶牛工程，通过县农行等金融机构为建档立卡户办理贷款手续，每户在银行贷款 4 万元、乐源牧业公司为每户出资 1 万元，每户共出资 5 万元、购买两头奶牛由乐源牧业公司进行管理，按照每户年给予 3200 元的收益。

专栏 6-11　乳业小镇——赵村乡 ①

在威县的东北部有这样一个小乡镇，乡镇道路整洁、路灯齐刷刷竖立在道路两旁、鲜少见有耕地，取而代之的是具有一定规模的奶牛养殖场。这样的现象出现在这个乡镇已经不是什么新鲜事儿了，这就是乳业小镇——赵村乡。

以隶属于赵村乡的前寺庄村为例，前寺庄位于县城北赵村乡政府 6 公里处，耕地面积 3539 亩，有 445 户，共计 1844 人。该村土地已全部流转。前寺庄因为人均耕地面积非常少，当时有 24 户 55 人贫困户，贫困发生率 2.98%。所以，在 2013 至 2016 年全村主要收入来源依靠农业及外出打工，在村子里经常会看到这样的景象，全村只有老人和孩子，鲜少见中青年人，为了维持家庭开支，让家里人日子过得富裕一些，中青年劳动力都外出打工。这不仅使本村劳动力大量流失，同时也引发了一些社会问题，如孩子之间的恶性事件、村内偷盗等，这些问题使乡政府一度非常困扰。自从开始发

---

① 张丽凤、吴曼、王培行、张学端：《乐源牧业现代化乳业小镇的第一牧场》，《今日畜牧兽医》2016 年第 11 期，第 18—19 页。

展现代农业，引入龙头企业帮扶，前寺庄村发生了翻天覆地的变化。该村土地全部流转由乐源牧业承包用于养殖奶牛，同时龙头企业需要大量职工管理奶牛场，他们就近招募员工，这解决了一大部分农户的就业问题，农户不用因外出打工而无暇顾及孩子和老人，现在村子里老有所依、幼有所教，社会恶性事件发生率逐渐下降。

2017 年入股我县的丰顺奶牛养殖专业合作社产业扶贫项目，实现 19 户 37 人每人 450 元分红。小额贷款 2 户年分红 1600 元。扶贫资金安排情况：对户资产收益，赵村乡依托君乐宝项目，探索实施"金牛"扶贫模式。组建了丰顺奶牛养殖专业合作社，县财政每个贫困人口按 4500 元标准将扶贫资金注入合作社，合作社将资金列入君乐宝万头奶牛牧场扶贫计划，贫困人口按注入资金的 10% 进行分红，实现扶贫资金变资产，成为"君乐宝"特惠股东。覆盖前寺庄村 19 户 37 人，每人每年 450 元，共享受 12 年。

五、威县资产收益模式的脱贫成效和推广经验

中国经济社会发展正面临一系列新变化，未来贫困问题将呈现新特征，这就要求中国扶贫工作应立足于长效可持续的角度，而威县资产收益五大模式的实施也正是从长效可持续的维度出发并取得一系列成效，这为未来我国进一步解决贫困问题提供了范例。此外，经济实现长期中高速增长是中国减贫事业取得巨大成就的基础。威县"五大资产收益模式"以合作为桥梁，与建档立卡贫困户进行深层次沟通，突破以往只"输血"不"造血"的旧模式，建立起长效稳定的资产收益扶贫新模式，鼓励贫困户主动参与到扶贫项目中，转变贫困户"等靠要"思想，激发贫困户的内生

动力，让贫困户实现有尊严的脱贫，这为未来我国有效解决贫困问题提供了宝贵经验。以下就威县资产收益模式的特征、成效和经验进行总结，并对未来扶贫工作的发展方向提供一些建议和参考。

（一）威县资产收益模式的特征

在"五大资产收益模式"的带动下威县走出了一条"以区聚企、以企带村、以村联社（合作社）、以社带户"的新产业扶贫模式，并取得显著成效，推动全县域经济发展、社会良性互动。从以上五大资产收益扶贫模式发展过程来看，课题组总结出威县资产收益模式的四个特征。

第一，产业扶贫与金融扶贫模式相结合。产业扶贫主要是以市场为导向，各方经济效益为重点，产业发展拉动地区发展为杠杆的扶贫方式。因为产业是扶贫的基础，所以威县发展产业扶贫旨在将传统的"输血式"扶贫转化成"造血式"扶贫，从而使得扶贫脱贫效益能够长效发挥作用，所以在推动精准扶贫工作中应该将产业作为重中之重。金融扶贫模式并非传统意义上的财政支持，而是引入金融扶贫模式后，通过政府主导，市场决定，金融机构资金融通，贫困户主动参与，形成一个多方融合的共同治贫格局。资产收益扶贫模式就是将二者结合取其双方优势、相互补充，以发挥精准扶贫的最大化优势。资产收益扶贫模式就是解决贫困户产业发展难、融资难的问题，通过政府这个媒介为贫困户提供产业选择和金融资产，确保激发贫困户内生动力，实现产业资本与"贫困股东"的双赢。

第二，激发主体参与和机制创新的互动性。政府为推进精准扶贫脱贫，创新利益联结机制，少不了各方主体互动参与。威县通过政府性融资平台，整合专项资金，吸引社会资金注入探索新路径，创新性地打造了政府、银行、企业、贫困户"四位一体"的脱贫攻坚新格局。从政府层面讲，威县县政府建立具有政府性质的威州农投公司，将财政专项资金、金融资金、社会资金高效结合，发挥市场在资源中的决定性作用，巧妙地发挥"有形的手"和"无形的手"的作用，撬动各方资金运转。从企业层面讲，以前企业在发展过程中需要考虑到固定资产投资这一块，现在威县龙头企业通过租赁经营的模式减少了企业投资成本，降低融资费用，从而提高企业利润空间，并让利于民。从银行层面讲，一方面实现了银行与大型企业的资本融合发展，完成签约量；另一方面由于政府出面构建融资平台，有效降低资金投向和资金风险，推动金融资本参与扶贫。从农户层面讲，有了龙头企业的引领，农户知道自己应该干点啥，农户自身发展资金也用到了实处，同时也帮助政府解决了"如何扶"的问题。

第三，多元化发展与长效扶贫的统一。随着社会的长期发展，相对贫困的现象仍然会存在，因此必须着眼于长远发展，构建长效稳定的扶贫机制。精准扶贫脱贫的目的不在于就扶贫而扶贫，而在于在这样的理念下，如何转变农户传统思想，在扶贫的同时也要扶志、扶智，学会自己走路。资产收益扶贫模式如同一个杠杆，撬动某一点之后，会引发一系列连锁反应，如基础产品及衍生产品、电商经济、旅游经济、特色小镇、物流发展等，形成一个现代农业产业的大格局。同时，这些产业的发展并不是短暂的，而是根据当地实际情况建立的长效发展机制，可以打消农户的顾虑，带动贫困群众增收、产业升级、城乡一体化推进，并逐渐形成多层次、多渠道的长效扶贫机制。在这一过程中，资产收益扶贫模式为各产业的融合发展和扶贫的长效性提供了有力保障。

第四，分散个体增收向区域整体脱贫衔接。由于前些年扶贫对象"分散化"、扶贫资金"碎片化"、扶贫方式"教条化"，有些贫困户扶贫不脱贫，有些项目扶富不扶贫，导致扶贫效果不明显、不精准。资产收益扶贫机制在推动扶贫成效的过程中，非常重视带动项目的选择，在赋予贫困人口更多财产权方面，让贫困户更多参与到乡村产业发展的进程中去。新型农业经营主体作为资产收益扶贫模式的重要载体，将农村集体经济、财政扶贫资金、土地、森林、劳动力等资源联结起来，形成一个扶贫整体，鼓励更多贫困户参与其中，通过优势产业项目平台，企业让利部分经营收益使农民直接分红受益，将贫困户从狭隘的生存发展空间中解放出来，通过地区的整体发展，实现对精准扶贫与区域性整体贫困矛盾的有效破解。

（二）威县资产收益模式的成效

威县产业结构的调整，农户身份转变、收入增加从而使当地农户的恩格尔系数下降，农民生活富起来了，日子好起来了。过去，我们把经济发展的重头戏摆在城市，这导致我国经济发展不平衡不充分。现在，我们将发展理念转变到城乡融合发展，威县立足于该理念，针对不同特色产业，打造风格迥异的特色乡村小镇，完善农村公共服务体系建设、美化乡村环境、丰富当地特色文化，并取得一系列成效。

第一，资产收益扶贫模式推动了精准扶贫政策的有效落实。威县作为全国重点扶贫县，自从被确定为全国首例实施资产扶贫收益模式试点后，威县的精准扶贫工作前进了一大步。资产扶贫收益模式所涉及的贫困乡镇、贫困村户均得到稳定持续的收入，从而保障贫困户稳定脱贫而不返贫。威县通过多种机制保障，使得农户牢牢捧住自己的"金饭碗"，"租金＋股金＋薪金"的利益联结机制丰富了贫困户的收入来源，"政府＋金融＋保险"的风险保障机制消除了农户的担心。这一系列措施就是贫困户的"定心丸、救命药"。如"金鸡"项目，依托德青源鸡场打造的生态园，专设保安、保洁等低技术要求的爱心岗位150个，协助乡镇创办物流、包装等企业创造600个就业岗位，并在贫困村设立公益岗，激发内生动力，让有劳动能力的贫困群众，通过劳动增收，实现贫困户有尊严脱贫。再如"威梨"项目、"根力多"项目，以当地传统农业梨树种植和葡萄种植为基础，通过适度规模流转土地、引进先进技术、聘请专家团队等方法，使原来的传统农业摇身一变成为现代化农业产业，农民的钱包鼓起来了、生活富起来了、政府扶贫的信心更加增强了。这一系列举措意味着扶贫的制度安排由过去单一式扶贫规则向多元互动式的规则转变，在这其中既包括了资源和资本能够有效传递给贫困农户，也增加了贫困农户能够自主地获得资本的制度安排，带动精准扶贫政策能够有效落地。

第二，资产收益扶贫模式使农村面貌大变样。首先，产业兴旺是解决一切农村问题的前提，目前推行的五大资产收益扶贫项目正如火如荼地进行着，依托这五大项目，通过农投市场化运作，多渠道筹集资金，大力改善农村基础设施建设。通过美丽乡村建设，完成"五网"建设，即对路网、水网、绿网、产业网、旅游网的高标准建设，使贫困村落后的面貌一去不复返，取而代之的是整洁的道路、热闹的乡村大戏台、小而精致的农户庭院。其次，威县将生态扶贫与产业扶贫有机结合，对传统农业进行大改造，依托国家扶贫政策创造性地提出并实施五大资产收益模式，将乡村振兴作为新时代"三农"工作的总抓手，转变农业产业结构，突破产业落后的"玻璃天花板"，将产业发展与绿色生态可持续相融合，形成威县特色扶贫产业。

第三，资产收益扶贫模式提高农户收入，增加农村集体经济收入。截至 2018 年，威县五大资产收益模式共计覆盖了 497 个村庄，分红 6405 户共计 13654 人口（见表 6-2）。通过扶贫资金入股分红，每人年均分红 450元，已经连续分红 3 年，累计为建档立卡户分红 1500 万元以上，为实现威县顺利脱贫、群众增收发挥了巨大作用。首先，该模式使威县贫困户收入稳定增加使得贫困户稳定脱贫不返贫，成功解决了贫困户就业难问题，实现特色产业发展和群众收入无缝对接。其次，该模式的运作为村集体收入提供了重要资金来源，所涉及的181个贫困村每村集体收入均在4万元以上，为贫困村无钱办理事务、无钱服务农户找到了解决途径。同时，基于该模式威县规划实施现代农业"三带三园"总体布局，覆盖了全县97%的行政村及所有贫困村，截至2019年，沿西沙河优质林果带已发展优质梨果10万亩、生态葡萄10万亩，沿106国道设施蔬菜带规模达到5万亩，沿金沙河畜禽养殖带引入了宏博牧业、德青源蛋鸡、中宝奶牛等龙头企业。占地4.5万亩的现代农业园区已入驻龙头企业36家，培育专业合作社63家，君乐宝乳业园区已运行两个万头牧场，宏博肉食加工园区未来将成为冀南最大的肉食深加工基地。

表6-2 五大产业分红情况

产业类型	乡镇	村数	分红户数	分红人数
金鸡	第什营	42	472	853
	梨园屯	12	187	422
	枣元	36	567	1251
	固献	36	408	893
	小计	126	1634	3419
白羽	方营镇	25	512	1105
	梨园屯	11	156	341
	贺钊	30	290	668
	常屯	7	85	191
	小计	73	1043	2305
冷链	章台	30	370	779
	张营	25	199	441
	贺钊	10	147	333
	贺营	25	377	788
	七级		76	196
	小计	90	1169	2537
根力多	洺州镇	33	421	826

续表

产业类型	乡镇	村数	分红户数	分红人数
金牛	侯贯	36	341	824
	常屯	24	331	621
	常庄	22	258	608
	七级	31	387	788
	高公庄	30	414	907
	赵村	32	407	819
	小计	175	2138	4567
合计		497	6405	13654

数据来源：根据威县资料整理。

第四，政府作为中间"媒介"，形成了安全可靠的保障。威县是率先实行资产收益扶贫模式的试点，该模式主要是贫困人口资产入股，享受项目分红。从股权特点和产业资本循环流动产生利润的角度来讲，只要持股，人人享受分红，但是企业发展的利弊也是需要持股人自愿承担的，也就是说项目实施主体和入股人员都需要担负企业是否盈利的责任，就农户而言是不愿承担风险的，但是企业在加入扶贫项目之初就有脱贫任务的约束，政府与项目实施单位在签订合同的同时，都要优先保障贫困人口的利益，即无论企业经营是否盈利，都不能损害贫困人口的既得利益，要保障贫困人口的收益，这对于企业而言如果企业经营发展较好，那么双方都得利，但如果企业经营发展不善，那么就有可能损害一方利益，这存在一定的法律风险，也是项目实施的一个棘手问题。因此，政府作为农户和企业的"媒介"在此时发挥了重要的作用，威县政府在选择项目实施主体之时，充分考虑各方利益，认真鉴别并选择发展前景好的企业，制定相应的企业奖励机制，鼓励企业带动贫困户发展，使双方都受益，推动威县产业发展。

（三）威县资产收益模式的经验

扶贫事业发展事关贫困地区农民增收和贫困地区农业产业转型升级，在精准扶贫背景下威县经验是不可或缺的宝贵经验，课题组依据威县资产收益模式的成功实施，就地方政府如何引导贫困地区产业经济发展总结出如下经验。

1. 政府要为社会资本与贫困群体之间搭起桥梁

政府发挥了社会资本与贫困群体之间的"媒介"作用，合理制定制度，搭建起社会资本与贫困人口自有资源之间的桥梁。同时，政府发挥了优势作用，充分调动社会力量参与资产收益扶贫的可能性，使更多的资金参与进来，提高各方资金的使用效率。一是出台针对贫困县经济发展的优惠政策，吸引更多的社会资本投资于资产收益扶贫项目，有了政策的扶持，融资成本的降低，银行贷款利率的减少，让社会资本切实得到实惠，社会资本才会更有意愿投资到资产收益项目中来。政府也引导社会资本和贫困人口共同联结起来，形成三方联结机制，对参与资产收益扶贫企业要形成奖励机制，对贫困人口实行了兜底脱贫。二是深入挖掘贫困农村可参与资产收益扶贫项目的自有资源，诸如贫困人口自有土地流转或者自有土地租赁，积极引导可开发的自有资源参与项目，进一步增加贫困人口的收入。三是引导参与资产收益的项目做大做强，形成规模发展，以此带动地方产业发展，形成产业链，辐射一方经济。

2. 政府应建立项目评估体系与资金监管体系

资产收益扶贫项目中，项目实施主体经营情况和财政专项扶贫资金是否有效使用是项目能否产生盈利的重要方面。项目实施过程中，有必要建立项目综合评估体系与扶贫资金监管体系，避免项目实施企业经营不善和扶贫资金使用不当带来的损失。一是建立了合理的项目综合评估体系；二是建立了政府专项扶贫资金的监测体系；三是探索了让第三方审计机构来评估和监测资产收益扶贫项目的制度。

3. 政府应探索脱贫长效机制

贫困地方产业的发展决定了资产收益模式的扶贫效果，但是如果产业项目在经济下滑的大环境下经营困难，或者自身发展遇到阻力，对资产收益扶贫的效果就会大打折扣。所以，政府在项目前期选择合作企业时，一定要选择好产业发展有前景的企业，做好前期规划。政府有必要通过调控对贫困地区的产业扶贫项目实施保护，向这些企业提供政策便利，使企业得到更好的发展。党的十九大报告指出，随着中国经济发展进入新时代，我国当前的主要矛盾已经转变为人民日益增长的美好生活的需要和不平衡不充分发展之间的矛盾，而解决不平衡不充分发展的最优方法是城乡融合发展，[①] 这也是乡村振兴对农业、农村、农民发展的祈盼。乡村振兴战略的根本任务是消除城乡二元结构实现城乡协调发展。其中，农村产业发展无疑是乡村振兴的核心任务。威县也正是在这样的理念指导下，规划建设"三带三园"、现代农业产业园区，承接大中型龙头企业，运用市场化思想，打破传统扶贫手段，适度规模化流转农户土地，贫困户有流转金拿，利用龙头企业吸纳贫困人口，贫困户兼职有薪金拿，将扶贫资金入股企业，贫困户有股金拿，使农户转变为"三金"农户，由此解决农村贫困发生率，从而带动扶贫长效机制的形成。

4. 政府要调控好项目风险和贫困群体收益的关系

有市场经营活动就会有市场经营风险，所以在资产收益扶贫项目中，如果项目企业遇到经营风险，在没有盈利的情况下，怎么保证入股贫困户还能继续得到资产性收益是政府需要调节的。一是项目前期可以从入股基

---

① 赖迪辉、郑永辉、黄凌翔：《量化农业：我国乡村振兴战略的产业路径分析及其政策研究》，《资源开发与市场》2019 年第 2 期，第 229—235 页。

数中抽取一定的比例设立专门的资产收益扶贫基金，用于项目经营确实亏损时，能让贫困户继续有收益；二是建立资产收益规章制度，合法保护入股贫困户的权益。

5. 政府要探索合理的贫困户股权退出机制

贫困户股权的退出有两种情况：一是贫困人口通过资产收益扶贫获得收益并脱贫"摘帽"，且不会有返贫的可能性，那么政府可能需要调节把入股的资格转移给其他贫困人口；二是贫困人口觉得资产收益扶贫模式帮扶脱贫，可能不适合自己，主动退出。针对这两种情况，政府都需要在项目运行初期做好股权的退出和转让制度。当然，政府也要落实好资产收益扶贫的主导作用，充分发挥为资产收益项目实施主体和入股贫困人口搭桥连线的作用，完善对企业的评估机制和资产收益项目资金的监管，探索扶贫收益的长效机制，实时监测项目运行，尽力规避项目风险，探索贫困人口股权退出机制，为资产收益项目的良好运行履行政府职责。

六、绿色循环经济——农业现代化发展的必由之路

产业兴旺是扶贫脱贫的重中之重，习近平总书记指出，当今中国农村产业发展不应再走粗放式发展的路子，而是要将产业发展与绿色生态可持续相融合，走融合发展的路子。威县作为现代化农业产业园区的示范县，把绿色发展理念始终贯穿到农业生产、农产品加工、畜禽废弃物利用的全过程，打造了资产收益五大模式的循环可持续发展。将畜禽养殖和种植业生产过程中产生的大量废弃物集中进行无害化处理，生成有机肥，并将生成的有机肥再次投入种植业生产当中，形成一个无污染的绿色循环发展，并以此打造威县生态农产品的品牌。同时，政府、相关科研单位和金融机构为该循环经济营造了一个安全、稳定的环境。各方相互依赖、各取所需

形成共生关系，推动社会经济的发展。

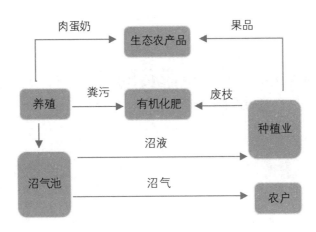

图 6-15　农业循环经济流程

在这种共生关系中，资产收益五大模式中畜禽业（金鸡模式、白羽模式、金牛模式）和种植业（"威梨"模式和"根力多"模式）为贫困地区现代农业发展指明了道路，该模式不仅为贫困区带来发展，同时也充分整合资源，贯通生态发展理念，为贫困地区带来了客观的社会、生态和经济效应。

第七章 | 可持续脱贫的稳定器：培育 小规模分散式的非农产业

如果说农业经济是威县的基础，那么非农经济就是威县新的动力引擎。改革开放40多年来，威县已经从原来的"大破穷"摇身一变成为现代农村发展的典范。威县政府在农业产业扶贫的基础之上依托光伏发电、汽车配件、电子商务等非农产业作为辅助性产业，拓宽群众增收渠道，实现产业对贫困群众的多层覆盖。在脱贫攻坚的发展道路上威县始终坚持全方位综合性发展，并创造性地形成了全县域、全覆盖、高标准，编制城乡一体、衔接配套的规划体系，全县域形成了"3+2"产业体系，即汽车及零部件、电子信息、农产品深加工、新能源新材料和通用航空，在农业经济发展的过程中，以非农经济为辅，使威县精准扶贫效果更加明显，并与乡村振兴形成了以内容互融、作用互构和主体一致为表征的互涵式关系，为二者的有机衔接奠定了可行性基础。

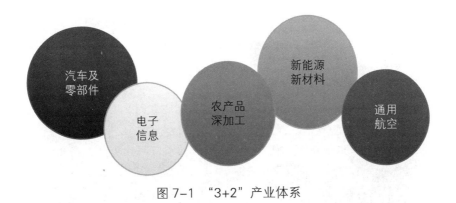

图 7-1　"3+2"产业体系

一、光伏扶贫——新能源产业的带动发展

随着一声鸡鸣，芦头村又迎来了新的一天。和往常一样，贫困边缘户贾立雪一睁眼就先查看自己的手机，看到 App 上发电量又增加了，她才开始一天的农忙生活。这在第什营镇已经是普遍现象了，农户迎接清晨的方式就是打开手机查看自家的小发电厂今天又赚了多少钱，这就是威县引进的新的产业扶贫模式——光伏发电惠民工程。

为深入贯彻落实习近平总书记重要讲话精神，威县将产业扶贫和政策扶持有效结合，帮助贫困户、脱贫户脱贫致富，政府因地制宜，把资源优势转变为经济优势，积极探索产业扶贫新模式，引进光伏项目，让贫困户、脱贫户自己当"电老板"，让贫困村成为一个具有一定规模的"发电厂"。

图 7-2　第什营镇光伏场地

（一）光伏扶贫的多方合作

以产业扶贫和政策扶持"双扶"工程为主，2017 年威县紧抓机遇，利用农村闲置屋顶，大力培育并发展户用光伏发电产业，助力农户和贫困户增加收入，经过多方考察决定引进上市公司嘉寓股份，威县积极为该项目投资建设，2017 年 6 月 15 日，县政府与河北嘉寓公司签订了 200 兆瓦的《户用光伏发电系统合作协议》，各乡镇负责项目宣传与推广。政府结合当地实际情况，利用近京优势，引进北京嘉寓门窗幕墙股份有限公司（简称"嘉寓股份"）。嘉寓股份是国内外领先的建筑节能、智能、光热光伏、门窗幕墙系统的提供商，是一家集研发、设计、生产、施工为一体的大型专业化股份制公司，其下属子公司嘉寓门窗幕墙河北有限公司坐落于河北省威县高新技术开发区嘉寓科技产业园内，占地面积 530 亩。为响应党中央、国务院关于京津冀协同发展、疏解非首都功能的战略部署，威县县政府引进嘉寓公司推动精准扶贫的大跨越。嘉寓门窗幕墙河北有限公司作为主要实施单位，具有先进的生产技术、高科技管理人才，通过自主研发获得许多专利技术，集团公司拥有徐州嘉寓组件生产线（原润峰电力），电力施工总承包三级资质，专业的施工管理团队和施工队伍，以及技术、服务、成本的综合优势，与国内多家大型光伏电力企业达成全面战略合作，因而成为威县县政府发展光伏产业的首选。

（二）光伏扶贫的运行机制

2018 年 12 月 27 日，甘肃农业大学张艳荣教授及其研究生董雪梅、曹委、孟娜、郭琳走进嘉寓门窗幕墙河北有限公司，深入了解新兴扶贫项目——光伏惠民工程扶贫。户外光伏工程总监高建斌为调研员详细讲解了目前公司新型中温槽式集热管和高温槽式集热管的性能材质，并带领调研员参观生产车间，他说："咱们威县嘉寓光伏工程是一项惠民工程，现在随着项目建设推进，已经有很多农户得到收益，赚到了钱，为了让咱们更多的人知道这个项目，在这个项目上得到收益实惠，增加咱们的家庭收入，提高生活水平，我们组织农户到现场现身说法，解说自己的心得体会，让更多的老百姓知道咱们这个项目，了解咱们这个项目。"可见，嘉寓光伏惠民工程为光伏扶贫的推广做出了很大努力，同时也创造了有利于"造血式"扶贫的大环境。

图 7-3　光伏管

1. 扶持模式

为全面贯彻落实脱贫攻坚战略任务，威县县政府因地制宜，创造性地提出"政+银+企+户"的合作模式来支撑光伏扶贫项目的运作，并于2017年11月15日与邢台银行、嘉寓门窗幕墙河北有限公司签订合约。具体实施过程如下：

图7-4　三方签订合约

政府实施保障：威县县政府负责为光伏项目提供绿色通道服务，为使此项目在前期建设、中期运营、后期电价补贴等环节能够顺利进行，政府发挥其主导作用，协调相关乡镇、村、供电局等单位配合此项目，推广并组织农户报名签约，参与到项目中。邢台银行威县支行支持：邢台银行威县支行凭借其自身优势，主要为该项目提供资金支持（负责全额放款），即运用自身资金实力、资源优势为嘉寓门窗幕墙河北有限公司提供多方位、多领域、多层面的金融服务。嘉寓门窗幕墙河北有限公司负责具体实施：作为该项目的实施单位，嘉寓公司需要负责整个项目全程技术指导，包括：产品选择、产品安装、App 的使用、后期产品问题保修等事宜。同时嘉寓公司也要保证威县支行信贷资金的按期收回，并且要将威县支行作为金融业务往来的主要银行。贫困户提供场地：贫困户作为主要受益方，要为嘉寓公司的产品提供场地屋顶。在整个项目实施过程中，完全是按照贫困户的意愿进行，如果有意愿安装光伏发电，则贫困户到村委会报名，经技术员到农户家中勘查房屋承重合格后，农户可签订相关合同，嘉寓公司代理农户向当地供电部门发起并网申请，然后由施工人员入户安装，待电力部门完成并网验收后开始发电。由用户发电收入作为还款来源，剩余部分全部作为农户收益。

表 7-1　威县嘉寓户用光伏办理流程

步骤	流程
第一步	有意向安装的建档立卡户到村委会报名
第二步	嘉寓公司勘查房屋承重情况是否符合条件
第三步	签订销售合同和光伏分期贷款合同
第四步	嘉寓公司代理农户向当地供电部门发起并网申请
第五步	施工人员入户安装施工
第六步	待电力部门完成并网验收，开始发电

资料来源：根据威县资料自行整理。

2. 产业布局

先行试点、稳步推进、全面覆盖，威县县政府在 2017 年 10 月将第什营镇作为光伏项目实施的试点，对芦头村等 15 个村进行建设光伏电站样板工程，效果良好，实际发电量高于预计发电量，老百姓对此举措有良好的反馈，平均每年收益约 5000 元。在试点区收到良好反馈之后，嘉寓公司根据威县供电局提供的变压器分布情况和每个乡镇实际需求容量，于2018年对各乡镇的光伏站点进行合理布局，除洺州镇以外到2018年11月底建设完成40兆瓦的光伏电站，覆盖15个乡镇，450个村，惠及农户约6000户，其中贫困户1500户，非贫困户4500户。

表7-2　2018年光伏扶贫覆盖乡镇、村落及户数

覆盖乡镇	覆盖村落	惠及农户	
		贫困户	非贫困户
15	450	1500	4500

数据来源：根据威县资料整理。

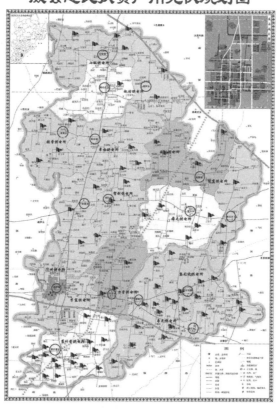

图 7-5　威县光伏分布规划图

农户屋顶分布式光伏电站：威县供电公司为嘉寓公司提供了 15 个乡镇、450 个村的变压器容量，可以安装 6000 多个扶贫光伏发电电站。嘉寓公司始终坚持"优先保障贫困户、兼顾非贫困户"的原则，以确保扶贫政策精准和实现光伏产业共同发展。公建屋顶分布式光伏电站：针对自己房屋不具备安装条件的贫困户，政府为他们选择村委会或村小学的屋顶安装光伏发电系统，总共涉及了 15 个乡镇，公共建筑面积约 82498 平方米，可安装 8 兆瓦惠民光伏电站。这 15 个乡镇 450 个村，25 年平均可增加集体收入约 9339 万元，年均收入 373.56 万元。

图 7-6　农户屋顶分布式光伏电站　　　图 7-7　公建屋顶分布式光伏电站

3. 进度安排

为有序推进光伏惠民扶贫项目的进程，嘉寓公司做了合理的时间安排：

试行期（2017 年 7 月至 10 月）。嘉寓公司在第什营镇实施示范项目，工作人员对芦头村等 15 个村进行建设光伏电站样板工程，涉及 107 户农户，总装机容量 1023.15 千瓦。根据当前发电量计算，25 年可发电约 3069 万度，农户总收入约 1400 万元，户年均约 5200 元。

经验总结期（2017 年 11 月至 12 月）。政府和嘉寓公司对第什营镇 15

个村的示范区进行了总结，形成了可复制经验做法，向全县推广，同时成立了嘉寓专业运维团队为农户做好建后技术维护。

推广期（2018年1月至12月）。1—3月，政府和嘉寓公司根据制定推广方案，收集农户和贫困户报名，勘查农户屋顶质量；4—10月，五个惠民电站项目部同时开始施工建设；11—12月，总体验收，并网发电。

专栏7-1　光伏扶贫——农户的"安心丸"

每当清晨阳光洒落在这个小小村落时，第什营镇芦头村村民郑先品屋顶的光伏电站就开始了一天的工作。每天清晨郑先品都会点开手机App查看自己的"今日收入"，数字的增加就是自家"光伏小电站"对这个贫困家庭的贡献，电表指针的每一次转动就意味着一份收入的增加。虽然每日收入甚微，但是积少成多以后却可以满足这个家庭的每个小小需求，或许可以给孩子买一本喜欢的书、或许可以丰富饭桌内容、或许还可以置办一些农具减轻自己的劳动压力。

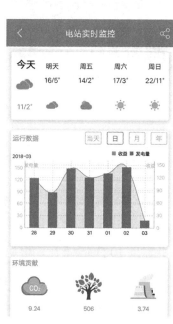

几年前，郑先品得了脑出血丧失劳动力，对于普通农户家庭而言，就已经失去了一部分收入来源，相应也会增加很大一笔花费支出。但是祸不单行，5年前丈夫又因车祸意外去世，这对于一个普通家庭无疑是雪上加霜。家中的主要劳动力纷纷下线，几乎没有收入来源，而自己的孩子还小，每个地方都需要花钱。面对这样的处境，郑先品痛哭过、发愁过、崩溃过。可是，日子还是要过，孩子还需要有人照顾。也就是在这个时候，乡政府仔细了解她的情况，并将她纳入精准扶贫行列，当地政府针对她这样不具有劳动能力的特殊家庭，经本人同意，为她安装了太阳能板，在家当起了"电老板"。

她说："我得了脑出血，并且失去了劳动力，丈夫5年前出车祸去世了，孩子还小。自从帮我安装了光伏电站后，一年有1000多块钱的收入，减轻了我一部分负担。"每天守着自己的"小发电厂"，通过手机App时时查看发电量已经成为她的日常习惯。看到自己的发电站每日每夜都在工作，她也重拾生活的希望，田间收获庄稼，家里收割太阳，日子过得好不热闹！

看到村子里农户的日子都过得舒心起来，芦头村支部书记贾艳辉心里的石头终于放下来了，他说："现在我们村光伏发电站是140千瓦，惠及农户20户，按当前电表走字的情况，折合成收入，这20多户每年平均收入2800—3000元，如果按发电站可以运行25年的话，农村农户有更稳定长久的收入，这个产业让我们村干部更增加了脱贫致富的信心！"

政府一个走心的举措，让千千万万贫困户心头的那盏灯又亮起来了，在党和政府的引导下，他们的日子好过了，又绽放出朴实的笑容，生活更加美滋滋。

（三）"阳光"工程为农户保驾护航

为确保农户光伏电站正常工作，县委、县政府联合嘉寓公司共同出台诸多保障措施。其一，威县县政府、邢台银行、嘉寓门窗幕墙河北有限公司共同签订《政银企战略合作协议》，为光伏惠民工程的建立奠定资金基础；其二，2017年12月27日，威县县政府办公室、发改委为光伏电站出台了关于《威县扶贫光伏发电项目实施方案》，成立了光伏发电项目领导小组；其三，在光伏自身产品险的基础上，又增加了太平洋财产险和营业中断险，如果遇到特殊情况使光伏设备损坏，那么维修期间的费用由太平洋保险公司负担；其四，嘉寓公司为每个户用光伏电站安装了手机智能App，农户可以随时查看发电量，同时公司还安排后台专职人员全天候查看，若有异常随时处理。

专栏 7-2 光伏产业助力脱贫

现在的西古城村已经不再是当年落后破旧的村子了，放眼望去整个村子都是蓝莹莹的一片，好像水波纹一般闪耀着耀眼的光芒，这已经成为村子里一道别致的风景。"2018年1月9日，我安装了25千瓦的嘉寓光伏电站，目前已发电18000度，邢台银行的对账单显示，半年下来余额还有5700多元。"西古城村民刘明中这样说道，"我以前是搞运输的，也了解光伏产业，知道光伏产业是国家重点支持项目，都说害怕贷款，怕有风险，其实有公司的担保金在银行里面抵押着，还有保险，我不害怕，嘉寓公司为我增加了一份长期稳定的收入。"

嘉寓惠民光伏扶贫项目实行优先保障贫困户，兼顾非贫困户的原则，采取政府主导、企业担保、银行放款、农户增收的精准扶贫模式，可为农户带来25年长期稳定的收入，电力部门根据农户每月的发电量，及时兑现补贴，及时到账。截至目前，全县已经有154个村的823户安装了户用光伏电站，容量达到9.5兆瓦，推动了精准扶贫更加有效，更加可持续，使嘉寓光伏惠民工程真正成为利国利民、符合国家产业政策的惠民工程。

二、汽配产业——家庭作坊式的就业吸引

威县因为不具备发展工业的先天优势，曾经被称为农业大县、工业小县，县域整体经济发展极不平衡，所以也导致了贫困落后的状况。但就近几年的发展来看，威县正在逐步改变产业结构不平衡的状态，依靠区位优势、资源优势和政策优势积极引进龙头企业，大力发展工业以辅助威县攻坚脱贫，在2020年实现全面小康，其中汽车配件产业就是典型代表，在威县工业发展中起到了举足轻重的作用。

（一）汽车配件产业的经济复苏

产业扶贫是威县脱贫攻坚的核心。威县素有"中国汽车配件之乡"的美誉，但是曾经的汽车配件产业由于生产设备落后、管理欠科学、政策优势不足等问题，使大批汽车配件企业归于落寞，从而产生一大批"僵尸企业"，这些企业的存在导致大量资源被占用却无法解决农户就业问题。为解决这一问题，威县县政府响应国家产业转型号召，依托精准扶贫的相关政策，通过转变工业产业管理模式、适度规模土地流转、建立产业园区引进龙头企业等措施，使威县汽车配件产业再度焕发光彩。汽车配件产业的复苏，如同海绵一样大量吸收当地剩余劳动力，使闲散农户、无收入农户找到打工赚钱的好机会。为提高本地劳动力专业素养，威县开办职业技术

培训班吸引农户培训就业，既能解决农户收入问题也使农户具备了一项专业技能。

专栏 7-3　梨园屯迎来"汽配春天"

　　梨园屯镇位于威县省级现代农业科技示范园区核心区，与常庄镇共同建有市级汽车配件产业园区。以前梨园屯镇的汽车配件产业发展可没有现在发展得这么兴旺。以前受土地、政策、管理等多种因素影响，一部分成为"僵尸企业"。但是，自2017年以来，梨园屯镇采用"建园、盘活、集约"三种方式和政策优势，积极开展"二次招商"，实施了汽车园区小微企业创业苗圃基地项目，该项目共投资16亿元，占地800亩。通过重新利用闲置厂房，开展了锐铱科技人工关节、河北景丰滤清器等项目。同时，由于汽配产业的再度复苏，雇用了许多当地劳动力，解决了部分贫困户的收入问题。为使仍处于"冬眠"状态的项目再度复苏，梨园屯镇将坚持顾晓明主任"有项目、找资金，有资金、找项目，有项目有资金、找地方，有项目有技术有品牌、找资金，没项目没技术没资金、出让土地"的理念，进一步加大"二次革命"的力度，积极盘活、"腾笼换鸟"、壮大园区产业打造产业集群。按照"企业—行业—产业"思路，依托现有重点项目，引导企业向上下游拓展、延长产业链条，将汽配园区小微企业创业苗圃基地打造成企业集群，吸引投资谋求共同发展，形成规模效应、倍增效应，增强市场竞争力。

（二）汽车配件产业的发展机遇

　　威县基于悠久的汽车零配件产业发展历史，被河北省评为汽车及零部件产业生产基地。截至 2019 年，威县拥有各类汽车及零部件制造企业近 300 家、100 多个品种，汽车内饰件产量全省第一，汽车密封件产量全省第二，同时，凭借已具备的完整产业链条，威县紧随中国产业发展方向，抓住机遇，凭借各方优势，推动汽车零配件产业进一步发展。

1. 政策优势

其一，国家扶贫政策优势。威县于 2014 年被国务院列为国家扶贫开发重点县，国家对威县的发展在资金上给予大力支持，从而推动威县在引进龙头企业、基础设施建设、筹资搭建发展平台等社会建设上有一个较快的发展，同时国家对贫困地区在土地、金融、税费、审批、医疗、卫生、教育、科技等方面有特殊照顾，威县凭借此政策优势在县域内大力改变生产现状，对汽配零件产业进行升级换代。另外，威县是国家级扶贫县、省财政直管县，其在项目用地、企业融资、财政政策、税收减免等方面能够享受到其他地方无法享受的特殊优惠政策。这一系列政策惠及使得威县汽车配件产业迎来第二个春天。

其二，京津冀协同发展优势。京津冀协同发展是为推动服务共建共享加快市场一体化而提出的一项重大国家战略，威县地处冀中南，是京津冀协同发展战略中高端制造产业转移承接地，在地理位置上占有先天优势，威县县政府抓住这一历史机遇，与北京顺义达成战略合作，规划建成"威县北京·顺义产业园区"，该项目也被列为北京市"十三五"规划，随后威县也相继承接了京津冀地区其他企业产业，为威县在汽车配件产业上的技术改革、管理更新、扩充销售发挥了重大作用。

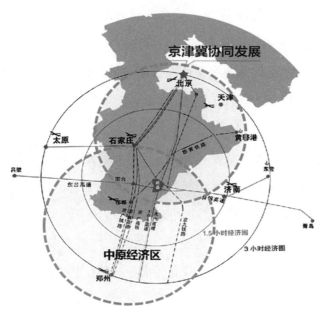

图 7-8　京津冀协同发展

数据来源：威县统计局。

2. 资源优势

其一，交通区位便捷。威县位于承东启西、连接南北跨省份发展的中心位置，所以在发展过程中扮演了辐射带动河北、山东、河南、山西四省的重要角色。由于地处中心位置，加之周边四省都为人口大省，所以这其中也蕴藏了巨大的商机。威县的一小时经济圈和三小时经济圈分别辐射六个地级城市和六个省会及直辖市城市，另一方面，境内拥有三条高速、五个出入口，国道、省道纵横交错，交通十分便捷。

其二，资源丰富、设施完备。具有充足的电力资源。威县位于华北电网的主供线路段，全县总供电为 23 亿千瓦时，大工业用电 0.6321 元 / 千瓦时，用电成本低，可满足汽车配件产业的需电量。具有丰富的土地资源。威县经济开发区现有近万亩的工业储备用地，可供大型产业项目落户。具有充足的劳动力资源。威县是河北的人口大县，具备劳动能力的人口有 155 万，汽配零件企业的落户，一方面可解决企业自身对务工人员的需求，另一方面，也解决了威县地域内劳动力大量外流的问题。加之政府举办的职业劳动技能培训，从而提高了劳动力素质。同时，威县具有完备的基础设施来承接中大型企业落户，威县拥有一个省级经济开发区和两个市级园区，设施配套完备，可承接大型企业。

其三，市场环境稳定。为保障产业顺利转移，威县相继出台了《关于扶持引导企业做大做强提升产业发展水平的若干规定》《关于金融机构和投资担保机构支持重点企业发展的奖励办法》《关于保护外商合法权益的若干规定》等 10 多项扶持企业发展的文件。同时，为给企业营造良好的生产环境，威县实行"六位一体"的分包责任制，即对引进项目要做到县级领导、纪委书记、银行行长、单位"一把手"、政法干警、代办人员都要负责到实处，在审批、建设、生产中提供优质服务，防止出现违法乱纪、扰乱市场秩序的事情。

3. 产业及配套链条优势

自"十二五"以来，河北省汽车工业产业得到快速发展，已经具备在乘用车、商用车及挂车全方位发展的能力，以皮卡、SUV、微型车为代表的整车产品年产量及市场占有率位居全国前列，初步形成了整车及零部件生产的格局。基于此，邢台市作为曾经的河北省老汽车工业生产基地，利用技术娴熟、经验老到的生产工人、完整的生产设备，整装待发，初步形成了集整车制造、专用车改装、汽车销售为一体的产业集群发展格局。威县的汽车及零部件产业作为河北省重点培育的"3+2"支柱产业之一，集群优势明显，已经拥有 300 多家各类制造企业，专业技术工人近万人，年产各类机动车配件产品 1430 万件（套），位于河北省前列。

（三）汽车配件产业的扶贫成效

截至 2019 年，威县在汽车配件产业上已经达到较为成熟的程度，规模化企业有 189 家，生产整车企业有 6 家，分别是河北隆德专用汽车制造公司，河北德动新能源汽车公司，河北尤里卡威枪电动车业公司投资 5 亿元的差速电机及电动汽车生产项目（低速代步车），北汽隆威河北汽车有限公司投资 33 亿元的威县汽车生产基地项目，河北卓骏专用汽车制造有限公司投资 3.2 亿元的卓骏专用车项目，河北威星工程机械制造有限公司投资 25 亿元的年产 30 万台工程机械项目。这些企业的入驻有助于威县产业结构调整，多产业的入驻，吸收了大量当地劳动力，使当地农户的收入来源不断多样化，保障其稳定脱贫。

三、电商扶贫——"小"农村蕴含的"大"市场

电商扶贫作为我国扶贫工作的特色之一，在农村发挥着举足轻重的作用。电商扶贫不同于其他产业扶贫可以独立存在，威县电商扶贫是寄托于农业产业扶贫和工业产业扶贫之中，将其所生产的产品通过线上推广和销售，由下至上形成立体式包罗形式，充分保障其他产业产品销售渠道的通畅，同时在此过程中，不断吸纳贫困人口，解决贫困人口就业问题。

（一）互联网 + 传统产业

目前，中国脱贫攻坚任务已经取得显著成绩，脱贫攻坚的工作已经进入攻坚拔寨的冲刺期。党的十九大提出"坚持大扶贫格局，坚决打赢脱贫攻坚战"。随着京津冀协同发展战略的实施，河北省抓住这一机遇大力推动精准扶贫工作的进程，因此各个县乡、贫困村扶贫效果显著。目前，扶

贫进入后期攻坚期，扶贫难度加深、扶贫成本增加，且农村仍然存在农户观念陈旧、农村社会化服务体系落后、集体经济量薄弱、市场发育滞后等问题，这成为制约各个县乡发展的瓶颈。

近年来，互联网经济在全国普及，农村开始迎接这个"新生儿"，农村经济发展进入一个新时代，即农村经济与互联网经济的融合发展。互联网与农业的融合，拓宽了农业商品销售渠道，同时也打通了农产品进城、工业品下乡的渠道。其中，在"互联网+"的大背景下，电商扶贫对威县传统产业的无中生有、有中生新具有特殊意义。[①]借助电商扶贫，让威县中老传统产业焕发新生。

（二）电商公共服务体系建设

威县大力实施电子商务进农村的相关工作，并且初有成效，2017年被评为国家级电子商务进农村综合示范县。县政府围绕"农产品上行"这一核心理念，对电商扶贫做出四项规划：一是农产品电商化；二是农村电商公共服务体系建设；三是物流体系建设；四是农村电子商务人才培训。

1. 农产品电商化

品牌引领，打造威县农产品公共品牌。2018年8月31日，威县发布了黄河故道沙土葡萄——"威县葡萄"区域公共品牌，在线上线下同时将"中国葡萄威县甜"这一品牌影响推广出去，同时还为威县的标志性产品——三白瓜量身打造"白王子"的品牌形象，为威县的梨、桃、西红柿、小米、香油、粉皮、老粗布等多个单品做了商品形象设计，制定了威梨流通标准。建设了质量安全溯源系统。开展网络营销。政府以"威梨"品牌开办了天猫旗舰店，威县特色产品通过上行布瑞克公司农牧人商城、

---

① 威县人民政府：《优化营商环境、提升招商质量 (2018)》。

一亩云直播网络销售平台、土银网网络直播销售平台在 2018 年 9 月 3 日的活动中销售了两万斤雪青梨。同时，威县电子商务进农村综合示范项目承办企业依据自营生鲜超市销售渠道优势，大力推进农超对接，开发金水菜园网络交易平台，2018 年 9 月 23 日第一届农民丰收节开办"果王"大赛，选定优秀的农业种植合作社为供应商，竞赛梨王、三白瓜王、西红柿王活动。开拓国际贸易新天地。为威县农产品大批量出口迈出了历史性一步。

2. 农村电商公共服务体系建设

县级层面，威县通过洺辉电子商务有限公司成立了县级电子商务公共服务中心，中心设置交流室、电教室、会议室、农产品研发体验中心等功能区，引进了河北无界电商开展"魔豆妈妈云客服"就业技能培训，培训有就业能力的贫困群众通过电商客服就业增收，现有 19 名贫困农村妇女及其亲属参加该培训活动，培训结业后由无界电商推荐就业，预计人均月收入可增加 1500—2500 元。村级层面，威县政府建立 350 个村级电子商务公共服务站，依托村服务站向村民推广电商应用、网店指导。一是依托各个村级电子商务公共服务站在"集日""会日"搞优惠活动，为建档立卡户打折销售；二是在春播、秋播等生产季节开展惠农农资服务，2018 年春，供销 e 家开展"惠农春耕"行动，建档立卡户以半价购买化肥，该活动覆盖贫困户 67 户，为贫困户节省化肥开支 4 万多元；三是开展"土地托管"，发展订单种植，以合作社为经营主体流转缺乏劳动力的建档立卡贫困户土地集中经营，与邢台乡间贷的电子商务有限公司签订种植收购合同。

3. 物流体系建设

威县具有完整的冷链物流仓储体系。在生鲜产品保鲜方面占有比较大的优势。该中心建立在金水河农贸市场内，仓储面积占 1000 余平方米，所以有能力承接大量货物。完整的农产品处理设备、优质的服务，吸引众多龙头企业、合作社与其合作。该企业在威县自营生鲜超市 10 家，加盟店 50 余家，村内生鲜食品直供点近 100 个，并依据自营生鲜超市销售渠道优势，大力推进农超对接。威县具有结构完整的物流系统。因为威县是一个农业大县，盛产梨、葡萄等时鲜水果，所以政府依据这一特点与宇奕物流有限公司合作打造了县乡村三级物流服务体系，1 个县级仓储物流中心，7 个乡镇级物流中转中心，350 个快递服务点。快递从县级仓储中心到达村级网点可以在两日之内完成配送，农村产品上行也可以在两日内完成。在此基础之上，该公司面向全国各大果蔬批发市场，开拓农产品物流线路，威县供销 e 家电商通过宇奕物流有限公司把威县的秋月梨销往满洲里内陆港向俄罗斯出口 210 吨，为威县农产品大批量出口迈出了历史性一步。

4. 农村电子商务人才培训

电子商务作为一个新兴产业，对农户而言仍有一些陌生，所以农户在接收相关信息和操作相关作业上需要花大量时间，这样不仅会影响整个物流进度，还会导致因服务不周使大量潜在客户流失。因此，威县开展创业技能培训，从根本上解决农户的知识盲点，从而提高农村电子商务的服务水平。根据《河北省 2017 年电子商务进农村综合示范工作方案》，为提高农村电子商务服务体系的服务水平和盈利能力，开展对农村群众、大学生村官、返乡大学生、退伍军人、涉农企业、农民合作社等大培训，采取集中、分散、一对一的形式，截至 2019 年累计培训 107 场、1693 人次、贫困户 61 人。[①] 引进河北无界电商开展"魔豆妈妈云客服"就业技能培训，培训有就业能力的贫困群众通过电商客服就业增收。

---

① 威县人民政府：《威县电子商务进农村综合示范工作方案（2018）》。

专栏 7-4　电商扶贫帮助困难母亲就业

据"魔豆妈妈云客服"的相关负责人介绍："许多外出务工人员在家过完元宵节才出门。而抓住这个时机，每帮助一个困难母亲实现居家就业，就可能减少一个留守儿童。"

"魔豆妈妈云客服"主要是针对那些有工作能力、有工作需求，但因一些特殊原因而不能外出务工的贫困母亲而设立。他们通过免费培训、辅导上岗、安排就业等方式帮助妈妈们在家中就能实现就业，从而精准脱贫。

（三）电商扶贫的发展阻碍

在政策支持下，威县采取了引进电商企业和扶持示范带动的模式取得了明显的效果。然而，仍然存在一些问题，使得威县电商扶贫受到一些阻碍。

服务体系尚不完善、电商扶贫软服务跟不上节奏。首先，电子商务作为一种新兴的产业体系，与农村产业发展仍然需要一定的时间来融会贯通。威县农村生态、资源禀赋与其他地区差异较大，所以在学习其他地区的电商扶贫模式并将其应用到本地时难免会出现排斥现象。其次，威县用扶贫资金在村级层面建立了多个服务站，但是因为处于初期发展，所以服务体系仍不完善，存在着缺少网上研发、包装、品牌、营销等对接性服务，不能根据当地特点进行有针对性的软环境开发，导致许多服务站无法充分发挥其作用，加重了农村电商的社会成本，特别是加大了贫困地区开展电商扶贫配套投入的负担。

电商人才短缺、本地农村电商能力受阻碍。威县外出务工人口较多，留守在农村的多是儿童、妇女和老人，造成农村出现"空心化"现象。而发展农村电商需要大量青壮年劳动力，因为他们比较容易接受新事物，能够很好地应用于其中。同时，因为电商扶贫是推广威县农产品的另一种形式，所以也需要具有美工、物流、摄影能力的优秀人才，然而目前威县各个村落的人才分布无法满足电商人才需求，以致本地农村电商能力受阻碍。

四、威县小规模非农产业扶贫助推乡村振兴产业的形成

现如今脱贫攻坚战已经打响，企业无疑成为这场战争的中流砥柱。威县县政府引进大批中小企业，通过政策扶持，与企业签订合同帮助贫困户稳定脱贫不返贫。利用市场思维给予汽车零配件产业第二次生命，引进光伏产业，大力发展电商扶贫。这些产业看似规模小、效益较低，但是作为非农产业首先要保障自身盈利，若要盈利就需要大量劳动力以提高生产效率，因此他们通过市场思维，采用经济手段，激发贫困户内生动力。

首先，光伏扶贫抓住农村劳动力分散的特点，把光伏电站送到农户家门口，让无法出门务工的农户有了收入来源。汽车配件产业作为威县的传统产业曾一度落寞，成为威县产业发展的负担，非但不能盈利，还导致企业成本增加。近年来，威县振兴传统中小企业，使中小企业迎来第二个春天。汽车配件产业的盘活，如同干瘪的海绵又遇见活水，大量吸收农村劳动力。其中，常庄镇汽车配件产业覆盖面最广、见效最快。其次，汽车配件产业对劳动力的专业技能要求很高，所以技能培训班的设立大大提高了农村劳动力素质。最后，电商扶贫是近年国家大力倡导的一种扶贫方式，威县主要是将其作为一种推广自家农产品的方式，在近几年入驻农村。该方式无论是在产品推广起始，还是在运送产品的过程中都需要具备不同技

能的人才，需要多样化的劳动力支撑整个物流运营，因此电商扶贫是基于其他产业发展而带动该产业发展的一种特殊农村产业，它以网状方式全面覆盖威县各个乡镇，在每个分支和节点吸纳大量劳动力，极大程度上解决农村劳动力流失问题。

乡村振兴的重点是产业振兴，因为产业振兴能为农民提供就业岗位，解决农民无收入或者收入少的问题。威县自古以来都是农业作为主抓手，工业在过去基本属于停滞状态。近几年，国家对产业供给侧结构性调整，使威县看到要想脱贫就不能只局限于单一农业产业的发展，还要振兴工业产业以作为稳定脱贫的有力后备资源，改变过去被动接受反哺的现状，主动作为，全力出击，激发农户的自主性，无论是光伏扶贫、汽车配件产业还是电商扶贫，都使农户不再"紧巴巴"地过日子了，自己也能通过技能培训找一份体面的工作。

第八章 健康扶贫与返贫预防：保障医疗兜底的制度创新

推进精准扶贫，打赢脱贫攻坚战，是我国为实现全面建成小康社会和共同富裕目标而推进的一项重要任务。危房改造、医疗救助、贫困生减免、社会保障兜底等举措的推进，使得贫困人口数量直线下降，脱贫攻坚工作正在有序推进。社会保障与脱贫攻坚在性质和目标上具有很强的一致性。通过精准识别对象，开展低保等社会救助制度，不断健全完善社会保障制度，使农村社会保障成为有效推进精准扶贫制度化的突破口。加强和完善社会保障制度，有利于消除贫困和缩小贫富差距。贫困地区卫生与健康状况堪忧，实施健康扶贫工程，是为全面建成小康社会奠定坚实的健康基础。实施健康扶贫工程，对于保障农村贫困人口享有基本医疗卫生服务，推进健康中国建设，防止因病致贫、因病返贫，实现到2020年让农村贫困人口摆脱贫困目标具有重要意义。实施健康扶贫工程，是"十三五"时期打赢脱贫攻坚战、实现农村贫困人口脱贫的一项重要的超常规举措，其总体要求是：按照党中央、国务院关于脱贫攻坚部署安排和精准扶贫、精准脱贫基本方略要求，针对因病致贫、因病返贫问题，区别不同情况，采取一地一策、一户一档、一人一卡，精确到户、精准到人，瞄准因病致贫的家庭和病种，突出重点地区、重点人群、重点病种，防治并举，分类救治，助力脱贫攻坚。针对贫困地区医疗卫生事业发展的重点难点问题，以提高农村贫困人口受益水平为着力点，整合现有各类医疗保障、资金项目、人才技术等资源，加大对贫困地区的支持力度，采取更加贴合贫困地区实际、更加有效的政策措施，切实保障农村贫困人口享有基本医疗卫生服务。到 2020 年实现中国扶贫开发纲要提出的"农村贫困人口基本医疗有保障，贫困地区基本医疗卫生服务主要指标接近全国平均水平"的目标。

一、威县健康扶贫的做法及实施效果

近年来，国家卫生健康委在推进健康扶贫工程中，始终坚持政府主导、社会参与，高度重视社会力量参与健康扶贫，实施健康暖心工程，着力搭平台、建机制、推项目，建设中国大病社会救助平台，实现社会公益慈善组织等各类救助资源与建档立卡贫困患者需求精准对接，推动公益信息共享和资源整合；会同国务院扶贫办实施光明扶贫工程，统筹社会资源开展贫困人口白内障免费救治；在党中央、国务院的号召下，在国家卫生健康委和国务院扶贫办、民政部的组织推进下，许多公益组织、爱心企业以及卫生健康行业机构，通过捐赠资金、创新项目，精准对接贫困地区健康扶贫需求，为建档立卡贫困患者提供救助，为贫困地区基层医疗卫生机构和医务人员开展健康扶贫工作提供支持，社会力量参与健康扶贫成效显著，推动形成了全社会合力攻坚的良好局面。

为深入贯彻落实中央扶贫开发工作会议精神，威县县委、县政府通过加大财政投入、创新医保机制，将因病致贫、因病返贫作为扶贫的硬骨头，实行"靶向治疗"，在调查核实农村贫困人口患病情况的基础上，按照中央"大病集中救治一批、慢病签约服务一批、重病兜底保障一批"的要求，施行"普通住院治疗一批、重大疾病救助一批、慢性病救助一批、家庭病床管理一批、家庭医生签约一批"的健康扶贫工程"五个一批"行动，组织对患有大病和长期慢性病的贫困人口实行分类分批救治，进一步推动健康扶贫落实到人、精准到病，实现了建档立卡贫困人口全员参保，在县域内公立医疗机构住院"先诊疗，后付费"和"一站式"结算，补偿比率达到95%。威县整合原城镇居民医保和新农合，在河北省率先建立城乡统一的居民医疗保险制度，实现"城乡同保同待遇"。威县卫计局组织基层工作人员对建档立卡贫困人口患病情况进行筛查，通过健康扶贫管理系统进行动态管理和精准识别，根据调查结果制定健康扶贫工作方案。

（一）威县健康扶贫的做法

1.加大健康扶贫政策宣传力度，提高群众政策知晓率

威县将相关健康扶贫政策进一步总结归纳，形成顺口溜、漫画、宣传片等群众喜闻乐见的形式，利用不同的宣传媒介进行广泛宣传。健康扶贫内容电视宣传片、大喇叭广播稿每天不少于1小时的循环播放，微信发布有关健康扶贫政策每月各不少于3次。通过"家庭医生日"等有关法定宣传日，利用悬挂条幅、设置展板、发放宣传折页、举办健康知识讲座、设置咨询台等形式进行持续深入宣传，不断提高群众对健康扶贫政策的知晓率。同时，加强宣传队伍建设。对乡镇卫生院医务人员、驻村工作组、村干部、村医进行健康扶贫政策培训，充分利用巡诊、体检、入户、家庭医生入户履约等时机进行政策宣传。

2.深化落实"五个一批"行动计划，实行分类救治

按照"分类管理、精准施策"的原则，摸清大病患者、慢性病患者和重病患者基本情况，随时掌握患病群众的诊治过程、报销情况以及就诊需求，分批分类开展医疗救助服务，并及时录入全国健康扶贫动态管理系统。

（1）深入开展农村重大疾病集中救治。为有效缓解农村贫困人口住院垫资压力和费用负担，国家目前筛选食管癌、胃癌、结肠癌等11种大病，

确定威县人民医院作为定点医院进行集中救治，治疗过程执行临床路径，实行单病种收费，让患病群众享受到费用低、质量高的医疗服务，并实行零起付线和95%的报销比例。

（2）全力做好家庭医生签约服务工作。推动家庭医生签约服务从重签约向增效提质转变，不断提高居民对签约服务的获得感和满意度。在做好老年人、孕产妇、儿童、残疾人以及高血压、糖尿病、结核病等慢性疾病和严重精神障碍患者家庭医生签约服务的基础上，扩大签约范围，实现农村建档立卡贫困人口家庭医生全覆盖，并做到签约一人、履约一人。由县级医院医生、乡镇卫生院医生和乡村医生组成签约服务团队，按照签约协议约定的次数为贫困人口提供基本医疗、公共卫生和约定的健康管理服务内容，全面提升服务质量。

（3）积极创新探索家庭病床和"爱心助贫包"机制。各乡镇卫生院家庭病床科对慢性病患者进行重新摸底排查，对符合家庭病床建床条件的慢性病患者建立家庭病床，并根据病情进行周期巡床（家庭病床涵盖病种见附件8-1）。对慢性病患者需要长期药物口服治疗的患者签订"爱心助贫"服务包（"爱心助贫"服务包主要内容见附件8-2），提供400元/年的国家基本药物，并报销70%。家庭病床患者病情稳定需要撤床的及时签订"爱心助贫"服务包，签订"爱心助贫"服务包的慢性病患者病情加重可以建立家庭病床，实现二者的有机转换。

（4）扎实落实医疗救助政策。继续落实建档立卡贫困人口参保补贴政策，在充分动员贫困群众参保参合的基础上，对2016年8月1日以后建档立卡贫困人口按程序审核确认，由财政补贴基本医疗保险个人缴费部分，实现100%参保。取消建档立卡贫困人口门诊检查起付线，住院起付线减半，门诊和住院费用报销比例提高到95%；大病保险起付线降低50%以上，报销比例提高5个百分点以上，提高贫困人口医保补偿待遇。同时，积极探索建立"政府主导＋商业保险参与"的医疗保障市场运作新模式，为贫困人口提供更好的服务。经基本医疗保险、大病保险报销后由患者自付的费用，不设起付线，按80%的比例予以报销，年度最高支付限额7万元。超出部分按90%报销，年度最高支付限额20万元，持续提高贫困人口医疗救助待遇。农村贫困大病患者在县医院、中医院、妇幼保健院以及乡镇卫生院住院实行"先诊疗，后付费"政策，住院系统根据身份证号识别患者贫困人口身份，零押金，不扣押患者身份证、户口本原件，减轻贫困患者负担。继续推行"一站式"结算机制。在威县县医院、中医院、妇幼保健院以及乡镇卫生院继续推行基本医疗保险＋大病保险＋医疗救助的"一站式"即时结算机制，方便群众报销补偿。

3. 加强医疗基础设施建设，提升服务能力

加强县乡村三级医疗卫生机构基础设施建设，加快县医院门诊医技楼和中医院医养结合中心项目建设进度，2019年底全部竣工并投入使用。科学规划枣园、高公庄、张营、方营四所乡镇卫生院迁建项目，2018年年底投入使用。2018年新建村卫生室27个，确保用房面积达60平方米，诊断室、治疗室、药房三室分开。配齐43种常用器械和16类80种必备药物。

不断加强卫生人才队伍建设，提高服务能力。利用"好医生"远程培训系统和公共卫生技能培训等项目，加大对现有医务人员的培训力度，对全县医务人员进行适宜技术培训，每年培训不少于500人。继续实施"春雨工程"，使威县16所乡镇卫生院全部与上级医院建立对口帮扶关系，为每个卫生院派驻一名业务骨干担任卫生院第一副院长，派驻时间不少于三年。同时，借力对口帮扶，威县每年派出不少于30名业务骨干到上级医院进修学习。按照乡村一体化管理，采用县招、乡聘、村用的方式为每所村卫生室招聘一名村医，为其缴纳养老保险，纳入乡镇卫生院统一管理，

充实工作力量。

4.完善工作机制，促进健康扶贫顺利实施

加强组织领导，严格监督考核。成立由威县副县长任组长、相关单位主要负责同志为主要成员的健康扶贫领导小组，统筹做好各项工作的落实。同时，将健康扶贫工作纳入脱贫攻坚工作领导责任制和政府目标考核管理，作为重要考核内容，明确任务要求，细化职责分工。

加强协作配合，形成工作合力。各牵头单位要发挥牵头作用，主要领导要亲自负责，分管领导具体负责，逐级落实工作责任，保障足够力量统筹开展工作，同时积极协调责任单位做好工作衔接。其他有关单位要提高政治站位，主动靠前，积极配合，要明确专人对接牵头部门，全力做好工作衔接，消除工作阻力，确保各项工作顺利推进，有序开展。

加强宣传引导，营造良好氛围。各有关部门、各乡镇要全力做好工作动员，切实提高工作人员的政治觉悟，调动各方面力量参与健康扶贫工作；各有关单位要创新宣传形式，充分利用现有宣传阵地积极引导群众参与，通过寻找典型、挖掘亮点发挥示范引领作用，大力宣传健康扶贫生动事迹，在全社会营造良好的舆论氛围。

（二）威县基本医疗实施效果

威县在医疗方面落实先诊疗后付费、"一站式"报销服务，在河北省邢台市"三个一批"（即大病救助一批、重病兜底一批、慢性病保障一批）的基础上，创新"五个一批"（普通住院治疗一批、重大疾病救助一批、慢性病救助一批、家庭病床管理一批、家庭医生签约一批）管理服务，解决因病致贫返贫问题。

（1）住院报销一批，县内住院合规报销90%（2018年4月19日后邢台市内报销95%）、基本医疗报销封顶线15万元，2017年住院4070

人次、基本医疗报销162.99万元。2018年住院2375人次、报销100.13万元。

（2）大病救助一批，不设起付线、封顶线50万元。2017年救助4070人次，通过免除起付线、提高报销比例等政策，比普通群众多报销132.32万元；2018上半年救助2375人次，多报销87.47万元。同时，对患有9类大病的贫困患者实行集中救治，2018年以来享受政策159人次，报销226.71万元。

表8-1　威县住院报销及大病救助情况一览

年份	住院一批		大病救助一批	
	住院/人次	住院报销/万元	大病救助/人次	多报销/万元
2017年	4070	162.99	4070	132.32
2018上半年	2375	100.13	2375	87.47

数据来源：根据威县资料整理。

（3）慢性病救助一批，门诊慢性病不设起付线，18种普通慢性病封顶线6000元、报销75%，4种重大慢性病封顶线15万元、报销90%（2018年4月19日后邢台市内报销95%），2017年报销3600人次，共计181.87万元，其中建档立卡贫困人口报销315人次、提高29.89万元。

（4）"家庭病床"管理一批，对长期住院且非病危慢性病贫困患者，创新设立"家庭病床"，根据病种报销75%　90%后再救助80%，2017年以来建床2119人次、正常报销外又减轻负担127.14万元。

（5）"签约医生"服务一批，对长期服药的贫困患者，提供"爱心助贫包"，合规药品基本医疗报销70%（年度限额500元），个人自付部分由医疗救助基金再报销80%，2017年以来签约4912人、正常报销外又减轻负担221.04万元。"家庭病床"成为2017年拟向全省推广的威县6项改革经验之一，顺利通过河北省专家组评估。

健康扶贫是精准扶贫的重要内容，是实现健康中国战略的关键环节。威县深入推进健康扶贫工程，不断健全医疗制度，同时深入实地调研，探索实施家庭病床服务模式，不断提高医疗服务水平，真正为民办实事，为稳定脱贫提供长久且持续的制度保障。

二、家庭病床制度——解放贫困就医家庭劳动力

脱贫攻坚进入冲刺期，因病致贫成为难啃的"硬骨头"。威县调研发现因病致贫的农户有"两难"：一是群众健康意识差，对于疾病预防、慢性病诊疗缺乏应对措施，对小病不够重视，往往使小病拖成大病；二是受不同限制因素的影响，不能及时入院治疗。在脱贫攻坚的过程中，威县为解决因病致贫这一难啃的"硬骨头"，创新精准健康扶贫"五个一批"工程，重点是针对部分贫困群众无法住院治疗、在家治疗医疗费用不能报销问题。2017 年 5 月，威县在实施"健康扶贫工程"的基础上，率先探索实施"家庭病床"服务，为因病致贫户解决"两难"：将具有医保定点医疗机构资质的乡镇卫生院确定为"家庭病床"服务机构，抽调 4 名全科医师和执业护士组成团队，针对农村建档立卡贫困人口中患有慢性支气管炎急性发作、心脑血管疾病遗留后遗症等七大病种上门提供定期巡诊、治疗和护理。[①]

（一）用科学的顶层设计搭建基石

根据实地调研，合理制定《威县贫困人口病员建立家庭病床工作方

---

① 威县人民政府：《探索破解因病致贫难题路径 创新贫困人口家庭病床服务模式（2018）》。

案》《威县贫困人口病员家庭病床医保费用结算实施办法》。一是明确建床对象。建立数据库，即建档立卡贫困人口、特困供养人员、最低生活保障家庭成员台账和病员信息库，对罹患 7 类适合在家治疗疾病的人员，根据群众意愿建立家庭病床，开展家庭诊疗服务。二是明确诊疗规范。疾病诊疗护理服务实行首诊医师负责制，医生护士上门进行问诊、检查身体与一般检查，作出初步诊断并制定治疗方案，根据病情定期巡诊，利用药物控制、中医适宜技术开展诊疗工作。对需要吸痰、导尿、灌肠等专项护理的病人，提供专项护理服务。三是明确医保政策。对罹患不同类型疾病的贫困患者，在医保费用报销上明确相应保障政策，确定不同的起付标准、支付比例、年度限额，让在家治疗疾病的贫困群众，也能享受与医院治疗等同的报销政策，7 类疾病平均医保报销比例可达 80%。四是开展医疗救助。家庭病床病人在建床期间所发生的合规医药费用，经城乡医保政策报销后，再由民政部门利用医疗救助资金对合规医疗费用个人自付部分的80% 给予救助。

（二）完善项目工作机制以提高服务

威县各乡镇卫生院负责实施家庭病床服务项目，专门成立家庭病床科，抽调 4 名全科医师和执业护士组成一个专业医疗团队，配备新能源汽车 1 部，开展诊疗服务活动。病人或家属无能力办理申请备案等手续的，由所在村扶贫工作队员、代办员或乡镇卫计办工作人员代为办理，充实工作队伍服务力量。

严格制定操作流程。（1）首先由病人提出申请，其次医生诊断是否建床，确认建床后，由医保审核备案，最后各卫生院开展诊疗护理并垫付医疗费用。（2）在床治疗病人康复或转住院治疗或死亡的，予以撤床，并结算建床期间的医药费用，患者缴纳个人自付部分。（3）经医保及医疗救助机构审核，支付卫生院垫付建床病人的医疗费用。

在项目运行过程中，完善工作规则，逐步形成了"三统一、六规范、双负责、零障碍"12 字工作准则。"三统一"即建床统一标准、家庭病床统一管理、医护统一着装；"六规范"即规范管理制度、规范服务流程、规范操作流程、规范病历处方、规范诊疗收费、规范医疗保障；"双负责"即家庭医生对家庭病床病人的诊疗过程全面负责，病人家属对落实病人家庭护理和居家安全全面负责；"零障碍"即医患沟通零障碍、撤床转诊零障碍、医保报销零障碍。

（三）全方位保障项目顺利实施

强化组织领导体系，使项目稳定推进。成立专门领导小组，由主管副县长任组长，组织卫生、人社、民政、扶贫、财政等部门参与调研设计，协调各乡镇政府及乡镇卫生院推进项目落地。不断完善考核激励机制，提升项目质量。将贫困人口家庭病床服务项目，纳入重点改革事项，建立相应台账，强化督导，确保项目落地生效。协调组织、人社、卫生等部门出台专门办法，对参加贫困人口家庭病床管理项目的县乡卫生机构的医务人员，在评先评优方面设立加分项，强化激励措施。加强保障措施，增强项目可持续性。改善乡镇卫生院医疗条件，探索建立薪酬福利与医疗卫生人员服务年限相对应的递增机制。加大医保制度改革，建立家庭病床诊疗项目专项基金，制定符合实际的项目和病床日付费的医保报销比例，科目专列、保证专款专用。不断完善医疗救助政策，改进医疗救助方式，简化医疗报销程序，畅通医疗救助基金的申报与报账渠道，通过病人就诊信息在医院和报销部门之间共享，实现医保报销、大病保险、医疗救助"一站式"报销结算。

（四）家庭病床服务实施的效果

2017 年以来，累计建床 2119 人次，医保报销费用 110.1 余万元，提供医疗救助 22 万余元，已惠及 1659 个贫困家庭。做到了病种范围内贫困人口病员家庭病床全覆盖，有效提升了贫困人口医疗保障水平和医疗卫生服务能力。2018 年 6 月 19 日，在河北省召开的全省健康扶贫推进会上，河北省核准 18 种普通慢性病和 4 种重大慢性病的患者底数，逐人制定个性化的管理方案，对需要长期治疗和康复训练的，乡镇卫生院和村卫生室在县级医院的指导下，实施治疗和康复管理；同时，全面推广威县设立家庭病床的做法，让贫困群众在家中就能享受到医保政策。

当前，二、三级医院普遍面临床位紧张的局面，专家门诊更是人满为患，挂号排队花大量时间等待的现象比比皆是，而家庭病床服务模式的实施，改善了就医环境，缓解了上级医院床位不足的压力，有效地将大医院和乡镇医院的工作职能进行合理分工，最大程度地节约医疗资源，优化医疗资源配置。同时又突破了基层医疗人员技能薄弱的难题，为病人送去便利。家庭病床实施以来，为患者提供了方便、可及的诊疗服务，同时医保与医疗救助资金及时跟进，有效解决了贫困人口全生命周期的健康与医疗问题，"家庭病床"破解了贫困群众无法住院治疗、在家治疗医疗费用报销难问题，家属可在家中给予患者物质和精神上的照顾，有利于患者的康复，并且减少家属去医院花费的时间和减轻了贫困人口的医疗费用负担及家庭成员的陪护压力，使之腾出精力从事生产劳动或完成学业。

专栏 8-1 家庭病床服务，打通健康扶贫"最后一公里"

"张大姐，最近血压挺正常，这几天气温高，要注意多饮水，记得按时吃药。"5 月 16 日，威县固献乡卫生院医生张青洲上门为张书芹检查身体状况，随行的护士贺晓琳还对她的病情认真做记录。

2017 年，威县家庭病床试点工作在固献乡试运行，在走访过程中乡卫生院与张书芹签订家庭病床服务，成为全科医生张青洲的服务对象。张书芹成了乡卫生院家庭病床科的服务对象，每个星期都有医生和护士到她家巡诊两次。

威县卫计局局长董贵龙说，为把家庭病床服务项目做实做好做到群众心坎上，他们坚持"试点先行、逐步推广"的原则，选取了固献乡、常庄镇两个乡镇作为试点，试行建档立卡贫困人口家庭病床服务项目。乡镇卫生院成立家庭病床科，抽调全科医师和执业护士组成团队，统一配备巡诊车，深入农村、问疾查病，筛选符合居家治疗条件人员，建立家庭病床，坚持一人一档，科学制定居家治疗和护理方案。威县医保部门设立了贫困人口家庭病床专项基金，按病种提供 70%—90% 的报销额度，个人自付部分再由民政部门利用医疗救助资金解决 80%，最终个人实际自付部分仅占医疗总费用的 4% 左右，为贫困人口的医疗与健康做出了强有力的政策和资金支撑。

在张书芹家中，有一张"家庭病床患者就医指南"，全科医生清楚地写着每种药物的服用时间、服用剂量。"不出门就能治病，这家庭病床还少花钱。"张书芹说，"上个月买药不到 700 元，建立家庭病床以来，医保部门能报销 500 多元，民政部门能救助 100 多元，现在只花 30 元就可以了，这样就能把孩子上学的学费节省出来了，同时减轻了家庭经济负担。"现在她的一双儿女都已回学校完成自己的学业。据了解，通过医护人员对张书芹的护理治疗及生活饮食指导，现在张书芹病情比较稳定。

　　张书芹是威县固献乡三村的农民，2014 年她因劳累过度，患上了肾病综合征，需要长期服药。得了这个病以后，地里的农活干不动了，长期卧床，行动不便。她的丈夫肖桂秋每次带她去医院，得专门找个年轻人开车接送，费时费力，医药费每年就得 8000 多元。她自己丧失劳动能力本身不能挣钱，花钱不说，关键还需要人照顾，给整个家庭带来了很大的负担。全家靠种 10 亩棉花为生，一年收入一万多元。在得病后，盖了多半的房子没钱再施工，大女儿在石家庄上大学，小儿子在家上初中，俩孩子学费问题成了家里老大难，经过反复思量后，老大决定辍学打工给妈妈治病。

　　2017 年 5 月 1 日起，威县贫困人口病员家庭病床服务项目已在全县 16 所乡镇卫生院推广，目前已为 216 名符合居家治疗条件的贫困病员建立了家庭病床，打通了健康扶贫的"最后一公里"。

——摘自邢台新闻（2017 年 5 月 23 日）

三、防贫险——以未贫先防机制警惕"悬崖"效应[①]

　　精准扶贫实施以来，国家对贫困地区和贫困人口的扶持力度较大，以"两不愁三保障"为底线要求，通过产业发展、技能培训就业、社会兜底等措施不断增加贫困人群的收入，通过　系列民生工程解决医疗、教育、住房等有关贫困人群切实利益的问题。随着国家对扶贫工作重视程度的不断加深，为打赢脱贫攻坚战、全面建成小康社会补齐短板，国家对贫困村在产业扶贫、民生工程等不同政策的叠加，使贫困村的产业、基础设施、

---

① 悬崖效应：是指如果不严格执行脱贫标准，贫困村与非贫困村、贫困户与非贫困户享受政策待遇差距太大，就会造成"悬崖效应"。

公共服务建设和人居环境都得到很大的发展和提高。而之前基础条件相对较好的非贫困村，由于没有"贫困"帽子，交通、水利、产业发展、村级活动场所等项目都无法安排，因为扶贫资金统筹使用的要求，非贫困村在很多方面少有项目资金投入，导致贫困村与非贫困村的发展不平衡。[①] 贫困户的教育、医疗等保障制度不断发展完善，享受很多的国家扶贫优惠政策，而收入略高于"贫困线"的边缘户，却较少受到专项补助的眷顾，诱发"争当贫困户"的现象，导致贫困户与非贫困户之间的不平衡。贫困村与非贫困村、贫困户与非贫困户的不同扶贫政策，导致差距不断拉大，出现"悬崖效应"。

2015 年，中共中央、国务院《关于打赢脱贫攻坚战的决定》指出，要严格执行现行扶贫标准，全面建成小康社会，必须打赢脱贫攻坚战。现阶段扶贫工作非常重要，一些地方随意拔高扶贫标准，设置的地方性考核指标远超现行的"两不愁三保障"标准，这样一来，就使得贫困户和非贫困户待遇差距太大，出现"悬崖效应"。另外，如果现行的"两不愁三保障"标准被人为提高，将造成社会新的不公平，有很多贫困户不愿意主动脱贫，容易陷入"福利陷阱"。威县为促进贫困户和非贫困户的同步发展与社会的公平性，探索未贫先防的机制以警惕"悬崖效应"的发生。[②]

（一）针对贫困边缘户的防贫险设立初衷

在脱贫攻坚过程中，威县在减少贫困存量的同时，率先探索"未贫先防"机制，通过创立全国第一份"边缘户防贫保险"，重点对"非高标准脱贫户"（收入不稳定的脱贫户）和"非贫低收入户"（非建档立卡的农村低收入户）进行动态监测。威县县长商黎英说："自开展精准扶贫、精准脱贫以

---

① 孝感新闻：《让贫困村和非贫困村同步精准脱贫，防止"悬崖效应"》，2019 年 1 月 14 日。
② 新浪新闻：《脱贫攻坚防止出现"悬崖效应"和"福利陷阱"》，2018 年 8 月 20 日。

来，国家有专门的扶贫政策支持贫困户脱贫致富，可是处于贫困边缘的人群却缺少保障，容易因病、因灾、因学致贫或返贫。"威县县政府通过向魏县学习，交流经验，开始探索为临界贫困边缘人员购买防贫保险服务。

"大病一场、小康泡汤"。因灾致贫、因病返贫成为脱贫攻坚最艰难的"硬骨头"。为防止临界贫困边缘人员因病、因灾、因学及意外事故发生致贫问题，威县在努力消除贫困存量的同时，主动控制贫困增量，积极探索建立长效精准防贫机制。2017 年，威县县政府授权人力资源和社会保障局实施"威县临界贫困边缘人员防贫保险服务项目"，通过政府采购公开招标流程，确定中国太平洋财产保险股份有限公司邢台中心支公司，承保威县临界贫困边缘人员防贫险的确定、赔付工作。根据大数据分析，确定医疗、就学、灾情等方面的支出预警线，农村非贫困人口一旦被监控到某项支出超出预警线，相关单位随即启动跟踪程序。借助保险公司的专业化手段，实施入户核算。经综合认定符合条件，便可发放保险金，并落实其他帮扶措施。

（二）防贫险实施的具体做法

1. 合理确定防贫对象

通过乡镇前期摸底排查受灾情况和人力资源和社会保障局医保、交通、教育等部门大数据平台，按照家庭年人均可支配收入在 3200 至 4000 元的标准，提取其中因病、因灾、因学、意外负担较重的边缘农户。根据不事先确定、不事先识别防贫对象的方式进行投保，只确定投保人数。将威县农村人口 8% 左右进行测算作为防贫险的投保人数，承保人数为 4.8 万。保险期限自 2017 年 1 月 1 日零时起至 2018 年 12 月 31 日 24 时止的自然年度。[1]

---

[1] 威县人民政府：《威县探索为临界贫困边缘人员购买防贫保险服务（2018）》。

2. 合理界定保险责任

（1）住院医疗费用通过城乡居民基本医疗保险、大病保险、民政医疗救助（未投保居民基本医疗保险及大病保险的参考报销比例给予扣除）等各类补偿后仍需个人支付的费用，每人年度累计最高补偿限额为10万元。

（2）具有全日制学历教育、注册正式学籍的"非贫低收入"子女接受高等教育（包括顶岗实习）期间，年支付学费、住宿费、科教书费8000元以上的部分，每人年度累计最高补贴限额为1万元。

（3）符合规定范围内因受灾害导致的家庭房屋及室内财产的损失，每户年度累计最高补偿限额为10万元。

（4）因交通意外事故导致的财产损失或需要长期治疗的住院费用经机动车辆保险赔偿等各类补偿后仍需个人支付的费用，每人年度累计最高补偿限额为10万元。

3. 合理确定给付标准

表8-2 威县防贫险赔偿标准

保障对象	因病及意外致贫（含交通事故）封顶线10万元			因灾致贫 封顶线10万元			因学致贫 封顶线1万元		
	起付线（元）	自付医疗费用	赔偿比例	起付线（元）	超出部分（元）	赔偿部分	起付线（元）	超出部分（元）	赔偿部分
非贫困户	4000（超出此线实行阶梯式救助）	10000以下	70%	800元×家庭人口数	10000以下	40%	8000（超出此线实行阶梯式救助）	3000以下	100%
		10000（含）—30000	60%		10000（含）—30000	60%		3000（含）—5000	80%
		30000（含）以上	50%		30000（含）以上	80%		5000（含）以上	60%

由表 8-2 可知：

（1）因病及意外致贫（含交通事故）：起付线为 4000 元，自付费用分段赔付，4000—10000 元赔付 70%，1 万—3 万元赔付 60%，3 万元及以上赔付为 50%，年封顶线为 10 万元。

（2）因灾致贫，起付标准为 800 元 × 家庭人口数，超出费用分段赔付，1 万元以下赔付 40%，1 万—3 万元赔付 60%，3 万元及以上赔付 80%，年封顶线为 10 万元。

（3）因学致贫，起付标准为 8000 元，超出费用分段赔付，3000 元以下赔付 100%，3000—5000 元赔付 80%，5000 元及以上赔付 60%，年封顶线为 1 万元。

专栏 8-2　探索长效机制，保险业防范返贫

2018 年 8 月 22 日，威县第什营镇董家庄村民戚凤婷看到太平洋财产保险邢台中心支公司政保部经理曲宏飞给她送来的 1.5 万元赔偿金，连说两个不可能："不可能，我没买保险，哪来的赔偿金？不可能，怎么会给我送来一万五千元救急？"

"是政府给买的防贫险。"曲宏飞为她解疑道。

戚凤婷因陈旧性骨折、脊柱畸形住院治疗花费 10 余万元，医保报销后自己还要承担 5 万多元，加重了家庭经济负担，使她濒临贫困的家庭雪上加霜。正在她发愁之际，保险公司送来 1.5 万元赔偿金，解了她的燃眉之急。

"戚凤婷属于县里确定的边缘贫困人口，符合防贫险赔偿条件。"威县脱贫办常务副主任祁洪雷介绍，"像她这样的家庭年人均收入刚刚超过建档立卡贫困户标准，难以享受到国家的扶贫政策，却处于贫困的边缘，极易因病、因学、因灾、因意外致贫。"

之后，戚凤婷执意拖着病体，给县脱贫办送了一面锦旗，上面写着"保险在身边，幸福永相随"。

基于此，威县积极探索建立精准防贫长效机制，在努力消除贫困存量的同时，主动控制贫困增量，政府出钱买保险，防止边缘贫困人口致贫。

根据威县新闻整理（2018 年 9 月 7 日）

4. 规范赔付流程

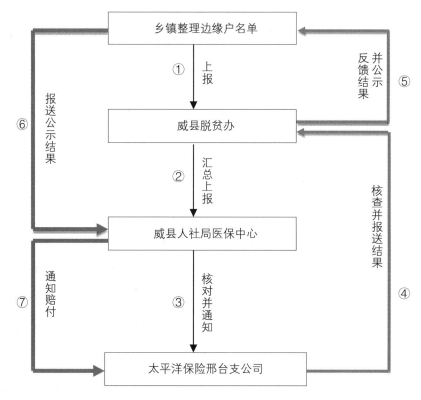

图 8-1　威县防贫险赔付流程

威县各乡镇上报符合条件的边缘户名单到威县脱贫攻坚办公室，由威县脱贫办公室汇总后，报威县人力资源和社会保障局医保中心。威县人社局医保中心核对边缘户保险期内发生的医疗费用，将符合条件的边缘户名单，通知太平洋保险邢台支公司。太平洋保险邢台支公司负责调查核实，在规定期限内，将调查结果以书面形式报送威县脱贫攻坚办公室。威县脱贫攻坚办公室将调查结果反馈到各乡镇政府进行公示，并将公示结果报威县人力资源和社会保障局医保中心。经公示无异议的，威县人力资源和社会保障局医保中心将赔付名单通知太平洋保险邢台支公司，由其进行赔付。太平洋保险公司在 10 个工作日内，将赔付款发放到边缘户提供的账户中，如遇特殊情况可适当延长时间，但最长不超过 20 个工作日。将赔付回执同时报送威县人力资源和社会保障局医保中心和威县脱贫攻坚办公室。

2017 年赔付 354 人次 130.9 万元，其中因病及意外 344 人、121.5 万元，因学 4 人、6560 元，因灾 6 人、8.7 万元。2018 年以来赔付 553 人、202 万元，解决因病因灾因意外致贫返贫"顽疾"，构建精准防贫长效机制。

（三）防贫险的社会意义

1. 保障扶贫制度公平性

如果把贫困比喻成一种疾病，那么防贫的目标就是保证治好一个走一个，病情不反复，同时做好免疫力低下人群的疾病预防工作。防贫险不仅守住了致贫返贫的底线，同时借助保险公司专业的查勘能力，帮助政府节约资源，提高了精准扶贫工作的效率。防贫险的另一个重要作用是在一定程度上促进了社会的公平。不患寡而患不均，在建档立卡识别贫困人口时，一些在贫困线边缘的农村低收入户经常就被卡在了标准之外，虽然与贫困户家境相差不大，但不能享受优惠的扶贫政策，很容易造成边缘户的心理失衡。而防贫险把贫困边缘户纳入保障范围中来，使得这部分人群在发生困难时，也能够及时受到防贫救助，不致陷入贫困，让贫困户与非贫困户有更多的公平感、获得感、幸福感，同时为基层工作的有序顺利开展提供便利。

2. 促进保险市场发育

在打赢脱贫攻坚和全面建成小康社会的决胜阶段，保险业作为与政府、市场对应的第三部分的一员参与扶贫开发具有重要意义。一是扶贫开发需要保险业的支持。贫困群众抵御风险能力差，很容易因病、因灾、因农产品价格波动而致贫或返贫。保险业参与扶贫开发，提前打好治疗致贫返贫的"预防针"，帮助贫困群众预防和化解风险，构筑脱贫致富的风险防范屏障。二是体现保险业社会责任担当。保险业是推动经济社会发展的重要力量。通过参与贫困地区社会治理和民生保障体系建设，充分发挥市场风险管理职能，主动承接公共事务，推动政府职能转变，提升社会治理水平，增强了保险业的主体意识，体现了保险业服务国家经济社会发展大局的责任担当。三是参与扶贫开发为保险业发展创造新机遇。在经济发展新常态下，农村金融成为值得开拓的"蓝海"市场。保险业主动融入贫困地区经济社会发展，将自身经营与国家扶贫开发战略相结合，有助于进一步拓展保险业发展空间、增强保险业发展后劲。

3. 激发内生动力

为低收入边缘农户购买防贫险作为一项相对独立的补充保险制度，立足于化解灾难性医疗风险，是推进多层次社会保障体系建设，减轻压力的重要举措，也是一项真正为民惠民的社会福利政策。保险期内，按照"防贫对象不事先确定"的原则，开展精准防贫险业务，为防止边缘人群致贫返贫构筑了一道"截流闸"，防贫机制只管"因病、因灾、因意外、因学"致贫返贫，不管"因懒"，客观上引导了靠内生动力脱贫的风气，为精准扶贫、精准脱贫、精准防贫奠定基础。

（四）覆盖贫困与非贫困户的保险服务

威县财政出资为符合条件的贫困人口缴纳医疗保险和养老保险，参保率均达到100%。威县财政出资380万元为建档立卡贫困群众购买商业补充保险，为4.8万名年收入在3200元以上4000元以下的临界边缘群众缴纳防贫保险，构建精准防贫长效机制。2017年，商业补充险惠及1720名贫困群众、获益77.78万元，防贫保险惠及329名边缘群众、获益125.67万元，解决贫困群众因病返贫、边缘群众因病因灾致贫难题。

表8-3　保险受益人群及情况

受益人群	受益群众数／名	获益数／万元
商业补充险贫困户	1720	77.78
防贫保险非贫困户	329	125.67

同时，威县也探索医疗卫生与养老服务融合模式，鼓励社会力量开办敬老院，引进资金1亿元，兴建大型农村敬老院3个、农村社区敬老院27个，总床位达到2200张；创新"医养结合"模式，探索农村社区养老机构与镇村医疗机构、社区卫生服务中心互通协作机制，鼓励医疗机构在敬老院内开设医务室或就诊点，建成三家"医养结合"养老机构和一个医养中心。

附件8-1　威县贫困人口家庭病床涵盖病种

1. 高血压病Ⅲ级合并并发症；

2. 糖尿病合并并发症；

3. 慢性支气管炎急性发作、肺气肿；

4. 肺心病；

5. 中晚期肿瘤患者姑息治疗（临终关怀）、放化疗间歇期支持治疗；

6. 心脑血管疾病遗留后遗症（功能障碍或残疾）肢体康复；

7. 骨折术后（肢体功能障碍）康复治疗；

8. 心脑肾等重要脏器衰竭，需提供临终关怀服务。

附件 8-2 "爱心助贫"服务包含的主要服务内容

1. 基本医疗服务

包括常见病、多发病的一般诊疗服务；突发急、危、重病入院前必要的应急处置。免挂号费、诊查费、注射费（含静脉输液费，不含药品及材料费）、药事服务成本费。

2. 基本公共卫生服务

按照国家 12 类 46 项基本公共卫生项目服务规范，根据服务对象属性提供相应服务。

3. 免费开展一般体检等检查检验项目

为建档立卡贫困人口提供价值 87 元的一般体格检查：血常规、尿常规、肝功能、肾功能、血糖、血脂检查一次。

4. 提供国家基本药物治疗

需要长期治疗和康复的慢性病的贫困人口，经乡镇卫生院首诊医师评估、签约团队复核，确定治疗方案、提供国家基本药物治疗。

第九章 | "控辍保学"：教育扶贫的底线保障

　　义务教育是国家统一实施的所有适龄儿童少年必须接受的教育，是教育工作的重中之重，是国家必须予以保障的基础性、公益性事业。但受办学条件、地理环境、家庭经济状况和思想观念等多种因素影响，我国一些地区特别是老少边穷岛地区仍不同程度存在失学辍学现象，初中学生辍学、流动和留守儿童失学辍学问题仍然较为突出，这直接关系到国家和民族的未来。如何破解上述难题，河北省邢台市威县作为精准扶贫典型县，探索系列"控辍保学"思路，探索出一条提高义务教育阶段学生就学意愿，降低辍学倾向的新型基础教育模式。并以依托职教中心所尝试的"控辍保学"试点为一个亮点。简言之，上述试点的主要特点包括：一是符合我国教育均等化、"不落下一人"的发展思路；二是践行以教育阻隔贫困代际传递的脱贫攻坚战略；三是破解中低端劳动力发展难题。

一、教育对阻隔贫困代际传递的重要功能

　　中国从传统上重视教育并将教育作为强国之本、树人之基，其背后重要的经济学理论在于，教育对阻隔贫困的代际传递起到关键作用。下面首先从理论上讨论教育对缓解贫困、提高个人发展能力，以及阻隔贫困代际传递的重要意义。

（一）贫困代际传递概念和传递机制

贫困的代际传递（Intergenerational Transmission of Poverty）概念来源于社会学研究，即贫困家庭与贫困社区会出现贫困在代与代之间传承的现象，父母贫困在很高概率上会增加子女陷入贫困的概率。其内在机制是，在子女出生成长过程中，父母所遭遇的当期经济贫困和形成的文化不利因素会传递给其子女，在成长期表现为较少或较差水平的人力资本投入，长期会造成子女的可行发展能力差，无法适应社会需求，以致令子女陷入经济和能力贫困的陷阱当中。

从文献研究上，贫困代际传递的明显机制是教育和职业技能培训，20世纪 70 年代进而提出了经济地位代际传递的概念与模型，但在众多研究中，最突出的还是因缺乏教育所造成的代际影响。因此，教育在阻隔贫困代际传递中具有重要意义。我国在精准扶贫阶段提出的"治贫先治愚，扶贫先扶智"，是充分强调教育扶贫功能的体现。该战略理念具有长远正效应，既有利于缓解当期缺乏必要人力资本而无法在市场经济环境中获取更高收入的矛盾，也有利于通过改善子女接受教育的年限和质量，提高家庭在未来的增收发展能力，最终阻断贫困的人力资本匮乏传导机制。

从教育扶贫机制上看，1998 年诺贝尔经济学奖获得者阿马蒂亚·森所提出的"可行能力"理论具有很强的解释力。基于"可行能力"理论，无法接受基本教育是人基本能力的缺失，即个人在这个维度上遭受到剥夺。解决途径是通过公共政策的改善，或者通过其他发展途径，为每一个人提供均等的受教育机会，令个体具有接受基础优质教育的"可行能力"。而只有接受了必要的教育，才能提升贫困群体的文化素养，增加劳动技能，减少个体以及其家庭成员陷入贫困的概率，而这也构成了教育对代际贫困传递阻隔作用的最主要机制。

（二）以教育阻隔贫困代际传递的可行政策思路

在实现教育均等化，提高个体获取教育"可行能力"的具体方案上讲，讨论阻隔贫困代际传递的教育改善路径，需要结合不同研究主体与教育减贫传导机制来共同思考。

第一，从家庭（父母）层面，家庭教育投资决策受到投资回报率影响。我国自古就有尊重教育的传统，因为"书中自有黄金屋"，即知识与投资回报率显著正相关。但在改革开放浪潮中，一种特殊社会现象出现，即低收入家庭越来越不倾向接受高中及以上教育，尤其是在贫困地区、民族地区和农村地区，初中毕业就去工作的青年劳动力比例非常之大，甚至还出现了少数初中辍学现象。其理由在于，在比较投资回报的时候，更多家庭发现，初中和高中学历对一个即将进入低端劳动力市场的人而言并无显著工资差异，经比较，选择接受完九年义务教育后直接进入劳动力市场显然能够为个人和家庭提供更多的资金来源。因此，由家庭确定的教育决策在困难地区困难群体中发生了转变，但这种转变其实是"理智"的，而背后是劳动力市场对低端劳动力的较大需求，以及中国现有教育体制在打造高端技能劳动力尚存在的一些缺陷所致。因此，对个人而言，一个重要思路是改变个人的短视性"成本收益"分析观念，更重要的是从教育公共资源配给上，要对困难地区和困难群体有所侧重，为这部分群体提供更廉价但是优质的教育资源，降低其实际经济负担，改变其"成本收益"效用集合。

第二，从国家资源配置上看，要进一步完善教育资源和质量的均等化发展。当前阶段，一个值得关注的情况是，我国教育公共服务的城乡差距、区域差距仍然很大。由此形成的地方物质资源匮乏、人力发展基础条件（教育资源和质量）供给不足，因此，教育资源分配的均等化是国家层面上需要改善的。

第三，从教育制度的安排上，灵活的教育制度互相衔接，适应不同能力和发展趋向的群体非常重要。以德国为例，其教育体系灵活，不同阶段成绩变差或者变好，都有与之相适应的学校和学习内容可以衔接，学生可以依照自己能力调整发展路径，并且有对应学校接应。其背后的教育理念是，为社会培养适合各类工种的人才，而不局限在学术精英。更进一步讲，也要灵活设置学校课程，设置灵活的"转学"通道，学生可以根据自身能力和诉求，在不同学习路径上实现转换。在学校中，我们总能看到不同的学生，有些学生学习成绩处于中上等，学习意愿强，认真努力，那么学校就应该为其提供更好的学习环境和教学资源，从多方面锻炼他们的能力，提高他们的学习成绩。还有些学生虽然学习成绩不理想，但他们或品德端正，或乐于与人交往，或动手能力强，或做事认真细致，面对这些学习成绩较差的学生，就不能单纯用成绩单来衡量他们，要有针对性地进行"第二课堂"培养，使他们的特长和优秀品质得到发挥，鼓励其扬长避短，成为对社会有用的人才。但现阶段我国的教育多数仍停留在唯成绩论的阶段，对成绩好的学生更友好，但是对学习成绩不佳的学生没有加以正确引导。

（三）职业教育在未来教育发展中的重要意义

在具体教学内容上，尽管职业教育与普通教育是两种不同教育类型，但具有同等重要地位。从发展需求上，发展现代职业教育，实施职业技能提升行动，是我国由制造业大国向制造业强国转变的必由之路。有数据显示，近年来，技能劳动者的求人倍率一直在 1.5 倍以上，高级技工的求人倍率甚至达到 2 倍以上。一边是职业院校"毕业生就业难"，另一边是用人单位"技术工人招工难"，这种两难态势凸显了职业教育发展的滞后和被动。上述数据显示出我国职业教育现状距离时代要求尚有较大差距。由此可见，职业教育在我国教育发展中将扮演越来越重要的角色。

即便从中短期发展阶段上看，职业教育切实保障农民工子女及时入学接受教育，有利于返乡农民工实现就业、再就业和创业，而且对促进农民增收、城乡发展与稳定、构建社会主义和谐社会都具有积极意义和重大作用。此外，研究发现，中国当前的教育体系很难帮助农民工子女实现社会流动。但是，接受职业教育则有助于实现至少短期社会流动（如从一个农家子弟变成一个技术工人或个体户）。基于上述理由，职业教育构成了对农村地区，尤其是困难地区群体的一种具有较高收益的教育投资，具有可行性，并符合国家发展战略价值体系。

此外，从国家发展观念上，要逐渐增强"不是所有人都要上大学"的教育和发展理念。现代工业和技术发展时代，知识的获取不可能完全依赖于课堂教学。尤其对一些特定的学生群体，当前义务阶段提供的基础教育无法有效实现其毕业后面向工作岗位需求之间的有效衔接。本章所介绍的威县"职业初中"控辍保学试点正是旨在通过设置更有实践和操作性的课程，为部分急需学习职业技能的学生提供教学资源和学习机会，一方面激励其学习的动力，同时也增强了此类学生的学习意愿和努力程度。更进一步的建议是，在此类职业教育试点课程中，可以考虑增强与实践的衔接，进一步提升学生的自学和询问能力、手册应用能力、实践操作能力、产品或知识推广与介绍能力等。

二、威县"控辍保学"制度：发展基础和模式介绍

"控辍保学"旨在控制学生辍学，加大治理辍学工作力度，保证适龄儿童和少年完成九年义务教育，提高基础教育的质量和水平。"控辍保学"

是党中央、国务院高度重视义务教育工作目标的具体体现，是在促进教育公平、保障适龄儿童平等接受义务教育方面作出的重要部署。对解决我国一些困难地区，特别是老少边穷岛地区不同程度的失学辍学问题，提高国家和民族的整体人力资本水平具有重要意义。在具体实现这一目标过程中，各地进行了很多探索和尝试。结合扶贫和职业教育培训思路，威县实行的职教中心"控辍保学"，具有政策基础。

（一）威县精准教育试点的发展基础

1. 历史和现实基础

威县位于河北省南部黑龙港流域，为邢台市所属人口第二、面积第三大县。威县历史悠久、人文荟萃。威县自古就有兴学重教之风，文庙、书院、社学、义学、私塾等各类塾馆学堂，薪火相传，延绵不息，历史上名人辈出，代不乏人。脱贫攻坚工作开展以来，威县将"控辍保学"工作作为办人民满意教育的先导性、基础性工程，抓在手上，落在实处，依法保障全县所有适龄儿童、少年接受九年义务教育的权利，为顺利实现脱贫出列贡献了教育力量。截至2018年12月，全县共有学校213所，其中普通高中、完全中学、教师进修学校、职业学校各1所，初级中学17所，小学192所（含特教学校1所）；在校生79509人，其中小学50749人，初中21017人，高中5847人，职业学校1853人，特教学校43人。全县在编在岗教师4483人。现有幼儿园（所、班）227所，在园儿童23384人，幼儿教师1438人。三类残疾儿童少年入学率达到94.5%，小学入学率达100%，初中毛入学率达100%，九年义务教育巩固率达97.31%。

2. 主要困境

由于发展落后，威县2012年被确定为国家扶贫开发工作重点县，当时有贫困人口17.1万、贫困发生率34.1%。与教育和发展相关的突出问题表现为文化设施少——80%的村没有文化广场，60%的村农家书屋有名无实；产业覆盖少——农业产业化经营率不到40%，梨果、葡萄等富民产业仅覆盖25个村，农民增收渠道窄；技能人才少——农村致富带头人缺乏，人才密度指数低于全省5.2个百分点；上学难——全县农村几乎没有达标公办幼儿园，30%的农村中小学校舍不达标，45%的学校缺少器材设备等问题。

3.改善出路

针对上述状况，着眼保证现行标准下的脱贫质量，威县确定"不错不漏、硬件达标、政策落实、保障有力、群众满意"的总目标，已有的一些政策做法包括：一是加强技能培训。依托教育部定点帮扶支持的职教园区、社会机构等，开展就业创业技能培训430期9600人次，其中培训建档立卡贫困群众2800人，实现"职教一人、就业一人、脱贫一户"。探索农民职称评定改革试点，评定"农民技术员""农民技师"180名，成为全省唯一新型职业农民激励计划试点，顺利通过国家发改委组织的评审答辩，将成为"全国城乡居民增收专项激励计划试点"（河北省仅此一家）。

二是扶持人员创业。认真落实省市"双创双服"决策部署，用好"国家级农民工返乡创业试点"，制定扶持建档立卡贫困群众自主创业特殊政策，对有就业意愿的贫困群众开展"一对一"帮扶，省人社系统平台登记的1429名建档立卡贫困劳动力，890人实现就业，就业率62.3%，其中稳定就业六个月以上720人，稳定就业率81%。制定《关于大力发展农村手工业和农村电商促进农民致富奔小康的实施意见》，认真实施"国家电子商务进农村综合示范县"项目，建设电子商务村级服务站350个，发展手工业示范村76个，扶贫微工厂和示范项目160个，带动1800余名贫困群众脱贫致富。

三是强化科技支撑。建立"科技特派员"制度，抽调科技、农业、林业等部门30名技术专家，与县内30个深度贫困村结成帮扶对子，精准开展技术指导，帮助发展"一村一品"主导产业。探索产业"首席专家"机制，做到每个产业都有顶尖专家指导把关，特别是梨产业探索出一条生态与经济双赢的产业脱贫之路，做法在《省政府研究专报》上刊发。

四是促进群众就业。制定《关于进一步做好就业扶贫工作的实施方案》，确定6家定点培训机构，对未就业和灵活就业的989名贫困劳动力开展"一对一"引导性培训，通过积极挖掘就业岗位、联系县内外企业等方式，帮助515名实现稳定就业；对有技能培训意愿的贫困劳动力，每年举办专门培训班和专场就业招聘会，提供就业岗位8270个。制定《关于开发就业扶贫专岗的实施意见》，开发就业扶贫专岗240个，已有122人上岗享受待遇。截至2018年12月，8128名建档立卡贫困劳动力，外出务工2598人、自主创业1021人、灵活就业1962人、合作社务工2547人，全县建档立卡贫困劳动力都能找到就业门路。

五是扶贫助学。以减少贫困代际传递为目标，2012年以来投资11.8亿元，改扩建危旧校舍89所、更新教学设备125所，被评为全国"两基"教育工作先进县、全国教育质量监测工作先进县、国家义务教育发展基本均衡县。全面推行农村义务教育学校营养餐改善计划，4.9万名农村学生受益。严格落实建档立卡贫困学生学前资助、义务教育贫困寄宿生"两免一补"、高中和中职"三免一助""雨露计划"等政策，建立从学前到高中段"全覆盖"的学生资助体系，不让一名贫困学生辍学。常态化开展控辍保学，印发《关于敦促法定监护人保证监护对象接受义务教育的通告》，采取道德、行政、法治手段，引导义务教育阶段学生完成学业。探索开办"职业初中"班，开设基础知识和职业技能课程，提供职业启蒙，帮助规划职业生涯，培养学生动手操作能力，现已有200名初中毕业生转入中职教育，教育部领导对此给予充分肯定，也因此，威县被安排在全省教育扶贫现场观摩暨业务培训会上作交流发言。

（二）威县职业教育在践行"控辍保学"中的政策基础

任何一项试点政策实行，均需要具备一定政策基础。下面，首先回溯我国教育扶贫相关政策发展历程，然后，重点给出威县职业教育"控辍保学"试点提供的政策基础。

1. 国家关于降低困难地区教育资源成本的相关政策

中国实行市场化经济改革之后，教育资源开始有了市场价格，部分贫困人口一定程度上遭遇购买教育资源成本提高难题。尽管中国 1986 年开始施行《义务教育法》，但及至 21 世纪，仍然有很多困难家庭在较高教育成本方面妥协，造成困难家庭人力资本低、进而发展受限的困境。为破解上述困境，中国出台了一系列缓解困难家庭子女上学经济困难的政策。主要包括：2001 年，对农村义务教育阶段贫困家庭学生就学实施"两免一补"政策；[①]2006 年，西部地区农村义务教育阶段中小学生全部免除学杂费，并于 2007 年普及到中部和东部地区农村；2008 年，中央财政安排资金扩大免费教科书覆盖范围；2009 年，中央出台农村义务教育阶段中小学公用经费基准定额，并于 2010 年全部落实到位；2011 年，国家实行了农村义务教育阶段学生营养改善计划，为儿童提供必要的营养食物摄取支持。

2. 以"雨露计划"撬动贫困人口职业教育培训发展机遇

从扶贫和职业培训视角，"雨露计划"是我国一项富有特色的扶贫品

---

① 国家对义务教育阶段学生实施"两免一补"政策，主要内容是对农村义务教育阶段贫困家庭学生免学杂费、免书本费、逐步补助寄宿生生活费。该项政策从 2001 年开始实施，到 2007 年，全国农村义务教育阶段家庭经济困难学生均享受到了"两免一补"政策。此外，农垦、林场等所属义务教育阶段中小学经费保障机制改革，与所在地区农村同步实施，其中，享受城市居民最低生活保障政策家庭的义务教育阶段学生，与当地农村义务教育阶段中小学生同步享受"两免一补"，进城务工农民工子女在城市义务教育阶段学校就读的，与所在城市义务教育阶段学生享受同等政策。

牌（张琦，2016）。主要原因在于：第一，雨露计划对贫困地区贫困人口具有针对性，凸显该培训项目在教育扶贫中的专项性特点。第二，雨露计划惠及贫困人群成效显著。自 2004 年全面启动以来，雨露计划帮助将近 2000 万农村贫困劳动力接受培训，提高了贫困劳动力就业水平与就业稳定性，具有稳定增收成效和从长期有效阻隔贫困的代际传递性的特点。第三，雨露计划助力地区探索教育扶贫新模式，如湖北"基地规模化、模式多样化"、河南涉外培训辅以"培训—就业—跟踪"一体化服务，等等。第四，雨露计划衍生出更多适合中国农村贫困地区困难农户技能培训发展特色的改革试点。例如，2009 年国务院扶贫办提出：一是要让培训对象从以往的贫困家庭劳动力转向以初中、高中毕业后未就业的新生劳动力；二是培训目的从提高打工技能和增加就业机会转向进一步提高贫困家庭劳动力的整体人力资本素质；三是将培训重点从组织青壮年劳动力参加中、短期就业技能培训，转向引导和鼓励贫困家庭子女接受高职、中职教育和一年以上的预备职业培训，同时培训时间也从几个月的短期培训向 1—2 年中长期教育模式的培训转轨；四是补助方式从通过极低间接补助，转向对贫困家庭学生直接补助。

3. 在脱贫攻坚战略中创造落后地区教育优先发展条件

党的十八大以来，为进一步发挥教育在脱贫攻坚中的作用，中国提出教育扶贫工程。该项工程覆盖集中连片特殊困难地区涉及的 680 个县，从目标上看，短期是要让贫困人口的孩子都上得起学；从长期看，要保障更高质量的教育的均等化，提高乡村教育质量的强国战略。该项目也一定程度上承接了"雨露计划"对新生劳动力的培训目标。例如，教育扶贫工程其中一项目标提出："到 2015 年，初、高中毕业后新成长劳动力都能接受适应就业需求的职业教育和职业培训，力争使有培训需求的劳动者都能得到职业技能培训。同时，提高继续教育服务劳动者就业创业能力。通过教育培训与当地公共服务、特色优势产业有效对接，大力提高就业创业水平。"

4. 以"控辍保学"提高义务教育巩固水平

2014 年 8 月 6 日，威县教育局发布建立的"控辍保学"工作机制，提出学校需主动联系辍学学生家长，针对辍学原因，积极帮助学生返校，形成了"控辍保学"的政策初步基础。2017 年，国务院办公厅发布《进一步加强控辍保学提高义务教育巩固水平的通知》提出："受办学条件、地理环境、家庭经济状况和思想观念等多种因素影响，我国一些地区特别是老少边穷岛地区仍不同程度存在失学辍学现象，初中学生辍学、流动和留守儿童失学辍学问题仍然较为突出。"为"切实解决义务教育学生失学辍学问题，确保实现到 2020 年全国九年义务教育巩固率达到 95% 的目标"，通知中明确提出："因地制宜促进农村初中普职教育融合。各地要结合区域内教育和农村经济发展实际，加强普通教育、职业教育统筹，通过在普通初中开设职业技术课程、组织普通初中学生到当地中等职业学校（含技工学校）选修职业教育专业课程等多种方式，积极促进农村初中普职教育融合，确保初中学生完成义务教育，为中职招生打下基础，提供多种成才渠道，使他们升学有基础、就业有能力，有针对性地防止初中生辍学。鼓励因地制宜为农村普通初中配备一定数量的专兼职职业技术教师。"具体实施手段包括：坚持依法控辍，建立健全控辍保学工作机制；提高质量控辍，避免因学习困难或厌学而辍学；落实扶贫控辍，避免因贫失学辍学；强化保障控辍，避免因上学远、上学难而辍学；加强组织领导，狠抓工作落实。

综合上述四大类教育惠贫、教育扶贫政策，可以看出国家为实现教育均等化目标所践行的一系列支持落后地区教育的发展策略。另外，国家近些年越发提倡职业教育的发展，理由在于其对贫困地区农户子女的未来发展有着更为高效的教育收益，也符合国家未来的发展需求。

（三）威县"控辍保学"试点模式

威县十分重视"控辍保学"工作，由多渠道通力合作，实现"控辍不少一人，保学不漏一校"的目标。具体包括：

1. 依法控辍，强化执行

一是严格执行相关法律法规。对因厌学等原因辍学的学生，威县教育、人社、市场监管、司法、公安、检察、法院等七部门联合印发《关于敦促法定监护人履行保证监护对象接受义务教育的通告》，由学校、村委会进行劝返，劝返三日无效的报告乡镇人民政府，由乡镇人民政府对其父母或其他法定监护人给予批评教育，并下达《限期复学通知书》。学生父母或其他法定监护人在接到《限期复学通知书》七天内仍不送学生复学的，由乡镇人民政府下达《行政处罚决定书》。2018年上半年，共下达《限期复学通知书》57份、《行政处罚决定书》13份，先后劝返学生57人。二是加大执法力度。县教育、公安、人社、市场监管等部门结合《义务教育法》《未成年人保护法》和《劳动法》等完善本部门的执法机制，制定了严格、详细、可操作性强的控辍保学实施方案和细则。对未按规定接受义务教育的适龄青少年，各乡镇不得进行待业登记，威县人社部门不得安排就业或提供就业条件，市场监管部门不得发放营业证照。企业单位和个体工商户不得招用学龄儿童少年务工，凡违法招用的，人社部门要责令其辞退，并给予从重处罚。近年来先后查处违法招工案件3起。三是落实"七长"制。严格落实县长、教育局长、乡（镇）长、村主任、校长、家长、师长等"七长""控辍保学"责任制。按照"就近入学"的原则，实行小学毕业班整班交接到初中学校。

2. 行政控辍，强化精准

一是摸清底数。为此，威县教育局成立了 16 个工作组，抽调 1100 余名工作队员，对 522 个行政村，逐村、逐户、逐生进行摸排登记，确保不落一户、不掉一生，动态掌握适龄儿童少年就读学校分布情况和流失学生情况，先后共摸排学生约 8 万人次。二是强化监测。威县教育局对县域内义务教育阶段学生学籍实行统一管理，按照相关要求指导学校规范学生学籍的建立和变更手续，每学期开学 30 天内对全县学生入学、变动、复学、辍学情况进行分析，及时掌握辍学动态。健全学生入学、辍学情况通报机制，及时掌握适龄儿童入学、流入流出、未到校、流失等情况，有针对性地采取劝返措施。2018 年春季，共针对学籍异动学生，进行生籍比对 200 余人次，制止有辍学倾向的学生 52 人。三是严格报告。实行流失生月报制度，各中小学校于学期初将学生回校、辍学情况同时向县教育局和所属乡镇书面报告。各乡镇配合学校对未按时返校的学生进行家访，对于反复家访仍未返校的学生，因生施策，采取有力措施开展劝学工作，劝学工作情况报县教育局。

3. 扶贫控辍，强化政策

一是规范流程。按照"三下三上两沟通"的程序逐村、逐户、逐生进行摸排登记。"一下"即：下发建档立卡贫困家庭基础数据，入户调查并填写《教育扶贫摸底情况登记表》，填写完成后分类汇总；"一上"即：《教育扶贫摸底情况登记表》汇总后上报教育局。"二下"即：教育局将统计后的《教育扶贫摸底情况登记表》下发到相关学校核实是否本校在校生；"二上"即：学校将确定后的是否本校就读学生名单上报教育局。"三下"即：根据各学校确定的在校就读建档立卡贫困学生将《教育扶贫最终确定名单——拟资助花名册》下发到相关学校；"三上"即：各相关学校确定教育扶贫拟资助学生名单，并填报《教育扶贫最终确定名单——拟资助花名册》上报威县教育局。"两沟通"即：在安排资助工作之初沟通脱贫办，拷贝基础数据，作为摸排的依据；待资助工作落实之际再次沟通脱贫办，核实基础数据是否变化，根据变化的情况再次安排摸排，确保不落一户、不掉一生。二是健全机制。将贫困、留守、流动、残疾适龄儿童少年作为控辍保学工作的重点人群，各乡镇和各部门积极构建学校、家庭和社会各界广泛参与的贫困学生资助机制。动员鼓励社会团体、公民个人捐资助学，帮助贫困学生顺利完成义务教育。2018年春，为贫困学生捐赠书包1000个，价值6万元；发放爱心安全书包及系列丛书688套，价值16.37万元。三是落实政策。全面落实"发展教育脱贫一批"政策，加大家庭经济困难学生的帮扶力度，健全教育惠民资助体系，落实好义务教育阶段学校"两免一补""三免一助"和农村义务教育学生营养改善计划等惠民政策。2018年，春季共资助建档立卡贫困家庭子女1797人，资助金额139万元。全县54000余名学生首次吃上营养餐，累计落实专项资金2099万元。

4.质量控辍，强化提升

威县积极完善和提高学校育人功能，大力度优化育人环境、提升教育质量来吸引学生主动入学。一是改善办学条件。截至2018年末，威县投入教育资金5.3亿元，实施了43个中小学建设项目，新增建筑面积14.3万平方米。投资6000余万元，加强教育教学装备，提前一年通过"国家级义务教育发展基本均衡县"评估验收，实现"厚植梧桐树，引得凤凰来"。二是优化教育环境。威县教育局推行"一岗双责"捆绑考核机制，加强学校管理，以"四个一"建设为抓手，积极构建现代学校制度，为学生营造了一个安全、和谐的学习生活环境。县公安、市场监管、文广新体等部门加强对校园周边环境的整治力度，禁止KTV、电子游戏厅、网吧等接纳少年儿童，对违反相关规定的从重处理，让家长最放心的地方是学校。三是强化师资队伍。威县把教师队伍作为第一资源，按照"专业对口、凡进必考"的原则，采取选聘、招录、争取三种方式，补充教师 297 名，做足"增量"文章。优化管理机制，合理配置学校教师编制和岗位结构比例，解决结构性短缺和城乡性矛盾，有序推进教师合理流动。深入实施"名师工程"，健全完善绩效考评机制，培育了一大批省市级学科带头人和骨干教师，激发了教师队伍活力。强化教师培训，以师德师风建设、知识技能强化和专业素质提升为重点，优化线上、线下多元化培训模式，全年培训 1.2 万人次，有效提升了教学实践能力。四是努力提高学校办学质量。全市 5A 级学校创建活动开展以来，威县全县中小学校积极行动，争先创优，活动开展 5 年来，全县共建成 5A 级学校 9 所、4A 级学校 16 所、3A 级学校 26 所，学校整体办学水平有较大提升。2014 年，邢台市 5A 级学校创建工作现场会在威县召开，威县的做法得到了与会人员的一致好评。

5. 情感控辍，强化引导

一是建立学生关爱体系。团县委、妇联等群团组织分包学校开展关爱学生行动，联合建立形成学生关爱体系，将贫困、留守、流动、残疾、问题学生群体纳入重点关爱群体，帮助适龄儿童少年解决入学困难。学校开展结对帮扶行动，形成热爱学生、尊重学生的良好氛围，帮助学生树立学习生活的自信和克服困难的勇气，促进学生健康成长。二是运用情感劝学。在进村入户进行家访时，按照依法和教育引导并举的原则，有的放矢地开展工作，动之以情、晓之以理，以道理引导、情感感化为主，以法律、行政手段为辅，做"有温度"的控辍保学工作。三是做好心理疏导。威县教育局指导中心小学以上学校成立心理咨询室，先后投资 60 余万元，为各学校配备了开展心理咨询活动的相关器材，举办心理教师培训班两期，培训教师 120 余人次，为有效对问题学生进行心理干预奠定基础。

总结来看，在中央政策导向的基础上，威县县政府充分发挥基层智慧，探索适应本地教育扶贫思路的方案。威县在控辍保学方面做了一些积极探索，也取得了一定成效，但工作仍有一些困难和问题有待解决。威县领导在未来关于进一步加强控辍保学机制相关的做法方面，提出要进一步完善机制，压实责任，加大法律法规宣传力度，办好家长学校，扭转家长不正确的观念和思想认识，强化督导，狠抓落实，切实发挥教育在扶贫工作中的职能作用，"发展教育脱贫一批"，斩断贫困代际传递链条，努力办好人民满意的教育。

三、威县"控辍保学"新思路：威县职教中心改革试点

控辍保学是脱贫攻坚工作的重点、难点。习近平总书记指出："扶贫必扶智。让贫困地区的孩子们接受良好教育，是扶贫开发的重要任务，也是阻断贫困代际传递的重要途径。"如何让这些因厌学而辍学的学生重返学校、课堂，真正实现"一个都不能少"的教育理想，是摆在各级政府面前的重要任务。义务教育阶段出现辍学现象主要发生在初中阶段，而且绝大多数为厌学所致。对此，经县委、县政府研究决定在威县职教中心试办"职业初中班"，帮助厌学贫困家庭的学生重返校园，学习文化、技能和德育知识。

（一）威县职教中心"职业初中班"情况简介

自 2007 年以来，伴随"两免一补"政策在全国范围内推开，农村地区困难家庭中的学龄子女的学费得到减免。伴随经济负担的减弱，一类辍学群体——因厌学而辍学凸显，其主要辍学因素由经济贫困转而直接的厌学心理。这些学生大多数因厌学或者学习困难选择辍学，而且主要是初二初三的学生。

因此，为保障广大适龄孩童顺利完成义务教育，完成精准扶贫"两不愁三保障"中的重要指标，教育是其中非常关键的一环。而控辍保学又是教育扶贫工作中的重点和难点。对此，威县县政府经过认真调研走访和大量的数据对比，发现义务教育阶段出现辍学现象主要发生在初中阶段，而且绝大多数为厌学所致，随着学习内容的深化，个别学生学业跟不上班，出现厌学情绪，学校和相关部门劝返效果均不明显。为应对上述难题，更有效解决因义务阶段学生辍学在日常生活和扶贫脱贫工作中产生的一系列家庭和社会问题，经县委、县政府研究决定在威县职教中心试办"职业初中班"。

2018年6月，威县职教中心共招收四个"职业初中班"，在校生150余名。在招生对象选择上，"职业初中班"招生对象为普通初中厌学、不适应传统知识讲授的、有辍学倾向的学生。目的是通过在"职业初中班"的学习，认识、体验职业教育，促进学生更加主动、有选择地自主发展，为学生日后发展多元化成长搭建"立交桥"。

（二）对威县"职业初中"控辍保学成果的探讨

威县"职业初中班"通过一段时间的运行，取得了一定成效。2018年7月，教育部陈宝生部长在考察威县职教园区时，对威县试办职业初中班的做法给予认可和殷切期望，叮嘱要把职业初中班办好、办成功。许多家长纷纷表示：现在孩子们不仅懂事了，而且愿意去学校，爱学习了。青年兴则国家兴，青年强则国家强。青年一代有理想、有本领、有担当，国家就有前途，民族就有希望。习近平总书记指出，"中华民族伟大复兴的中国梦终将在一代代青年的接力奋斗中变为现实"。

在培养方式上，"职业初中班"改变普通初中以学习文化课为主的教育方式，变为以达到义务教育课程基本要求为基础，重点为学生提供职业启蒙、职业体验和职业生涯规划指导，提高学生在专业、课程、发展方向上的自主选择权，提升学生学习兴趣，让学生在兴趣中学习，杜绝因厌学而产生的辍学。学生在完成"职业初中班"学业后，可继续学习中职相关专业。

按照招收学生接受文化知识的不同，"职业初中班"分初二、初三两个年级。在课程设置上既注重培养学生的学习兴趣，又注重职业体验课程对学生的引导。在文化课上，侧重德育、国学诵读、职业生涯规划、法律知识等课程；技能体验课侧重计算机 Word、Excel、PPT、舞蹈、手工制作等动手能力强的课程。

在教学方法上，"职业初中班"改变传统的填鸭式的教学方法，侧重实践教学。课堂上充分调动学生学习的积极性，突出学生的主体地位，鼓励学生充分参与课堂，自己动手，在实操过程中，学习并掌握理论知识。

在学生管理上，"职业初中班"采取多种方法，齐抓共管，确保万无一失。一是实施全员管理。以班主任为主，所有任课教师都参与到学生管理中。二是实行导师制，每个任课老师分包四至五名学生，定期和学生交流谈心，了解学生的学习、生活、家庭情况，一旦发现问题，及时向班主任和学校反映，将一些不安定因素遏制在萌芽中。三是建立家校共管机制。学校与家庭（家长）通过微信、QQ 等工具建立联系，对学生在学校和家庭中的表现互相沟通、协商，制定更加合理、有效的管理方法，促进学生健康发展。

下面，具体以三个典型调研案例对"职业初中班"的成效给以进一步说明。

典型调研案例 1

学生王小花（化名）今年上初中二年级。小花小学阶段的学习成绩不错，初中一年级上了威县较好的初中。但小花发现从初中一年级下半学期，她的学习成绩逐渐开始下滑，属于典型的因学习困难而滋生辍学想法。从具体厌学原因上看，小花说很不喜欢新增加的理科课程，没有办法充分掌握。加上学校对成绩比较看重，理科分数较低的小花逐渐产生了挫败心理，并滋生了辍学念头。

但小花处于一个改革的好时期。一天，在午休期间，她看到了关于"控辍保学"解决方案——威县职教中心"职业初中班"的宣传材料，里面提到职教中心欢迎不适应传统知识讲授的学生来做新的学习尝试。尤其看到开设课程中有她喜欢的舞蹈和架子鼓，王小花非常心动，也很感兴趣。于是，小花很快转学到职教中心，开始了新阶段的学习。

在访谈过程中，尽管小花并不是非常健谈，但如果问起喜欢的课程，她会微笑着告诉我们，架子鼓和舞蹈是她最喜欢的课程，从中她可以找到自信。当问起是否还有厌学的念头，小花说已经没有了。理由是现在的基础文化课程都可以接受和掌握，并且学校给予她更多的时间去练习舞蹈和架子鼓。过几天马上就是新年晚会，她参与了民族舞表演，学校有专门的演出礼堂，父母也会前来观看，她很骄傲，同时她的父母也很自豪。

典型调研案例 2

学生张立强（化名）今年也上初中二年级。他和小花目前是同班同学，之前是来自一个排名一般的初中。张立强是我们访谈学生中最为健谈的一位，在聊天过程中总是第一个回答问题，也第一个给出自己的观点。

张立强厌学的课程是文科。他说历史课是他最头疼的课程，因为很多内容他怎么都记不住。此外，他说小学只开 6 门课程，但到了初中，课程增加了 3—4 门，使得他一时反应不过来，因此在课程学习上逐渐掉队，学习信心逐渐丧失。同时，作为青春期男孩子，顽皮厌学的心理要更强烈，因此初一下半学期，张立强连续几天逃学不上课，甚至产生了和一名同班同学一同到北京找打工的父亲当帮工的想法。

和小花类似的，张立强也是通过学校的宣传，产生了转学到职教中心接受继续教育的。当问到同样的问题，即"你现在是否还感觉厌学"，张立强对这个问题以最快速度反应说，完全没有。在职教中心上学的每一天都很快乐。

更重要的是，张立强有着更强的学习劲头。他告诉我们，他的父亲在北京务工，从事物流相关行业，并且是一名处理物流调度方面的工作人员。因此，他父亲每天都要通过电脑处理运输订单和相关的调度工作。河北距离北京并不远，张立强经常可以利用假期去找父亲。由于家里经济条件不属于富裕，母亲也不会使用电脑，因此张立强的家里没有电脑。每次在北京看到父亲在电脑前操作，张立强总觉得父亲的工作很有技术性，但自己所学知识还无法和父亲在技术相关问题上实现对话。转折正来自张立强在职教中心学习。张立强告诉我们，原来的学校不重视微机课程训练，而现在不同了，他可以每天在学校老师讲授的正规课程中学习计算机应用以及理论知识，并且有大量的时间可以在课上和课余时间操作电脑。学校的电脑教室是在下课后对学生开放的，学生可以利用课余时间实现自由上机操作。经过半学期的学习训练，张立强说现在终于开始逐渐理解父亲的工作模式和操作方式了。因此，在刚过去的假期中，张立强到北京找父亲，和父亲有了更为亲密和顺畅的交流，令他的父亲也对他刮目相看。两个人甚至相约，张立强努力学好计算机操作，等毕业之后来北京，子承父业，共同在物流领域发展。"我想去接父亲的班，而且我觉得我有能力接他的班"，张立强自信地对我们说。

典型调研案例 3

第三位女学生叫李莉（化名）。她和小花来自同一个学校，现在被安排在同一个班级。李莉从小学习成绩就处于中等偏下的水平，对各个学习科目都不感兴趣，属于典型的厌学学生。老师说，刚到职教中心的时候，李莉显得有些叛逆，不和老师与学生打招呼，课上也显得不太积极。

但李莉喜欢唱歌。为元旦晚会准备的表演成了她转变的一个契机。李莉主动选择了歌伴舞的节目，由她和另两位同学作为主唱，十几位同学伴舞。在老师对文艺演出的支持，以及对每一位演出人员的鼓励下，李莉性格变得更加开朗积极健康，开始与老师和同学有了更多的互动。也正因如此，李莉在课堂上的表现也更加活跃，另外对其他科目的学习也产生了较浓厚的兴趣。当问到李莉对哪门课程更感兴趣的时候，她说是历史。她提到，尽管在以前的普通初中也教授历史课，但由于当时严重的厌学和叛逆心理，令她觉得对什么课程都缺少兴趣，她不喜欢授课老师，也不喜欢和同学一起坐在课堂中学习。但到了职业中学之后，她喜欢这儿的老师和同学，发现自己也开始喜欢上各个科目，尤其是历史课。加上学校的小型图书馆中有一些关于历史的书籍，使她可以在课余了解丰富的历史知识，她就更加热爱这门科目，同时她也希望能够更多地了解历史人物和历史事件的发展。另外，老师们也指出，李莉有着较好的记忆力，对历史人物和历史事件都能够熟记于心，将来可以在相关方面继续深造。在我们看来，李莉健谈、开朗，对学习充满兴趣。我们看到了改变教育方式对学生厌学心理的调整。

（三）对威县"职业初中"控辍保学试点的评价

威县职教中心开展的"控辍保学"试点，实际上目标是对巩固九年义务教育目标的一种常识性探索，是对国务院关于加强控辍保学提高义务教育巩固水平的具体响应，切实加强和保障了学生继续接受教育的意愿，实现了提高质量控辍，避免因学习困难或厌学而辍学，以及落实扶贫控辍，避免因贫失学辍学的目标。当然，该试点目前是在小规模小范围实行，仍在探索期间，优势、困难和挑战并存。具体来讲：

第一，威县职教中心开展的"控辍保学"试点，培养孩子的一技之长，使他们更有目的和信心地学习。现阶段很多学生辍学的主要原因之一是厌学，而背后原因是丧失学习兴趣或者跟不上学习进度。但从教育层面上，不应该放弃对这部分学生的培养和教育。尤其对农村贫困地区的家庭而言，能够有一技傍身，在学校教育中学到一技之长，一方面符合对未来进入职业市场的需求，同时也确保学生在学龄期仍然能够接受保证质量的德育和文化教育。正如国务院办公厅《关于进一步加强控辍保学提高义务教育巩固水平的通知》中指出的那样，"积极促进农村初中普职教育融合，确保初中学生完成义务教育，为中职招生打下基础，提供多种成才渠道，使他们升学有基础、就业有能力，有针对性地防止初中生辍学"。

第二，从学校层面，威县职教中心开展的"控辍保学"试点一定程度上尝试探索建立健全学习困难学生帮扶制度。考虑到很多辍学原因来源于对新课程接受能力差、跟不上等现象，因此，在教学方面，职业学校把对学习困难学生的帮扶作为控辍保学的重点任务，一定程度上消除了这部分转校学生因学习困难或厌学而辍学的现象；同时也避免学校为了提高升学率而随意加深课程难度、赶超教学进度的问题。职教中心的老师坚持因材施教、因人施教的原则，针对学习困难学生学习能力、学习方法、家庭情况和思想心理状况，调整教学方式，增强学生的学习兴趣和信心；同时帮助学生养成良好学习习惯，改进学习方法，提升学习能力，增强学习自信心和获得感。整体上提高了义务教育质量和吸引力。

第三，威县职教中心开展的"控辍保学"试点，开展德育先行的教育模式，减少厌学孩子的逆反心理和挫败感，降低犯罪率，也对社会稳定安全发展起到良好作用。从当前社会上看，要看到为厌学学生提供另一条学习路径，具有更加重要的战略意义，那就是保障社会安全。理由在于，在学校中面临学习挫折的人，如果较早步入社会，很容易在思维模式、人生观、价值观和世界观塑造上产生负面影响。而一旦在思想上产生负面影响，加之这部分人群文化程度不高，无法在社会谋求稳定工作，那么这部分人很容易成为社会的不安定因素，对社会安定造成影响。反过来，如果学校能够留住这部分群体，增强其文化和德育教育，可以为社会输送更有用的劳动力。正如我们在职业学校进行调研过程中，从进入学校，在走访教学教室的过程中，都能够感受到学生们对老师的尊重和爱戴，表现为学生们愉快面容中一句句"老师好"的敬语和问候。尽管上述事情仅是细节，但也能体现出整个群体的精神面貌。

第四，从制度方面，威县尝试"职业初中"实验性试点，实际上是在探索因地制宜促进农村初中普职教育融合模式。根据国务院办公厅《关于进一步加强控辍保学提高义务教育巩固水平的通知》，"各地要结合区域内教育和农村经济发展实际，加强普通教育、职业教育统筹……促进农村初中普职教育融合，确保初中学生完成义务教育"。因此，探索初中阶段在完成义务教育的同时，能够适当融合普职教育的模式值得研究。这种方式的好处在于，有利于为中职招生打下基础，提供多种成才渠道。在有针对性地防止初中生辍学的同时，有利于增强特定学生群体的升学基础和就业能力。因此，包括威县等地区，在探索中职教育试点的同时，也可以尝试鼓励因地制宜为农村普通初中配备一定数量的专兼职职业技术教师，或者通过在普通初中开设职业技术课程、组织普通初中学生到当地中等职业学校（含技工学校）选修职业教育专业课程等多种方式实现普职教育融合，达到控辍保学目标的做法。

第五，"职业初中"控辍保学教育改革试点在学生价值观引导方面，也提供了一个有针对性的路径，正确引导学校的"问题学生"和"厌学学生"，利用职业教育的形式，发掘学生自身闪光点，从他们的兴趣和优点出发，令他们有一技之长，同时在这个过程中进一步塑造其积极阳光的世界观、人生观、道德观。整体上，威县职业教育试点为学校提供了灵活多样的教学思路，满足了不同学生的需求，适应了不同学生的不同人生规划和学习能力。

当然，威县职教中心开展的"控辍保学"试点也还存在一些问题。例如，课程设置与九年义务教育的质量和标准还存在差距；职教中心强项是中职教育，所涉及的课程的初中生倾向性和针对性还有待完善；还可以适当增强符合义务教育阶段教学目标的教学课程；等等。整体上，尽管威县职教中心开展的"控辍保学"试点是对我国九年义务教育的挑战，但该试点无疑是一次有益的尝试。

第十章 │ 打造乡风文明新高地：
孝善养老扶贫新模式

    党的十九大报告中提到，文化自信是一个国家、一个民族发展中更基本、更深沉、更持久的力量。习近平总书记强调："只要把我们的优秀文化传承好，核心价值观建设好，就一定能把我们的国家建设成为社会主义强国。"精准扶贫仅有物质扶贫一条腿走路是远远不够的，必须依靠物质扶贫和精神扶贫两条腿走路，重视精神扶贫的建设，只有这样才能让农村陷入贫困的老年人真正脱贫。乡风文明是社会文明的基石，农村社会的文明程度关乎着广大人民群众的幸福指数。威县在全面脱贫攻坚进程中，充分发挥文化化人的作用，多措并举让文化成为精准扶贫的催化剂、加速器，形成积极、健康、向上的社会风气，逐渐改变村民的精神面貌，让脱贫致富成为村民的自觉行动，从心灵深处唤醒他们对美好生活的向往和追求。近年来，威县大力实施"孝道文化"，将"孝道文化"与精准扶贫战略相结合，解决了老年人无劳动能力且无法依靠产业就业帮扶等措施脱贫的问题。只有在精神激励与物质丰富的合力作用下，才能形成拔穷根、真脱贫的决胜之势，同时也振奋和鼓舞了威县人民的文化自信，为决胜脱贫攻坚注入了新动力。

一、弘扬优秀传统文化，提升乡风文明

要培育和践行社会主义核心价值观，弘扬中华民族优秀文化，继承革命文化，发展社会主义先进文化。逐步树立文化自信，挖掘文化资源，增加文化产品供给。扶贫先扶志，脱贫先治愚，大力发展农村的文化事业，提高农民的思想文化素质和科学技术水平，是促进农村经济发展，从根本上改善农民生活的关键所在。文化自信是最好的减贫剂，坚持用社会主义核心价值观占领我国农村的文化阵地，筑牢文化安全的防线。威县自精准扶贫工作开展以来，始终聚焦民生民心，深挖致贫根源，在落实脱贫攻坚"六大工程"的同时，努力寻求扶贫开发新途径，以精神扶贫建设为突破口，将孝道文化融入精准扶贫，将物质帮扶与精神帮扶相结合，将扶贫与孝亲相结合，着力解决老龄贫困人口脱贫难、易返贫问题，让贫困老人得到物质与精神的双重帮扶，涵育了文明乡风，走出了一条法治、德治、自治相结合的"孝道扶贫"之路。

（一）繁荣兴盛农村优秀文化

脱贫攻坚的胜利，不仅仅是物质的改变，同时注重精神面貌的提升。威县以社会主义核心价值观为引领，加强爱国主义、集体主义、社会主义教育。实施公民道德建设工程，探索建立农村诚信体系，强化农民社会责任意识、规则意识、集体意识、主人翁意识，不断加强农村思想道德建设。继承并发展红色文化、书画文化、民俗文化、农耕文化等优秀传统文化，保护文物古迹、传统村落。大力发展威县优秀戏曲、曲艺、民间文化、孝道文化，开展"一乡一品"特色文化培育，鼓励发展具有地方特色的民间艺术活动，打造富有地方特色的文化品牌。深化拓展"我们的节日"主题活动，积极引导农村文化健康发展，弘扬农村优秀传统文化。建立并完善各村村规民约，引导农民讲文明、树新风。实施婚丧嫁娶革新行动，破除大操大办、厚葬薄养、人情攀比等陈规陋习，涵育勤俭节约的文明风尚，不能让攀比之风拖后腿。2018 年，威县 522 个行政村全部建立健全"两会一约"制度并切实发挥作用，将移风易俗纳入村规民约。同时，在推动移风易俗、树立文明乡风工作中取得积极成效，农民群众的满意度达 90% 以上。教育引导广大干部群众破除封建迷信，摒弃旧俗陋习，逐步实现移风易俗经常化、婚丧事务规范化、民间习俗文明化。

深入实施文化惠民工程，强化村民中心、综合文化服务中心、文体广场、农村大喇叭、农家书屋等基层公共文化设施建设，村村建有综合文化服务中心。设立威县文艺创作繁荣奖，支持"三农"题材文艺创作生产。深化文化、科技、卫生"三下乡"、文化进万家、文化志愿服务、农村电影放映、送戏下乡等活动，推进农村远程教育、文化信息资源共享和"户户通"升级工程；引导农民依托特色历史文化资源，发展农村文化产业；加强农村文化市场监管；扎实开展全民健身活动；繁荣发展乡村文化。2018 年，开展流动文化服务不少于 60 场次；投资建设 256 个非贫困村文化广场，每村配备体育健身器材一套；组织举办广场舞、书画、音乐、乱弹、戏曲等辅导培训不少于 24 场次；送戏下乡演出不少于 96 场，电影下乡 6264 场次。

（二）弘扬传统孝道文化

习近平总书记指出，要发扬中华民族孝亲敬老的传统美德，引导人们自觉承担家庭责任、树立良好家风，强化家庭成员赡养、抚养老年人的责任意识，促进家庭老少和顺。中国的孝道文化，就是优秀的传统文化，是支撑中华民族生生不息、薪火相传的重要精神力量，是家庭文明建设的宝贵精神财富，是千百年来中国社会维系家庭关系的道德准则，是家庭文明建设的核心。在脱贫攻坚工作中，精准扶贫仅有物质扶贫是远远不够的，需要注重扶贫同扶志、扶智相结合，重视精神扶贫的建设。要把孝道文化融入精准扶贫过程中，把农村孝道文化建设纳入社会主义核心价值观教育的重要范畴，将物质帮扶与精神帮扶结合起来，加强农村精神文明建设，鼓励"以孝为荣"，使孝道文化在广大农村生根发芽，促使农民孝道文化养成，让孝敬老人成为一种自觉行为。^①针对当前贫困老人生活无保障、养老推政府、自身脱贫难的苗头倾向，威县认真践行社会主义核心价值观，坚持以孝道文化为纽带、以移风易俗为目标、以道德法治为准绳、以村规民约为依托、以方营镇孙家寨村为样板，精心打造了 200 余个孝亲敬老村，探索出一条以弘扬孝道文化提升贫困老人脱贫质量的有效路径。

1. 弘扬传统孝道文化运作模式

威县的孝亲敬老村建设是基于近年来农村外出务工者越来越多的现状，为有效解决留守老人、孤寡老人精神孤独而逐步推行的。在弘扬传统孝道文化的过程中，通过模范带动、载体推动、机制促动、上下联动"四动"举措，精心打造了 200 多个孝亲敬老示范村，在全市、全省乃至全国都产生较大影响。^②

（1）模范带动、以点带面做先锋。威县方营镇青年付宏伟于 2010 年放弃在省城优越的生活和百万年薪，回乡为全村老人尽孝，进一步倡导带领同村及邻村热心人士加入孝亲敬老行列。在县委的精心组织引导下，孙家寨孝亲敬老活动从最初的悉心照顾几名孤寡老人，发展到每月初一、十五中午为村里 65 岁以上老人免费做孝道午餐，就餐的老人从最初本村

---

① 胡健、焦兵：《"资源诅咒"理论的兴起与演进》，《西安交通大学学报（社会科学版）》2010 年第 1 期，第 33—39 页。

② 何雄浪：《自然资源禀赋与区域发展："资源福音"还是"资源诅咒"？》，《西南民族大学学报（人文社科版）》2016 年第 2 期，第 120—125 页。

里的 10 余人发展到现在包括周边村的 1000 多人，义工也由当初的几人发展到来自外地和本村的 50 多人，孙家寨村建起了"空巢老人服务站""老人免费洗澡堂"和"孝道蔬菜园"。2016 年，县文明办争取中央和省专项资金 56 万元，在孙家寨建成社会主义核心价值观涵育基地，为该村开展孝亲敬老活动提供了更好的阵地平台，孙家寨村成为远近闻名的"孝道村"，付宏伟也因此被评为"中国好人"，荣获第五届全国道德模范提名奖、全国学雷锋"四个 100"之最美志愿者等荣誉。2017 年 5 月 26 日，全国志愿者骨干素质拓展项目培训班 120 余名志愿者来孙家寨参观学习，进一步把孙家寨孝亲敬老模式推向全国。

（2）载体推动、多种形式提质量。为有效丰富孝亲敬老村建设内涵，让老人受到更深层次照顾，威县不断丰富活动内容，创新了集中洗脚、晾晒衣被、文化敬老评选典型等多种形式，为孝亲敬老村建设注入新的生机和活力，更好地提升了广大老人的物质生活和精神生活质量。同时，威县把孝道文化与精准扶贫有机结合，动员驻村工作组在做好常规性帮扶的同时，侧重为老人提供各类帮扶。威县法院、检察院、公安局、司法局联合印发《关于敦促赡养人履行赡养义务的通告》，县文明办督促各村把每名子女每年给老人不少于 1000 元赡养费纳入村规民约。据不完全统计，2018 年以来，全县开展的为老人洗脚、晒被子、送演出等公益活动就多达 600 余次。

（3）机制促动、调动积极性拓展范围。为弘扬尊老敬老优秀传统文化，威县县委、县政府在全县推广孙家寨村模式。2015 年以来，县文明办每年印发《关于在全县开展"孝亲敬老"村创建活动的实施方案》。同时，威县建立了威县孝亲敬老微信群，要求各乡镇宣传委员定期报送每个孝亲敬老村活动图文信息，逐步实现每村一档。尤其是 2018 年以来组建了"威县之声"县、乡、村三级微信群，群成员已达 10 万人以上，覆盖

80% 以上的农户，每天发布传播各类正能量信息都在 1000 条以上，促进"党声政声送下去，民情民意传上来"。为充分提高基层重视程度，威县将孝亲敬老村建设作为乡镇年度精神文明考核的重要内容，作为对优秀农村党支部书记、红旗（功勋）党支部表彰的考核指标之一，进一步调动了基层参与支持孝亲敬老村创建工作的主动性和积极性。从 2016 年起，威县县委每年都在三级干部会上表彰奖励 20 个孝亲敬老示范村，并围绕威县孝亲敬老文化，组织创作了河北梆子现代戏《大孝村官》、图书《没有围墙的养老院》、微电影《孙家寨大餐》、歌曲《孝善传奇》等文艺作品，通过多种载体平台传播，产生了较大社会反响。同时，威县以基层农村信用社为主体，从全县孝亲敬老村择优确定了 20 个信用村，破解农户贷款难、贷款贵问题，农户可获得最高 8 万元的无抵押无担保信用贷款额度，随时可以申请使用贷款。

（4）上下联动、全社会参与弘扬善行。威县的孝亲敬老村建设，影响带动了更多爱心人士奉献爱心、关爱他人。县委、县政府广泛动员县直机关干部，尤其是党员领导干部定期回乡，通过捐助资金、物品或直接参与等形式，加入到奉献爱心、关爱老人的行列中，活动影响面和参与面日益扩大。同时，威县孝亲敬老村建设推动了全县志愿服务活动深入开展，相继成立了威县公益志愿者协会、优秀传统文化协会、古堤爱心志愿者协会和义和信博爱服务协会等 10 余个志愿服务组织，建立了 30 余个爱心驿站，全县志愿服务者达 50000 余人。2018 年以来，县级层面成立了移风易俗协会，16 个乡镇和 522 个行政村均成立了移风易俗理事会，组织各乡镇村开展各类移风易俗活动。2018 年 5 月，组织以抵制高价彩礼为主题的下乡宣讲 20 余场次，举办了首届集体婚礼，涌现出"零彩礼"新人王慧莹等移风易俗典型。全县已开展以孝亲敬老、扶危济困为主题的志愿服务活动 1500 余次，受益群众达 10 余万人。

2. 弘扬传统孝道文化产生的社会效应

实践充分证明，威县的孝亲敬老文化建设是党的意识形态占领基层思想舆论阵地的生动实践，是社会主义核心价值观具体落实的有效载体，产生了良好的社会效应。

（1）优化了村风民俗。孝亲敬老村创建活动开展以来，产生了良好的社会效应，也让人们看到了各种可喜的变化。比如孙家寨村，天主教信徒有 100 多人，在孝亲敬老活动的感召影响下，他们都说共产党好。这充分表明党管意识形态正潜移默化地影响着社会各界人士。孙家寨村的干群关系、邻里关系、婆媳关系更加和谐融洽，涌现出"零彩礼"新娘王慧莹、给公公找老伴的好媳妇石秋菊等一批先进典型。其他各村也纷纷效仿，使更多的孤寡老人快乐幸福，更多的文明志愿者参与进来，以前不孝敬老人的不良风气慢慢好转，良好的家风、村风和民风正逐步形成，改善了养老推政府、老人脱贫难的现象。威县弘扬孝亲敬老是以德兴村的生动实践，对于推动移风易俗、树立社会主义文明乡风有巨大的推动作用。截至 2019 年，在孝亲敬老村建设的影响下，全县已入选"中国好人"10 名、"邢台好人"29 名，并评选出"威县好人"45 名。2016 年以来，涌现出勇救落水女孩的青年学生魏树铮，带着母亲上大学的好女孩刘云锐，拾金不昧的环卫工人、中国好人姜玉祥等一批道德典型，产生了积极的社会影响。

（2）打造了独特品牌效应。威县的孝亲敬老村建设，受到了各级媒体和社会各界的广泛关注。2016 年以来，中央电视台、人民网、新华网、中国经济网、凤凰网、河北电视台、《河北日报》、《邢台日报》等多家媒体，对孝亲敬老村建设情况报道和转载 190 余次，周边县市来威县考察学习上千批次。据不完全统计，每年全国各地来威县观摩学习孝亲敬老文化者都多达一万人次以上。特别是孙家寨村成为远近闻名的"孝道村"，活动牵头人付宏伟先后荣获"全国道德模范提名奖""中国好人""全国优秀志愿者""第十一届全国五好家庭""河北省道德模范""感动全国孝老之星"等称号，并受到党和国家领导人的亲切接见。

（3）带动了农村整体发展。孙家寨村通过打造孝亲敬老村，发展有机种植、生态旅游等富民产业，村民收入不断增加，全村28户贫困户全部实现脱贫。下一步，该村还将打造"中国孝道第一村"，规划已通过县规委会审议，各项建设正在有序推进。在全县推进精准扶贫中，也始终坚持与弘扬孝道文化有机结合，通过开展"冬日暖阳""春风化雨"等活动，引导驻村工作组在做好常规性帮扶基础上，侧重为老人提供各类帮扶。同时，威县孝亲敬老村建设，也影响带动了更多各界人士奉献爱心、关爱他人。截至2019年，已开展以孝亲敬老、扶危济困为主题的志愿服务活动150余次，受益群众达10余万人。

（三）弘扬传统孝道文化的经验和启示

开展孝亲敬老村建设是践行社会主义核心价值观的具体实践，培育和践行社会主义核心价值观，需要从爱国、爱家做起，友善需要从尊敬老人做起。威县孝亲敬老村建设，无论是为老人提供免费敬老爱亲餐，还是设置社会主义核心价值观主题展牌，乃至老人对年轻人口口相传的称赞，传播弘扬的都是"敬老爱亲""以德立家""宽厚诚实"等优良家风，这些都是优秀传统文化的重要组成部分，更是把社会主义核心价值观具体落实的生动实践。

开展孝亲敬老村建设是树立良好家风村风、建设和谐社会的现实需要。全县200余个孝亲敬老村通过为老人提供敬老爱亲餐，开展敬老爱老活动，不仅让老人们身心愉悦，更让广大群众感受到，关爱老人、尊敬老人既是一种责任，也是一种光荣，对于推动好家风、好村风的形成，对于建设和谐威县、幸福威县意义重大、作用明显。

开展孝亲敬老村建设是社会各界人士奉献爱心的良好平台。威县的孝亲敬老村建设得到了社会各界的高度认可和积极参与。孙家寨村举办孝亲敬老活动的费用和物资一方面来自社会爱心人士捐助，一方面来自付宏伟主导的几项农产品加工销售项目。其他各示范村主要依靠在外工作或做生意的爱心人士的捐赠。为褒扬爱心义举，做到规范透明，各示范村都将爱心捐助情况进行了公示。这些都充分体现了社会各界爱心人士和团体对尊老敬老事业给予的热烈呼应，昭示了全社会对弘扬中华传统美德的急切呼唤。通过举办一系列的文化活动不但丰富了村里文化生活，还提升了村民对脱贫攻坚工作的理解认识，拉近了工作队与村民的距离，大大加强了村民的精神文明建设，丰富村民文化生活，坚定了村民致富奔小康的决心，给农村文化生活和农村精神风貌带来了巨大的变化。

二、激发孝道文化新活力，建立养老扶贫新模式

随着中国城市化进程不断加快，家庭模式中传统的三世同堂越来越少，越来越多的家庭趋于小型化。现如今的家庭结构模式大多数为传统的"4—2—1"家庭，即四个老人、夫妻双方、一个孩子，意味着两个子女要承担赡养4个老人的义务，这无形中加重了家庭成员的养老负担，加之城市生活节奏的加快，年轻子女陪伴父母的时间变少，并且受西方文化的冲击，我国传统的家庭观念正在逐渐淡化，使得我国传统的家庭养老功能正在逐渐弱化，老年人的物质和情感需求得不到相应的满足。而这种现象在农村尤为严重，农村大量中青年劳动力去往经济更发达的一、二线城市发展，使家庭养老功能弱化，农村高龄老人养老问题严峻，这也在一定程度上造成了城乡发展不均衡，我国的养老问题遇到瓶颈。据最新调查显示，

预计到 2020 年，独居老人和空巢老人将增加到 1.18 亿人左右，独居老人和空巢老人将成为老年人中的"主力军"。

习近平总书记在 2015 年春节团拜会上指出："中华民族自古以来就重视家庭、重视亲情。""家庭是社会的基本细胞，是人生的第一所学校。不论时代发生多大变化，不论生活格局发生多大变化，我们都要重视家庭建设，注重家庭、注重家教、注重家风，紧密结合培育和弘扬社会主义核心价值观，发扬光大中华民族传统家庭美德，促进家庭和睦，促进亲人相亲相爱，促进下一代健康成长，促进老年人老有所养，使千千万万个家庭成为国家发展、民族进步、社会和谐的重要基点。"为充分发挥孝善文化在脱贫攻坚工作中的作用，创造"多位一体"的精准扶贫工作格局，让农村贫困老人重新融入家庭，回归政府引导、家庭赡养为主，子女尽孝的中华民族传统养老模式，切实解决贫困老人的脱贫问题，预防和杜绝子女推卸责任、把老人养老推向政府的非正常现象，将"百善孝为先"的传统美德和养老扶贫有机结合，建立完善老有所依、代代传承的"孝善养老"社会扶贫长效机制。孙家寨村的付宏伟通过自身行为带动村民积极尽孝，倡导社会行善积德献爱心，鼓励各类主体参与养老扶贫事业，建立贫困老年人养老扶贫的新模式。

（一）孝道文化的标杆——孙家寨村

孙家寨村位于威县城东十公里，镇政府北侧，老沙河西侧。现有耕地 2050 亩，村民主要以小麦、棉花种植、外出务工为主要收入来源，人均收入 4160 元，村集体收入 8.48 万元，现有种植专业合作社 1 个，孝道村农业合作社 1 个。孙家寨是个贫困村，也是远近有名的空巢老人村，有 1300 多名村民，其中 65 岁以上的老人有 150 多人，占比超过 11%。通过采取一系列扶贫措施，贫困人口显著减少，综合贫困发生率逐年下降，到

2018 年 11 月贫困发生率为 0.7%，脱贫成效初步显现。

孙家寨村内建有标准化卫生室，"三室一房"（诊断室、治疗室、留观室、药房）达标齐全，并且使用常态化。宣传推广国家新型农村合作医疗、城乡居民基本养老保险相关政策，通过橱窗宣传、广播、实地入户等方式积极普及政策，为贫困户代缴"参险费"和"参合费"，全村参保率与参合率均达 100%。2018 年，新修街道 1500 米，加宽主要街道 1700 米；墁砖 7800 平方米；安装路灯 130 盏，使村内主要街道实现硬化、亮化。新建垃圾集中转运点，按照标准增添了垃圾桶 16 个，做到了基本环境卫生达标，使村容村貌得到极大提升。新建了文化广场 3 处，面积 7000 平方米，精心设计了文化长廊，丰富完善了农家书屋，现有藏书 5000 余册，文化广场、文化长廊、农家书屋正常使用，丰富了农民的业余生活。村级组织作用发挥明显，班子健全，工作有力，村党支部书记付宏伟组织能力强，相继荣获中国好人、全国道德模范提名奖、河北省道德模范、感动全国孝老之星、河北十大人物等称号。

（二）从部分到整体的转变——一个村、一口锅、一家人

2010 年，由于父亲生病，付宏伟在回家照顾父亲的那段日子里，发现孙家寨村年轻人多外出打工，留下妇女、老人和儿童在村里留守。或是一些年轻子女因为快节奏的城市生活而不在村里生活，出现村里老人老无所养的情况。虽然现在经济条件好了，老人们生活得却不幸福，不但空巢老人乏人照料，就是儿女同村，和老人形同陌路的也不少见，古朴的农村孝道的风气已越来越淡。老人们的孤独没有人理会，甚至有不少为子不孝的现象，农村成了空巢，村里这些老头老太太都成了空巢老人。老人们的这种生活状态，让八年前因父病回村侍奉的游子付宏伟感到很忧虑。终于，一个石破天惊的想法在孝顺厚道的付宏伟心中形成："趁着年轻，到

村里做些比挣钱更有意义的事——回村给全村的老人当儿子！"

空巢老人，说了很多次，好像跟自己没关系一样。当发现自己的父母也成了"空巢老人"，而自己不在身边的时候，他义无反顾地决定放弃多年在城市拼搏的一切，回村尽孝，照顾自己的父亲。他说：照顾我父亲是理所当然的，反正我想做饭的时候，给我父亲做也得做，多加口汤，多加口水，多加点米，不是把这几户孤寡老人都能关照起来。于是，给我父亲做饭的同时，也给村里的几户孤寡老人把做好的饭送到家里去。

2010年8月，在外事业成功的能人付宏伟突然出现在了村头，这次回来，他不是衣锦还乡式的探亲之旅，而是以一种义无反顾的决绝姿态，从省城"打铺盖卷"回来了。付宏伟是一名共产党员，回村后乡党委任命他为孙家寨村支部副书记。村"两委"支持付宏伟的工作，腾出村委大院，让他在"两委"办公室住下来，其他的屋子让他干事情。一个好汉三个帮，两个志同道合的朋友支持了他，一个是潘玉朋，一个是曹明兰，他们都是做生意的，和付宏伟一拍即合愿意捐款出力，一起为老人做点儿事，潘玉朋、曹明兰成了第一批志愿者。村里有7户独居的老人，儿女有的外出打工，有的不能经常过来，志愿者就天天送上三餐，早晨7点，中午12点，晚上6点半到7点。八年来，一直风雨无阻，天天如此，没有间断。不少老人常常是流着眼泪接过热腾腾的饭菜，感叹志愿者像自己的儿女一样亲。

付宏伟对每个老人的情况都了如指掌，身体有病、腿脚不灵便的，付宏伟要带着义工一一把饭菜送上门去。付宏伟曾说："其实这些老人要求并不高，实际上送饭不是最终的目的，是每天送饭的时候，送三次饭，起码能看他三次，让他知道有人还在关心他，他虽然年老了，还有人想着他，他还没有被遗忘，甚至说没有被儿女遗弃。送饭的时候，他要有个病有个灾，身体不舒服，我们都能第一时间知道。"

　　刚开始付宏伟给孤寡老人、空巢老人送饭，一日三餐，可是这些举动却让很多人不理解，包括他自己的父亲。父亲说："爱人、孩子、工作都在石家庄，有车、有房，为什么回来？我们村出去了30多个大学生，都在外面过好日子，就你一个回来，图啥啊？"好不容易从农村走出去上大学了，突然间回来做这个事，这是为了啥？是不是在外面混不下去了？这家伙是不是拿着我们老人炒作出名，图名图利呢？一百个人有一百个想法，面对各种各样的议论，面对几乎所有人的不解与嘲讽，付宏伟内心里充满了温暖和期许，依旧不改初心。他也曾说过，自己做一件正确的事，别人说你几句风凉话就顶不住了，那就说明你正气不足，我特别理解他们不理解的原因。从不理解、到怀疑、到半信半疑，再到理解、支持，这个时间需要一年半到两年。村里的人，特别是那些老人们谁也不曾想到，就是这个让人想不透的后生，日后竟然干起来一个热透他们衷肠的事业——他拿出百万元的积蓄，支起了一口用孝心烧旺的大锅，让老人们围拢起来，一边吃饺子，一边看大戏，而且一干就是8年。

　　最初的时候，付宏伟等几个义工把过去的存款全部都做进去了，自己贴钱。做了快两年了，到2012年9月就有了一个爱心本，也就是献爱心的记录册。这个小册子见证了乡亲们从怀疑到理解再到支持的过程。把前面的一部分空出来，就像2010年和2011年里无人能懂的酸甜苦辣。最大的回报就是更多的人理解了这个事情。你拿一袋面，他拿一桶油，还有的时候就是打开村委会大门的时候，发现门口放着几大袋花生、棉花等等，这些小事体现他们的心开始融化。各种各样的物资纷至沓来，表达对老人的孝心。

　　付宏伟一直相信这句话：你没有被感动，就是因为我做得还不够好。付宏伟说，别人是不撞南墙不回头，我这属于是宁可把南墙拱倒，我也得做，它改善的是一个社会风气，是我们用优秀的传统文化、传统美德，唤醒了我们更多人的良知。我们除了给父母钱，更应该是在他们膝下去尽孝，我们原本都是这样的一个大家庭，所以说我们这是一个村、一口锅、一个家。就这样，付宏伟家的饭越做越多，大伙房就设在村委会，管理员是付宏伟，其他烧火、做饭、送饭的都是义工，几个身体好、家里没什么事的老奶奶，主动要来帮忙择菜、洗菜。一边择菜，一边说笑，这里成了老人们的俱乐部。之后，除了保证每天给全村空巢老人送上一日三餐外，每月初一、十五，还在村委会大摆宴席，邀请全村 65 岁以上的老人参加。上千的老人得到了幸福和快乐，也有成百上千的志愿者加入这个队伍中来，甚至成百上千的孝道村，也如雨后春笋般涌现出来。付宏伟说，把村庄打造成没有围墙的养老院，这是我的"中国梦"。为了这个理想，我会不舍余力，不倦不怠，不折不悔，不断探索，坚定不移地走下去，努力让"孝道"成为一种现象、一种习惯。

百善孝为先。付宏伟身体力行，从小孝到大孝，一个人坚持不懈地大行孝道，他坚信以人心换人心。这几年下来，在付宏伟和义工们的努力下，村民们也有了许多变化，许多村里的年轻人都比着为老人尽孝。一些空巢老人的子女如今也做到了常回家看看，孙家寨村也一点一滴被孝道影响和改变着。如今，除了最初和付宏伟一起在孙家寨推行孝道的两位伙伴，全国各地慕名而来的爱心义工每天至少有 20 余人，他们许多都常年住在这里，分工合作，义务为老人服务，孙家寨村委会也成了老人和义工之家。

付宏伟总感觉时间不够用，只要停下来，就会在村子里转上一圈，与老人唠唠家常。他说，父母的唠叨是这个世界上最美的语言，趁他们还在，多陪陪他们。如果有一天他们不在了，我们再想听听他们唠叨，可能就永远没有机会了，所以说能听老人的唠叨，是他们快乐、我们也快乐的事情，是儿女的福。他总说，我在哪棵枣树下玩过，我爬过谁家院里的枣树。也许，付宏伟儿时的记忆，离不开枣树，其实更多的是，付宏伟的记忆永远与这些老人有剪不断的情缘。一个人，一个大孝之心，提升了一个村庄的幸福指数。一个孝子全家安，而在孙家寨一个孝子全村安，他的最终愿望就是想把自己的家乡孙家寨变成一个没有围墙的养老院。

（三）"孝老"的实践——丰富多彩的孝亲敬老活动

弘扬传统文化、传承孝道美德要从具体事情抓起，要集中力量抓，抓出特色，抓出精品。要通过组织开展一系列扎实深入弘扬和传承孝道文化的活动，形成"人人讲孝道，人人促和谐"的良好局面。在解决老人老无所养的问题上，孙家寨通过举办多种多样宣传孝道文化的活动，如理发、洗脚、照相、义诊、看戏、吃饺子、过生日、送礼物等形式多样的活动，表达的却是同一份孝敬心意。

1. 孝道讲习班

刚开始给老人做饭、送饭的时候，付宏伟就想要办一个孝道讲习班。"因为这么多年来，我在外边工作，过去以为我挣多少钱，就是在给父母尽孝，实际上我发现，父母需要的不是钱，而是一种陪伴，是我们的一种笑脸，是我们对他们的一种耐心地聆听，可能是洗一个脚，也许是捶捶肩、揉揉背，这对父母来说，是最大的幸福。如果他们见不到儿女，只能定期收到你寄的钱，他们也不会那么幸福。再说孝道，是我们中华民族的一个美德，你看那个孝字，上面有一个老，底下有一个子，它是传承，我们不能光顾着去挣钱，最重要的还要感受老人需要我们，所以说要办讲习班。"

付宏伟他们在村里先后办起了"孝道讲习班"和"幸福人生讲座"，教育对象是青少年和成年人，引导他们为老人洗脚、洗澡，孝敬老人，和睦邻里。在孙家寨，每天早晨和午时都能听到这样的朗读声，这是付宏伟开办的孝道讲习班。按照他的想法，人只有明理了，才会去践行。每次孝道讲习，付宏伟和义工们都会诵读《弟子规》《孝经》等中华传统的道德经典，也会分享发生在自己身边的孝道故事。现在的孙家寨村，孝老已经成为全村的道德准则。孙家寨村也因此成为名闻遐迩的孝道村。

2. 敬老院及澡堂

2013 年修建了 4500 平方米的一个敬老院，孙家寨村里的老人，包括外地的老人都可以来这儿小住。村里的老人，白天在这里一起用餐，另外还有棋牌室，有书法室，让老人在这儿活动，晚上想回家的，也可以回家住，想住在这里就住在这里，实际上就是一个幸福的互助院。这样可以让老人自由自在地在这里生活，大家一起做饭，一起包饺子，让他们享受快乐也不孤独，一楼有一个同时能容纳三四百人的食堂，右边有一个孝道讲习班的大课堂，可以让更多的人受益。二楼有单间，每个房间都有单独的卫生间。敬老院共三层，但就这么不高的一个楼层，也给老人装了一部电梯，就是方便老人上下楼。付宏伟认为五星级的养老院好建，最主要的要有这种五星级的敬老的心。实际上老人喜欢的就是这种孝顺的心。这些年付宏伟和他们在一起的感受就是：他们对物质的要求越来越少，但儿女的陪伴、年轻人的恭敬、子孙的尊重，这是他们最需要的。

在村委会旁建了 200 多平方米的大厨房和供全村老人和义工洗浴、洗衣物的标准澡堂，免费给老人使用，不管老人什么时候过来，都可以在这里洗澡，里边还有一个红外线的蒸房。因为老人过去受苦受累太多，有的手、腿有关节炎，所以做了一个带红外线的小蒸房，可以电脑调控，这样让他们洗澡更方便一些。年轻人来也可以，却是有条件的，条件就是你必须带着你的长辈，带着你的爸爸妈妈，带着你的公公婆婆过来，我们可以免费让你使用。付宏伟希望通过自己的实践传承中华孝道传统。他说他有一个理想，在乡村实现人人老有所养、老有所乐，探索出居家养老的新路子，要把全村变成一个大养老院。付宏伟的大孝，也影响了周边近 30 个村子，他们纷纷效仿，要把中华孝道传统继承下去。

3. 千人饺子宴

由于老人们一直待在家，平时见不到其他人，为了老人能够从家里走出来，聚在一起聊聊天，2011 年的冬天，农历十一月把老人请到村委会，调好馅，一起包饺子。吃饭的时候，有人说现在的社会变好了，过去在生产队的时候抢着吃，现在临老了还在村委会包好了饺子吃。看着老人开心的样子，付宏伟就想能不能把这一天固定下来，以后每个月的农历初一、十五都让老人吃饺子聊天。考虑到老人不习惯也记不住星期几或几月几号，在农村，老人按照农历算就知道初一、十五；并且农历初一、十五是一个团圆的日子，就将每月的初一、十五定为老人聚会的日子。以后每月的初一、十五，孙家寨 65 岁以上老人们早晨和中午开始聚大餐，地点在村头永和公园广场上，饭谱是早晨吃油条、八宝粥，中午吃饺子。志愿者和村里的年轻人都赶来帮忙，让老人们感受到如同子女在身边般地温暖。开始给老人们做午餐时，也做过熬菜、馒头，但后来还是选定了饺子，一是饺子是中国传统美食，二是包饺子人人都可以参与。老人包饺子的时候就很开心，如果说"您上岁数了，您就坐下等着吃饺子吧"，他就不高兴了。老人会以为你们嫌我老了，不中用了。让老人一起参与，感觉到对他的重视，对他的尊重，让老人感受到自己还是被别人需要的，而不是多余的存在。时间一长，孙家寨村"免费的午餐"不仅让本村老人向往，连外村的老人也赶过来，他们有的人是为了看热闹，但更愿意亲口尝尝这孝亲敬老的大餐。

"盼了初一盼十五"，每到聚餐日，一来就是五六百人，多时达到一千五六百人。老人们早早来到永和公园广场，看公益演出，给老人过生日，享受志愿者义务理发的服务，更多的人则是坐在一起忆苦思甜，叙旧话新，其乐陶陶。9 点钟，大家开始分桌包饺子，近百张桌子围满了人，老人一边包饺子，一边看京戏。坐在一个桌子的人，来自不同的村庄，彼此有的也不认识，但坐在一起，就像一家人，彼此有说不完的话，彼此互相有约定，下个月初一或十五，老哥哥老姐姐还在这儿见，心里边有盼头。和面、擀皮、包馅自然分工，两米多高的饺子架摆放成一排二十几米长的饺子墙；近12点，陆续下饺子，三个超级大锅一起煮，一锅下十五盖板饺子。饺子熟了，先让年岁大的和远道的老人吃，然后是参观者和志愿者吃，午餐一般持续到三四点以后，待志愿者收拾干净，已是五点以后。秋收农忙的时候，孙家寨孝亲敬老大餐扩大到了全村男女老少，每天中午大喇叭广播请乡亲们来村委会打饭，外村来帮工的也可以，最长时一供就是三个来月。

他们不是为了吃一碗饺子，而是每一碗饺子承载的传统美德太多了，承载了年轻人的孝心和服务志愿者的爱心，揉在面里，包在饺子里，让老人能够亲身感受到来自我们这样一个大家庭的温暖。付宏伟说，不管是农工商，不管各行各业，挣多少钱不是最终的目的，而是在这个过程中能给多少人带来方便，能给多少人带来快乐，能给多少人带来幸福，这才是我们最终的目的。

"免费的午餐"，温暖了一个村的人心。众人拾柴火焰高，越来越多的党员干部、村民主动跟着做起了志愿者，争先恐后为大餐捐款捐物，献计献策。一口锅燃起了一村人的亲情，村里的各项工作也顺利起来，比如下了大雪，过去村街少有人扫，现在村民都生怕自己落在别人的后面，真正的传承美德不是讲的，而是用实际行动做的。

4. 榜样的力量

对于孙家寨村的老人来说，重阳节是一个特殊的日子。2011年，付宏伟开始给老人过重阳节，每年的重阳节和这个月的初一或十五一起过，会给这个月生日的老人过生日，评选一个孝子之家、慈母之家的道德模范，给获奖者发奖励，披红戴花在村里敲锣打鼓表彰，一段时间之后村里的风气就发生改变，老人在家中有了地位且受到尊敬，不孝顺父母的事情基本绝迹。通过树立榜样，让榜样引领村风，以孝德兴村，在村里形成一个养老尊老爱老孝老的风气。因为一个家庭好了、儿女孝顺，家庭就会变和谐，从而由一个家庭来带动一个村子，长久在这样的氛围中就形成了这样一个孝道传家的家风、村风。

图 10-1　孙家寨村评选"慈母之家"

5. 一盆热水的感动

到冬天了，老人穿的棉裤比较厚，洗脚不方便，就不怎么洗脚。老人容易手脚冰凉，付宏伟和义工就去给老人洗脚。在给老人洗脚的时候，摸着那骨瘦如柴的脚，义工的眼泪不由自主地掉到洗脚盆里，老人的眼泪掉到义工的头上，每个人都有不同的感受。我们老人的这双脚，承载了我们儿女多少幸福。我们自己个子越长越高，脚越长越大，可我们回家的路却越来越远。

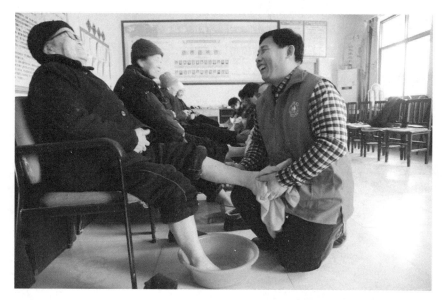

图 10-2　义工为老人洗脚

6.孝道牌有机农业

尽孝首先是一份心，当它变成了一项事业，光有心就不够了，怎么才能够走得更长久呢？每月两次饺子宴、一日三餐给老人们送饭，还有志愿者们的吃喝住行，付宏伟靠着这些年在城里打拼的积蓄，每一次都是自掏腰包。真正做起来甘苦自知，他很快就认识到这不是长久之计，钱总会有花完的那一天，还得要发掘自己潜在的能力，自身去造血，才能可持续地发展。

付宏伟将村民捐出的田地，其中的一块作为村里的孝道蔬菜园，孝道蔬菜园里的菜全是免费为村里的老人准备的。这个孝道蔬菜园有两个作用：一是为孝道大餐源源不断地提供健康的蔬菜，形成可持续发展；二是打造一个实验基地、力行基地，让志愿者有实际去做的过程，习劳知感恩。另外一块地挖成几个藕塘，来增加收入，取之于民用之于民。威县领导知道付宏伟赡养村里老人一事，给予支持，威县扶贫办把其莲藕种植列为扶贫开发项目，给予资金支持。

为了给老人提供健康而充足的食品，付宏伟从带领村民种植有机蔬菜开始，创立了孙家寨的有机农业。为了让孝心大餐有一个长久稳定的资金保障，近年来，他就地取材，办起了面粉厂、被服厂、榨油厂以及莲藕种植基地等一批产业。不仅老人"吃"有所依，还进入了良性的市场运作轨道。[①] 现在，这些产业已经成为孙家寨这个大家庭的家业，产生的利润不仅让孝心大餐有了支持，还为老人修建了休闲广场、公共澡堂。

孙家寨的孝亲敬老村建设产生了强烈的社会反响，也带动了"孝道产业"的迅速发展，充分发挥"孝道村"独特品牌优势，先后成立孝道村农业种植合作社、乐和仁农产品销售公司、孝道村农场，注册了"孝道村"商标，大力发展生态种植及有机食品深加工，推出小米、石磨面、纯花生油、莲藕酱菜、卤香水晶蛋、纯棉被等系列产品，并开办农村淘宝，实行线上线下同步销售，直接带动群众人均增收 3000 元以上。

图 10-3　孙家寨村的孝道小米和水晶鸡蛋

---

① 何雄浪：《自然资源禀赋与区域发展："资源福音"还是"资源诅咒"?》,《西南民族大学学报（人文社科版）》2016 年第 2 期，第 120—125 页。

专栏10-1　企业弘扬孝道文化，发挥社会责任

从清早开始，孙家寨孝道面粉厂的发货员工已经码了大半晌的货，其中最大的一笔是保定的一个爱心组织，为老人们订购的，4个多小时跑600多里到孙家寨来买面粉，买主看好的不仅仅是面粉的质量，而是一场支持孝老事业的爱心接力。爱心人士张川说，这其实不是他帮我、我帮他的问题，是共同的价值观，这两股力量让我们聚到了一起，形成一个向上向善的为天下老人尽孝的力量。订购的是白面，送来的是支持，传递的是爱心。越来越多的爱心企业、爱心组织和学校前来购买，孙家寨村的农产品从来不缺销路。

（四）源远流长——孙家寨村孝道文化的影响

一个孝子，祥和了一个村庄；一顿饺子，温暖了世道人心。付宏伟就是想让这爱心饺子使村里的空巢老人感受到大家庭的温暖，空巢不空，让老人知道，社会没有忘记他们，让孝道文化能够源远流长。几年来，孙家寨村治安稳定、民风返朴、邻里和睦、干群和谐，该村被评为省、市、县级文明村，村党支部连续4年被威县县委、县政府评为功勋党支部，成为河北省孝行慈善基金会的"孝道示范基地"，并接受捐助100万元，等等。目前，在威县县委的推动下，威县已有17个乡镇（区）27个村庄开始每月为老人提供孝亲敬老饺子宴。不仅如此，湖北、山西、陕西、河南、山东、内蒙古、北京、石家庄、衡水、沧州、邯郸、保定等多省市区近百个村庄已将"孙家寨大餐"在本地推广起来。由村里的100来人扩展到威县150多个村子、全国20多个省市上千个村庄和社区都以这种模式敬老爱老助老，这是一个和谐大家庭的场面。如今，好多牌匾锦旗挂满了村"两

委"办公室的墙面，证书奖杯放满了书橱。永和公园竖起了一座高高的功德碑，引人注目，但更为宝贵的百姓口碑，则镌刻进了一村人的心田里。人们说，一个村子，就是因为一口大锅，又重新让民心聚拢起来，温暖起来，成为幸福快乐的一家人。从"要我赡养"向"我要赡养"的转变，使孝道落地生根。

著名文化学者郦波对其评价道："现在中国面临老龄化社会的问题，那么怎么去解决？我看小付包括他们村包括他的那些志同道合的朋友们，自己在探索一种具有中国特色的应对老龄化的模式。"高丙中说："这是把家庭养老和社区养老结合起来，起初是个人拿出来完全帮人，之后是乡亲捐献粮食，是一种合作养老的方式，创造了一个多种形式结合的养老方式。"孙家寨村通过充分发挥孝善文化在脱贫攻坚工作中的作用，让农村贫困老人重新融入家庭，回归政府引导、家庭赡养为主，子女尽孝的中华民族传统养老模式，切实解决贫困老人的脱贫问题，将"百善孝为先"的传统美德和养老扶贫有机结合，建立完善老有所依、代代传承的"孝善养老"社会扶贫长效机制。

三、营造孝老浓厚氛围，推动乡风文明建设

习近平总书记在党的十九大报告中指出要加强社会保障体系建设，构建老年人关爱服务体系，实施"健康中国"战略，积极应对人口老龄化，构建养老、孝老、敬老政策体系和社会环境，以及推进医养结合，实施乡村振兴战略，显示了国家对养老问题的重视。随着大批农村年轻人离巢，农村空巢现象不断加剧，农村文化设施匮乏、文化娱乐形式单一，看电视、听广播成为他们仅有的几种文化生活。这些空巢老人的精神世界无人守护，滋生大量心理问题。孙家寨模式通过"孝心宴"，吸引村中空巢

老人出门参与农村社交，有效缓解了其空虚寂寞的情绪。如今还有外地老人赶几个小时路程来吃水饺，其实是为了感受这个热闹场面。同时，积极筹建农村孝道教育基地，重塑乡村孝道文化，鼓励村民敬老爱老，恢复农村"不独亲其亲"的风尚。孙家寨村在脱贫攻坚过程中发展出"孝文化＋产业模式"，其运作机制主要是孝道文化支撑（"孝心饺子宴"）、村民志愿参与、多方互助。中间调动的资源是村民的志愿参与，特别是青年人，每次包饺子三四十个年轻志愿者。社会企业运作（生态农业），把农民的土地流转到村集体里，用土地获得经济收入来支持或者补贴老人的服务。这是一种可持续发展的方式，以孝老事业为依托，将农村基层管理、脱贫致富、产业发展、为老服务等事业融为一体，是很好的尝试。

威县通过不同渠道大力宣传，重塑农村孝道文化建设，传递"以孝为荣"的传统正能量。充分运用各类媒体加大宣传对农村贫困老人的关爱与帮扶，营造尊老、敬老、爱老的浓厚氛围，激发农村子女的养老意愿，让村民在家行孝事，出门见孝道，耳濡目染、潜移默化，营造"百善孝为先"的浓厚氛围。在村庄开展"慈母之家""孝子之家"评选，通过评选充分发掘孝道先进榜样的力量，弘扬孝善文化，倡导优良淳朴的家风、村风和民风。通过弘扬孝道文化，在脱贫攻坚的战役中，实现对传统价值体系的回归与重塑，让传统美德对个体形成约束，才能使贫困老人摆脱贫困，安享幸福晚年。

将弘扬尊老敬老孝老的传统美德作为纵深推进乡风文明的起点和举措，各级党委、政府必须加以高度重视。应把学习和践行社会主义核心价值观与乡风文明建设紧密结合，与实施乡村振兴战略结合起来，想方设法，"扇"旺乡村"孝"德新风。[①] 如组织开展以倡导尊老敬老孝老文明风

---

① 李正升：《"资源诅咒"与资源型地区经济发展路径选择》，《经济视角（下旬刊）》2011年第1期，第9—11页。

尚为重点的"身边的榜样""好儿女、好儿媳、好婆婆、好女婿""文明家庭"等评选活动，化无形的道德力量为有形的社会活动，变"喊破嗓子"的宣传发动为"做出样子"的典型带动，让身边可见、可听、可学，引导基层群众向好、向善、向上。"推进乡村振兴，就是要坚持塑形与铸魂并进，推动形成文明乡风、良好家风、淳朴民风，不断提高农村社会文明程度，凝聚实现乡村全面振兴的强大精神力量"，这是符合中国实际的科学论断。我们必须从尊老敬老孝老开始，把不良风气压下去，把良好风尚立起来，推动乡风文明建设再上新台阶，为乡村振兴聚起强大力量，让"农业全面升级、农村全面进步、农民全面发展"。

附件 10-1　孙家寨村村规民约

为加快推进社会主义核心价值体系建设和创新社会管理步伐，进一步推进民主法制建设，维护社会稳定，树立良好的村风、民风，创造安居乐业的社会环境，建设文明和谐新农村，按照"生产发展、生活宽裕、乡风文明、村容整洁、管理民主"的要求，特制定本村规民约。

1. 热爱祖国，热爱中国共产党，热爱社会主义，热爱家乡，热爱集体，自觉维护集体利益，走共同富裕之路。

2. 遵守社会公德、家庭美德、职业道德，讲文明、讲礼貌、尊老爱幼、和睦相处。

3. 弘扬正气，抵制歪风邪气，严禁赌博、吸毒、封建迷信等一切违法和不健康的活动。

4. 学法、知法、守法，自觉维护法律尊严，积极同一切违法犯罪行为作斗争。

5. 村民之间应遵循平等、自愿、互惠互利的原则，要互尊、互爱、互助，和睦相处，不打架斗殴，不酗酒滋事，严禁侮辱、诽谤他人，严禁造谣惑众、拨弄是非。

6. 爱护公共财产，不得损坏水利、道路交通、供电、通信、生产等公共设施，严禁偷水偷电。

7. 严禁私自砍伐国家、集体或他人的林木，严禁损害他人庄稼、瓜果及其他农作物。

8. 积极参与文化娱乐活动，丰富文化生活。

9. 喜事新办，丧事从俭，破除陈规旧俗，反对铺张浪费，反对大操大办。

10. 维护村容村貌，搞好环境卫生，做到人畜分离、垃圾不乱倒、粪土不乱堆、污水不乱流、柴草不乱放、房前屋后不积水。

11. 自觉维护道路畅通，不准在村内道路边搭建违章建筑，堆放废土、乱石、杂物，不准在道路两侧种植农作物，不准侵占公共路面。

12. 建房应服从建设规划，不得擅自修建，不得损害四邻利益。

13. 自觉执行计划生育法律、法规、政策，提倡晚婚晚育、优生优育，严禁无计划生育或超生。

14. 夫妻地位平等，共同承担家务劳动，共同管理家庭财产，反对家庭暴力。

15. 父母应尽抚养、教育未成年子女的义务，禁止歧视、虐待、遗弃子女；子女应尽赡养老人的义务，不得歧视、虐待老人，每个子女每年向老人上交一千元赡养费用。

16. 凡外来人员进驻本村的，也必须服从本村管理，尽到应尽义务和遵守本村规民约。

第十一章 | 多主体协同：构建县域贫困治理的大扶贫格局

打赢脱贫攻坚战，威县从落实中央、省、市配套的扶贫政策，实践出乡镇村不同的扶贫特色，到贫困县整体脱帽出列，从县到乡镇再到村，立体式的脱贫攻坚做法为乡村振兴补齐了短板。《乡村振兴战略规划（2018—2022 年）》提出，"把打好精准脱贫攻坚战作为实施乡村振兴战略的优先任务，推动脱贫攻坚与乡村振兴有机结合"。求木之长者，必固其根本。加强党对农村工作的领导，是推动乡村振兴的固本之举。通过加强农村基层党支部建设，农村地区的发展有了"主心骨"和"领头羊"。威县不断强化政府执政能力，简政放权，扭转错装在政府的手，转变政府职能，同时利用科技打造智慧威县，逐步开放行政环境，活跃市场主体。坚持可持续发展，用绿色发展、循环经济的理念，推动产业发展，建立规模化、集约化的现代产业，优化产业结构，促进产业转型升级。产业发展带动了一部分农民就业，技能培训使一部分农民外出务工，激发了农民的内生动力，但剩余农民却无能力自主脱贫，民生基础工程的建设，为欠缺农民补齐短板。农民常因看病难、难看病问题望而止步，探索家庭病床服务模式，解决双重就医压力，解放劳动力。为促进贫困户与非贫困户的协调发展，降低出现"悬崖效应"的风险，为贫困边缘户购买防贫险，促进社会公平，提升农民的幸福感。扶贫必扶智，完善教育制度，提高贫困家庭学生受教育年限，阻断贫困代际传递，一系列的技能培训不断激发贫困群众的内生动力。通过开放行政环境、产业升级、民生保障的协调发展，促进全社会参与扶贫，形成包裹式的扶贫结构，加快威县脱贫摘帽步伐，同时实现与乡村振兴战略的有效衔接。

一、强化政府服务职能，提高制度包容性

威县在脱贫攻坚过程中，积极构建全社会参与扶贫的大格局。威县作为国家扶贫开发工作重点县，严抓党建，不断提高党员干部的思想认识，使党员干部更好地转变作风，把精准扶贫精准脱贫作为首要目标，用"绣花"功夫精准滴灌，确保贫困群众如期稳定脱贫。威县坚持把脱贫攻坚作为政治任务、第一民生，全党动员、全民发动，建立书记县长负总责、副书记兼任脱贫办主任专职抓脱贫的领导体制，层层签订责任状。威县各乡镇、各部门不断提高政治站位，切实增强责任意识，聚焦脱贫重点难点，抓住关键环节，创新工作举措，促进各项工作全面提升，工作质量全面过硬。不断健全完善基层组织领导体系，使基层党组织在农村产业发展、脱贫攻坚以及生态文明建设方面充分发挥"火车头"的作用，领导威县 522个行政村实现破茧化蝶式的转变。威县深化"放管服"，将行政审批改革进行到底，充分发挥市场在资源配置中的决定性作用，极大地活跃市场主体，为产业扶贫增添新动能，促进产业可持续发展。创新基层管理体制机制，整合优化公共服务和行政审批职责，打造"一门式办理""一站式服务"的综合服务平台。在村庄普遍建立网上服务站点，全面开展代办服务；培育服务型、公益性、互助性农村社会组织，积极开展农村社会工作和志愿服务。

威县引入市场机制，将 PPP 模式应用于建设智慧威县数据中心，减轻

政府财政负担，加快县域经济的转型升级。同时，又顺应经济发展和国家简政放权的要求，利用智慧威县数据中心搭建的平台，不断优化行政审批事务，优化营商环境，让群众跑路变为数据跑路，真正为民着想，方便群众办事，活跃市场主体，促进经济发展。从县到乡镇再到村不同级别的领导层，不断强化政府服务职能，完善各项制度，做好脱贫攻坚战与乡村振兴的适时过渡。同时也激发干部的工作积极性，用更饱满的工作热情投入乡村振兴中，做好实施乡村振兴战略的"领头羊"。

二、树立绿色发展理念，实现产业转型

习近平总书记深刻指出："绿色发展，就其要义来讲，是要解决好人与自然和谐共生问题。人类发展活动必须尊重自然、顺应自然、保护自然，否则就会遭到大自然的报复，这个规律谁也无法抗拒。"绿色发展理念既有深厚的历史文化渊源，又科学把握了时代发展的新趋势，体现了历史智慧与现代文明的交融，对建设美丽中国，实现中华民族伟大复兴中国梦具有重大的理论意义和现实意义。长期以来，粗放式经济发展模式以增加生产要素和扩大生产规模来推动经济发展，在无形中造成了资源的过度消耗和对资源环境的破坏。正确处理好生态环境保护和发展的关系，是实现可持续发展的内在要求。习近平总书记强调，要更加自觉地推动绿色发展，绝不以牺牲环境为代价去换取一时的经济增长。要像保护眼睛一样保护生态环境，像对待生命一样对待生态环境，推动形成绿色发展方式和生活方式。既要金山银山，也要绿水青山，是绿色发展的内在要求。绿水青山和金山银山绝不是对立的，关键在人，关键在思路。要让绿水青山充分发挥经济社会效益。要树立正确发展思路，切实做到经济效益、社会效益、生态效益同步提升，实现百姓富与生态美的有机统一。

党的十九大提出了"实施乡村振兴战略"的重大决策并写进了党章，将"产业兴旺"作为实施乡村振兴战略的首要任务。2018年中央一号文件明确提出，乡村振兴，产业兴旺是重点，在《乡村振兴战略规划（2018—2022年）》中，同样把产业兴旺作为实施乡村振兴战略的重中之重。可见产业振兴对于激活经济，富裕农民，繁荣乡村，促进农村经济高质量发展具有十分重大的意义。农民脱贫、生活富裕，关键在产业。产业兴旺是带动农村发展的根本，是农民增加收入的主要来源，是实现农民富裕的关键。威县把产业扶贫作为打赢脱贫攻坚战的根本举措，也作为县域经济发展、乡村振兴的基础和支撑。通过五大资产收益模式、光伏产业、技能培训等措施带动贫困户增加收入，使得农民腰包鼓起来，生活富起来。威县从农业和非农业产业协同发展出发，加快脱贫攻坚步伐，同时也为乡村振兴奠定基础。在农业产业方面，坚持"产业为基、机制创新"，探索了"五大利益联结"模式，走出一条扶贫产业规模化、资产经营品牌化、利益联结稳定化的"三化"同步脱贫之路，实现了对贫困村户的全面多层覆盖，使越来越多的贫困群众走上致富路。在非农业方面，从无到有建成了总规划面积达100多平方公里的"一区四园（省级高新技术产业开发区、市级汽车工业配件园区、市级新型建材园区、威县·顺义产业园区、通用航空产业园）"。依托"一园四区"，形成了汽车及零部件、电子信息、农产品深加工、新能源新材料和通用航空"3+2"产业体系，同时也大力发展光伏产业，增加贫困村和贫困户的收入。

（一）农业现代化升级

精准扶贫、精准脱贫，关键是要找准路子、构建好的体制机制。以产业为平台，将扶贫资金、贫困农民自有资源资产化，由经济实体以市场化的方式经营，并将收益落实到每个贫困农民，从而达到持久脱贫的目标——这是资产收益扶贫的要义。政府投入的扶贫资金变成了贫困户的股份，有利于贫困群众持续有收益。资产收益扶贫机制，通过扶贫资金向资本、资产转变，构建新型"滴灌式"扶贫模式，能够发挥资产的最大价值，让懂市场会经营的人带领贫困群众脱贫致富，提高贫困群众的"造血"能力。资产收益扶贫是股份合作扶贫的创新模式，构建了政府、银行、企业、农村、贫困户"五位一体"合力脱贫格局。就整个扶贫来看，由专业团队经营扶贫项目，能有效提高经营水平、做大利益蛋糕，有效解决了"谁来扶"的问题；对企业来说，租赁经营可有效减少投资和负债，能有效降低融资成本、提升利润空间、让利贫困群众；就模式运行机制看，通过扶贫资金入股，把产业项目与贫困群众紧密联结在一起，解决了"扶持谁"的问题；就贫困户来看，跟着龙头企业走，既能解决"不知道干什么"的问题，提高了扶贫资金的使用效率，增强了抗风险能力，还"不养懒汉"，让老百姓有尊严地脱贫，有效解决了"怎么扶"的问题。威县探索了金鸡、白羽、威梨、根力多、君乐宝等资产收益扶贫模式，这是用市场经济的手段抓扶贫，带动了贫困户脱贫增收，加快了威县县域经济的发展，同时也促进了社会参与扶贫大格局的形成。

实施精准扶贫战略以来，威县跳出单纯的"农"字思维，闯出了一条产业扶贫道路。通过建立资产收益扶贫模式，解决"精准帮扶谁""钱从哪里来""机制怎么建"的问题，实现了扶贫方式由"输血"向"造血"的转变。威县是国家扶贫开发重点县，为了支持威县脱贫攻坚，国家和省市都在政策上给予威县大力度的倾斜。威县享受到的政策，能让企业直接受益的有两个方面。一是资金争取及整合政策。仅2017年，就争取上级资金37亿元、政策性银行贷款5.68亿元，用于支持企业基础配套、技改扩能的占40%以上。威县一家占地仅有50亩的高科技项目，我们一次性为它争取政策支持1000万元。威县享受涉农资金整合权力，累计为君乐宝第三牧场、乳品深加工、德青源"金鸡"产业园等产业扶贫项目整合涉农资金3亿元。各位企业家到威县投资发展，保证比在任何地方争取的资金支持都要多。二是IPO绿色通道政策。注册地在国贫县的企业，申请首次公开发行股票并上市的，适用"即报即审、审过即发"政策。同时，因为威县企业发展潜力大质量高，中国证监会河北监管局与威县建立战略合作关系，成为河北省唯一与其开展战略合作的县，可为企业上市提供全过程、一对一扶持及免费路演平台。因此，威县优质企业进入资本市场，可以获得更专业的指导、背书和渠道，大大缩短上市时间。

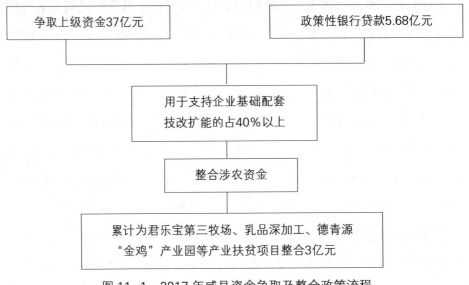

图11-1　2017年威县资金争取及整合政策流程

威县不断调整农业产业结构，改变过去一棉独大的现象，发展经济林果和养殖业，提高产品价值。农户将土地流转给龙头企业，为土地规模化、集约化、高效化开发利用奠定了基础，盘活了土地资源。发展循环农业，实现农业生产剩余物的资源化利用，减少环境污染。把生态环境当作重要资本，善于做好经营生态环境的文章，从"靠地用地"向"养地用地"转变，实现绿色发展、永续发展。生态农业的发展与推广，一方面可以满足市场对优质生态农产品的需求，另一方面可以保护和改善农村生态环境，更重要的是可以增强农村地区的环境承载能力。

（二）绿色非农业产业

河北威县地处内陆，无山可靠，无水可循，农民主要经济来源为农业生产，农户致富路径匮乏。光伏扶贫是推进产业扶贫的有效措施，体现了"绿色发展"新理念，是造福贫困村、贫困群众的民生工程。光伏扶贫项目开启了扶贫开发由"输血式扶贫"向"造血式精准扶贫"的转变，一次投入、长期受益。从光伏产业角度看，实现了拉动产业发展、光伏应用与农村资源的有效利用。为有效帮助贫困户、边缘户彻底脱贫，国网威县供电公司以"履行社会责任"为己任，按照国家能源局关于分布式光伏发电项目政策要求，联合县委、县政府积极在光伏发电上为村民探索致富新路径，为农村无劳力、无资源、无稳定收入的"三无"贫困户安装家庭光伏电站，项目产权和发电收益全部归贫困户，帮助其实现脱贫致富的愿望。贫困群众参与光伏扶贫产业，资金投入是门槛。威县采用"政府＋银行＋企业"模式推广光伏发电，与嘉寓门窗幕墙河北有限公司、邢台银行签署了三方战略合作协议，由企业担保向银行贷款，企业负责建好并网，贫困户只需提供屋顶和场地，光伏发的电全部卖给国家电网，增加贫困户收入。光伏发电将太阳能直接转变为电能，清洁环保，加之人多利用的是荒山荒坡和自家屋顶，节约了资源，是习近平总书记提出的"生态就是资源、生态就是生产力"重要思想在扶贫开发领域的生动实践，是对"绿色决定生死"之理念的贯彻实施。在光照资源条件较好的地区因地制宜开展光伏扶贫，既符合精准扶贫、精准脱贫战略，又符合国家清洁低碳能源发展战略；既有利于扩大光伏发电市场，又有利于促进贫困人口稳收增收。

传统能源需要大量的资本和高度集中的控制体系对其进行开采、加工与运输。能源工业的资本密集性特征决定这个行业非个人能力可以完成。传统能源从开采到发电，基本是控制在国有企业手中。而光伏产业，尤其是分布式光伏，打破了传统能源的地缘因素，降低了准入门槛，任何一个普通人都可以成为电力的生产者，光伏行业为更大范围的中小企业与公众参与能源事业提供了可能。能源行业主体的多元化，有效地促进了全社会对能源行业的参与，打破了垄断性大企业一统行业的局面，实现能源的经济化和能源服务需求差异化。众多中小企业的出现和活跃也为商业模式创新和技术进步提供了更适宜的土壤。

威县将农业与非农业产业协同发展，拓宽了贫困户增收的渠道，同时增加了村集体经济收入。树立绿色发展理念，既立足农业又跳出农业，加快延伸产业链、健全价值链，实现农工商、产加销、科工贸的一体化发展，加快产业转型升级，同时大力发展以新能源、可再生资源为代表的新兴绿色产业，支持能源资源循环利用和可持续发展，突破能源、资源、环境对经济发展的约束，为加快实施乡村振兴战略奠定了基础。

三、打造民生基础工程，提升农民幸福感

社会事业涉及人民群众最关心、最直接、最基本的利益。全面发展好社会民生事业，着力解决好人民群众上学难、看病难、看病贵、就业难、养老难的问题，才能全心全意谋发展，才能得到群众的拥护，才能使社会长治久安。民生事业的不断发展完善，促进了脱贫攻坚的步伐，补齐了乡村振兴的短板。威县注重资源的均等性、对象的针对性、发展的全面性。国家对贫困村基础设施建设有较多的政策倾斜，但威县还是比较重视贫困村与非贫困村的同等发展，完善各乡镇各村的基础设施，实现资源整合、

共建共享。在实现全面普惠的同时，在教育、医疗、卫生、就业等民生保障发展方面，注重政策向重点人群倾斜，如残疾人、孤寡老人、创业青年，有针对性地向这些重点对象施以关注、关怀、关心，提高其社会认同感、幸福感。近年来，卫生、医疗、教育、养老等问题虽有所改善，但问题形势依然严峻。医患矛盾纠纷、教育资源不平等、社会保障不全面等问题依然突出，各领域全面发展是必然趋势。教育、医疗、卫生、就业、养老等民生保障其中一方面发展不均，都会导致各种社会矛盾，降低群众幸福感。只有各领域统筹协调发展，才能直接解决群众最关心的问题，保障群众最直接的利益。最后注重政策的持续性。人民群众最害怕的是便民惠民政策缺乏长期性。社会民生事业政策应根据社会发展新变化与社会主要矛盾转化而不断持续发展、完善，从政策的高度为社会事业全面健康发展保驾护航，切实让民生事业落地生根，让群众实实在在享受到改革开放的红利。

威县优先发展农村教育事业，全面改善义务教育薄弱环节，提高学校基本办学条件，普及高中阶段教育，扩大农村普惠性学前教育，逐步分类推进中等职业教育免除学杂费。统筹配置城乡师资，并向乡村倾斜。加强寄宿制学校建设，健全学生资助制度，实施农村义务教育营养改善计划。推进健康乡村建设，改善乡镇卫生院和村卫生室设施设备条件，加强农村中医药服务，开展和规范家庭医生签约服务。完善统一的城乡居民医疗保险制度和大病保险制度，适当提高政府补助标准、个人缴费和受益水平。完善城乡居民基本养老保险制度，建立城乡居民基本养老保险待遇确定和基础养老金标准正常调整机制。统筹城乡社会救助体系，完善最低生活保障制度。

百善孝为先。孙家寨村的付宏伟用自己的善行感化了本村村民，一个人带动了一个村，再由一个村传播至一个县，甚至传播到中国九百六十万平方公里的每一个角落。威县以方营镇孙家寨村为样板，精心打造了200余个孝亲敬老村，探索出一条以孝亲敬老村建设弘扬优良家风民风，提高社会治理社会化水平，培育社会主义核心价值观的成功路径，解决当前老无所养的问题，改善了农村的精神面貌。威县建立完善村规民约，引导农民讲文明、树新风。实施婚丧嫁娶革新行动，破除大操大办、厚葬薄养、人情攀比等陈规陋习，涵育勤俭节约的文明风尚。通过教育引导广大干部群众破除封建迷信，摒弃旧俗陋习，逐步实现移风易俗经常化、婚丧事务规范化、民间习俗文明化。

改善提升农村面貌，就是让广大农民群众享受现代文明的生活条件和生活方式，过上更加体面、更加幸福的小康生活。在脱贫攻坚的过程中，不断创新和完善民生事业，使民生事业为威县脱贫摘帽起到一定的助推作用，并且继续为乡村振兴战略的实施提供后续保障。

第十二章 | 破除"资源诅咒"：县域脱贫攻坚 与乡村振兴衔接的实践探索

精准扶贫、精准脱贫战略实施以来，在习近平总书记关于扶贫工作重要论述的指引下，中国脱贫攻坚取得了历史性成就，贫困县陆续实现脱贫摘帽。从这些已经脱贫或者即将脱贫的贫困县中不难发现，各地的贫困根源呈现出很强的地域性，中国不仅有甘宁青、云贵川等大部分地区的资源匮乏型贫困县，也存在长三角、珠三角、东北地区、华北部分地区的资源丰富型贫困县，此类资源环境的先天差异是导致县域发展模式存在的根本区别。

例如，已经实现脱贫摘帽的河北省威县这类资源环境丰裕地区，为何早期立足资源优势，但并未促进经济的崛起，反而陷入"资源诅咒"陷阱？而威县又是以何种路径破解"资源诅咒"效应，成就脱贫攻坚，甚至成为乡村发展的后起之秀？威县脱贫模式的有益探索不仅奠定了本县域经济的发展基础，更为重要的是威县扶贫模式的成功，为中国一大批相似资源条件的区域提供了先行实践经验，也为资源贫瘠地区的脱贫路径作出了对照参考。因此，本章将在"资源诅咒"理论背景下，深析致贫原因与逻辑，结合中国扶贫路径的历史演变，研究在资源条件存在差异的前提下，扶贫路径本土化的必然性与可行性，同时站在乡村振兴的战略高度，提出有关化解"资源诅咒"困境的经验启示，并基于乡村可持续发展，讨论脱贫攻坚与乡村振兴的有机衔接。

一、"资源诅咒"的致贫逻辑

资源禀赋与经济增长的负相关性被称为"资源诅咒"。它是指资源禀赋与经济增长之间的悖论，即资源的丰裕不仅没有带来经济的繁荣，反而抑制了经济的增长。20世纪90年代，美国经济学家奥蒂（Anty）首次将资源禀赋与经济增长之间的悖论关系概括为"资源诅咒"问题。[1] 目前，中国陷入"资源诅咒"陷阱的案例不断增加，尤其是一些资源丰富的地区没有充分地发挥资源优势，不幸陷入"诅咒"，而且短时间内难以将"资源诅咒"扭转为"资源福音"，从而陷入贫困的"沼泽地"。

资源诅咒的假说基于"二战"后自然资源丰富的发展中国家，在过去几十年中的经济增长远不如那些资源贫乏的国家的反常现象。其背景最早是由奥蒂提出的，颠覆了古典经济学家和早期发展经济学家强调的自然资源对经济增长的促进作用的观念。随后，研究学者 Sachs 和 Warner 通过实证分析对奥蒂的资源诅咒论进行检验，证实了资源诅咒现象的存在。资源诅咒现象存在性的探讨的前提是在资源繁荣的背景下，认为"资源诅咒"是自然资源富集地区的经济增速低于资源贫瘠地区的经济增长的现象。经济学家将原因归结为贸易条件的恶化、荷兰病或人力资本的投资不足、创新水平的欠缺、制度的弱化等。[2] 国内学者在"资源诅咒"这一领域的研究在 2005 年以来才比较活跃，认为中国的经济发展从长期来看实际上也出现了"资源诅咒"现象，并从省级层面、典型地区进行资源诅咒存在性的实证检验。更不可思议的是，中国资源丰富的一些地区，良好的资源优

---

[1] 洪岩璧、陈云松：《教育影响健康的群体差异（2005—2012）：资源替代与劣势叠加》，《社会发展研究》2017 年第 1 期，第 1—18、242 页。

[2] 方露：《发挥农村资源优势和特点》，《国媒评论》，2018 年。

势不仅没有带来经济的持续增长,反而使其陷入贫困的怪象,这一现象引发了我们对陷入"资源诅咒"型贫困地区扶贫路径选择的探讨。

但资源"诅咒",并不等同于丰富的资源储备有损经济增长,且可以进一步肯定的是区域内资源要素的充足,可以为市场提供低价的生产者要素,刺激产业体系的构建与成熟。对于区域经济发展来说,资源是诅咒还是福音,取决于已经拥有存量优势的资源是否得到了合理的高效率配置。若市场无法参与资源配置,发挥这只"看不见的手"的制度优势,结果便构成资源沦为"诅咒"的反常逻辑。所以也可以说,中国部分资源丰裕地区之所以陷入贫困,主要在于市场未能很好介入导致资源配置的低效,使得资源优势没有得到充分体现。因此,对于这一类贫困地区,除了享受国家扶贫政策红利,更为重要的是通过强化制度的引导,即引入市场机制,充分挖掘本身具备的资源优势,激活农村发展的内生动力,扭转资源与经济增长的相关性,以期打破资源诅咒的陷阱,实现可持续性脱贫。

在中国的贫困地区中,不乏存在一些因资源被"诅咒"而陷入贫困的现象,但一个地区的经济增长缓慢并不仅仅是因为资源禀赋的问题,出现资源诅咒的地区的制度缺陷,以及资源禀赋所引发的一系列经济社会问题、生态环境的持续恶化和资源的快速枯竭等因素也是造成地区贫困的原因。伴随"资源诅咒"假说研究的深化,制度和"资源诅咒"之间不可分割的关系越发明显,制度上的缺陷以及丰富的自然资源形成特定的经济社会坏境挤出了促进区域经济增长的因素,如导致了制造业部门的萎缩、人力资本投资的减少、创新与技术的重视程度的降低,从而阻碍了经济增长。从制度层面上,丰裕的自然资源通过影响政治和经济制度,导致制度的弱化,降低对外开放的程度,资源无法有效配置,无法充分激活区域资源潜力,阻碍市场经济的正常发展。在人力资本的培育方面,丰裕的自然资源对于人力资本积累的抑制也是导致资源诅咒地区陷入贫困的主要原因，仰仗资源优势导致对资源型产业的过分依赖，将劳动力锁定在初级部门，反而降低了对高技术劳动力的需求，弱化了人力资本对于经济增长的重要意义，最终导致的是区域产业经济的低层次水平且难以持续性的弊端。从技术创新层面上，自然资源的依赖对技术创新的挤出效应导致创新环境的不完善，失去创新的动力，影响地区的竞争力，从而抑制经济的增长。以上的几个方面就是"资源诅咒"地区陷入贫困的主要原因，同时也是突破"诅咒"、走出贫困"沼泽地"的着力点。

二、扶贫路径演进与破解资源诅咒的扶贫路径完善

贫困是世界各国尤其是发展中国家经济社会发展过程中的重要挑战，作为发展中国家的中国始终把消除贫困问题作为国家社会经济发展的重中之重。中华人民共和国成立以后尤其是改革开放以来，中国共产党根据不同时期农村呈现的贫困状况及特点制定相应的扶贫政策、选择对应的扶贫路径，逐渐探索出一条具有中国特色的扶贫开发道路，形成了政府为主导，市场、社会协同参与的多主体参与的大扶贫格局。

（一）资源差异背景下的扶贫模式

在中国的贫困地区中，资源贫瘠型贫困地区和资源丰裕型贫困地区并存，这种资源环境的先天差异必然影响扶贫路径的选择。对于资源丰裕型地区，完善制度环境，实现资源与政策的有效耦合，引入市场参与，实现资源的合理配置，必定可以获得明显的益贫效果。对于大西北的典型的资源环境贫困型的这一类地区，资源环境与贫困非常容易形成一个恶性循环，从而陷入"贫困陷阱"而无法自拔。这类地区对市场的吸引力就大为降低，市场开发成本也是陡然上升，因此除了生态扶贫之外，完善社会保

障政策兜底措施是贫困人口摆脱"顽固贫困"困境的最有效的扶贫模式。

政府主导、市场参与。资源丰裕型的贫困地区更倾向于市场的参与扶贫路径的选择，以激活农村自然资源和人力资本存量。作为中国精准扶贫方式的重大创新，资产收益扶贫模式是以开发式扶贫方式破解救济式扶贫问题的新探索和新途径，促进了农村的自我发展和内生发展，对破解威县乃至中国农村扶贫的"造血"困局具有积极作用。因此，威县依托资源优势、因地制宜构建五大资产收益模式的多类产业扶贫路径，整合财政扶贫资金，撬动金融杠杆，吸引社会资本投入到覆盖全县域的各色种养殖业的扶贫项目中，并创新行政方式，以 PPP 模式实现政府与社会的资本合作，让市场真正成为威县经济的持续内生动力，形成以政府力量为主导推进贫困问题的社会协同治理体系，优化威县可持续脱贫路径。

（二）破解"资源诅咒"的扶贫路径

各地的贫困根源呈现出很强的地域性，在政策供给上难以形成一个推而广之的统一模式，因此基于贫困地区的资源条件差异选择相应的扶贫路径是我国脱贫攻坚的必然选择。对于大西北的典型的资源环境贫困型的这一类地区，市场的吸引力不大，且市场开发成本高昂，但政策兜底制度对地区摆脱"顽固贫困"困境具有较为明显的影响作用。对于具备资源优势的贫困地区，虽然深受"资源诅咒"的困扰，但其低成本要素的优势不可轻视。在这种情境下，脱贫攻坚的建设重点就是完善当地制度环境，引入市场机制，鼓励各类市场主体参与扶贫过程，构建政府、企业和农民三方受益的制度路径，全面激活农村发展的活力。

1. 完善制度环境，扩大对外开放程度

资源与制度之间存在密不可分的联系，较高的自然资源丰裕度会降低地区制度质量，从而阻碍地区经济增长。伴随"资源诅咒"假说研究的深

化，越来越多的学者逐渐重视制度在"资源诅咒"中扮演的角色，研究证明制度和"资源诅咒"之间有着不可割裂的关系。按照新制度学派的观点，基于制度层面解析"资源诅咒"问题的立意更加深远，国内一些学者从制度的视角研究发现自然资源富集度和制度质量之间存在显著的相关性，制度弱化是中国地区层面上产生"资源诅咒"的重要原因。低质量的产权制度和市场分配资源制度遏制了自然资源促进经济发展的潜在优势，从而引起"资源诅咒"效应的产生，且在因果循环机制的作用下，制度质量越低导致"资源诅咒"效应越严重。"资源诅咒"实际上就是"制度诅咒"，丰裕的自然资源会对一个国家或者地区的制度产生"诅咒"，从而通过诅咒制度来间接影响经济增长。因此，完善政治制度和经济制度，提高制度质量，扩大区域市场开放度，同时，要积极引入市场机制，吸引市场主体参与，以激活农村发展的内生动力，则可以有效地缓解"资源诅咒"效应。

2. 依托特色资源优势，探索产业脱贫道路

产业是经济发展的重要基础和有力支撑，产业兴则经济兴，产业强则经济强，由于资源诅咒型贫困地区自身具备的资源优势并没有得到充分的挖掘，也没有形成成熟的产业体系，经济发展自然受到制约，所以很容易陷入贫困。目前，产业是精准扶贫的"铁抓手"，产业扶贫方式是实现脱贫的重要举措，发展产业不仅可以实现脱贫的可持续性，同时也为未来实施乡村振兴战略奠定产业基础。因此，贫困地区要充分利用国家扶贫政策红利，积极争取项目援助，充分挖掘当地的特色资源，探索独具特色的产业扶贫道路，促进当地特色农业、特色工业等特色经济的发展，持续稳定地带动当地贫困人口脱贫增收。如此一来，本地的资源潜能不仅可以得到极大地激发，还可以巧妙地避开"富饶的贫困"的陷阱。[1]

---

[1] 李冬云：《当前农村经济发展面临的突出问题和对策建议》，《农村经济与科技》2017年第22期，第147页。

3.加大人力资本培育，提高创新水平

丰裕的自然资本会影响人们对经济发展要素的判断，所以资源丰裕地区的贫困并不意味着是自然资源惹的"祸"，贫困的根源在于贫瘠的人力资本存量，高的人力资本水平能够抵消丰裕的资源禀赋与经济增长的负相关关系，使丰富的自然资源成为经济增长的"恩惠"。所以，也可以说"资源诅咒"来自低的教育水平、匮乏的人力资本存量。因此，资源型地区要加大对教育的投入，以教育支持带动落后地区的扶贫开发，加强对劳动者的就业技能培训，充分调动当地贫困人口创业与创新的主观能动性，促使贫困个体的自我发展能力不断提高，进而实现脱贫致富，最终为国家扶贫政策在该地区的退出夯实坚固的基础。与此同时，要积极搭建平台，创造吸引人才、留住人才的体制环境，激发创新水平，实现人力资源集聚，巧妙地将经济发展的依托从优势的资源禀赋条件转向人力资源的生成能力。

三、资源禀赋差异下乡村可持续发展的思考

脱贫攻坚与乡村振兴是我国农村发展的重大决策部署，走中国特色社会主义乡村振兴道路，必须打好精准脱贫攻坚战，习近平总书记一语道出脱贫攻坚与乡村振兴的关系。脱贫攻坚为乡村振兴奠定了坚实的物质基础和组织前提，并利用乡村振兴机遇谋求纵深发展，而乡村振兴战略的实施亦可借鉴脱贫攻坚所塑造的组织载体和运作经验实现稳健推进，两者是以内容共融、作用互构和主体一致为表征的互涵式关系。党的十九大指出，新时代我国社会的主要矛盾已经转化为人民日益增长的美好生活需要与不平衡不充分的发展之间的矛盾。在我国社会发展过程中，尤其是在乡村振兴与脱贫攻坚叠加推进时期，发展最不平衡是农村发展的不平衡，发展最不充分是农村发展的不充分。这种不平衡、不充分的农村发展不仅是脱贫

攻坚的难题，同时也是振兴乡村最大的障碍。因此，针对现行乡村的发展问题，党的十九大提出了乡村振兴战略，在乡村振兴战略实施过程中，统筹全国行政资源，根据农村资源条件采取差异化发展战略，适当地将有限行政资源向自身条件受限的地区倾斜，彻底解决农村发展的不平衡、不充分的问题，铲除全面进入小康社会短板问题。

（一）乡村发展中的"不平衡"与"不充分"

在攻坚拔寨的决胜期，中国现行农村还存在"不平衡、不充分"的发展困境。贫困村与非贫困村之间发展的失衡以及贫困户与非贫困户之间的矛盾激化，边缘贫困户的返贫隐患，农村产业基础的薄弱以及社会事业的滞后都充分体现了当前我国农村发展的突出问题。

1. 脱贫攻坚战的"不平衡"发展困境

贫困地区的农村发展之间的不平衡的根源在于政策差异导致的利益不均衡。在脱贫攻坚过程中，受国家政策、资源环境、地理条件等因素的影响，我国农村区域经济发展不平衡问题长期存在，而这种农村区域经济发展的不平衡阻碍着农村经济发展整体水平的提升，势必对扶贫成效造成一定的冲击。除此之外，中国扶贫工作中出现了"悬崖效应"，随着大量优惠政策向贫困户的倾斜，贫困户享受的政策红利越来越多，"给"出来的基层矛盾不断激化，在逐步打破贫困户与非贫困户之间的心理平衡，而这种政策性的收益是导致贫困户和非贫困户结下"梁子"的罪魁祸首。不论是忽视资源条件差异性、以政策为导向所导致的农村发展之间的不平衡，还是"不患寡而患不均"的社会心理导致的贫困户与非贫困户之间心态的不平衡，都拉响了脱贫攻坚的新警报，如若不能及时、得当地处理，将使扶贫成效大打折扣，也为实施乡村振兴设置了障碍。

2.脱贫攻坚战的"不充分"发展困境

在习近平总书记关于扶贫工作重要论述的指引下，中国的扶贫开发取得了巨大的成效，整体上贫困人口规模不断缩小，贫困发生率逐步降低。但局部地区依旧存在很多返贫隐患的已脱贫户和农村"边缘户"，这无疑削弱了脱贫的稳定性。在农村社会经济发展方面，农业产业结构比较单一，产业融合带动能力不足，难以提高综合效益，而且市场体系建设滞后，致使市场对资源的配置作用没有得到充分发挥，资源利用不合理问题突出，从而影响农村经济整体素质的提高。农村普遍缺乏具有带动作用的农村现代实用人才，导致对发展农村经济的辐射带动作用不明显。产业基础的薄弱以及实用人才的缺乏无法充分激活农村发展的潜力，势必会造成脱贫成效的不可持续性。除了农村经济发展的不充分，农村社会事业仍面临许多挑战，难以满足广大农村居民日益增长的公共服务需要，极大地抑制农民发展能力的提高，已经成为制约经济社会协调发展的重大障碍。无论是脱贫攻坚的弱稳定性还是不持续性，都体现了目前我国脱贫攻坚的"不充分"。

（二）乡村平衡发展：资源替代与劣势化解

资源替代理论认为，当资源可以相互替代时，拥有一种资源就可以弥补其他资源缺失所可能造成的损害。资源禀赋不足的农村发展由于受到自然条件的限制，医疗、教育、基础设施、公共服务等方面落后于其他农村地区，要想改变这种落后状况，可以用政府资源输入，来部分抵消资源劣势带来的发展困境。应加大政府对资源贫乏地区的支持力度，对农村发展进行整体规划，促进农村整体平衡发展。虽然农村的落后面貌在国家一系列措施的落实后得到改观，但农村社会事业仍面临许多挑战，难以满足广大农村居民日益增长的公共服务需要。农村的教育、医疗、社会保障等民生工程需要继续加强落实，农村社会福利滞后于社会和经济发展水平，社会福利机构匮乏，社会福利覆盖面狭窄。农村社会事业发展滞后，致使农村居民公平享有经济社会发展成果的权利难以保证，极大地抑制农民发展能力的提高，已经成为制约经济社会协调发展的重大障碍。"三农"问题历来是党和政府特别关注的重大问题，在资源贫乏的乡村，政府应加大民生事业发展和完善，强化民生兜底工程，加大基础设施建设力度，完善社会保障机制，为贫困主体提供最直接的增收渠道，改善生存状况；加大医疗、教育等民生工程的投资力度，通过"赋能"的方式激活贫困人口自我生存发展的能力，获得长效持续的脱贫效果，解决因资源贫乏带来的农村发展不平衡问题。

1. 改善医疗水平，提升农民健康水平

由于我国普遍存在的城乡二元结构体制，使得城乡之间医疗制度存在很大的差异性，城市人口的收入高，医疗制度更加完善。而与之相反，农村人口的收入较低，医疗制度也不尽完善。完善农村医疗制度，提高农民健康水平，是做好农村工作，促进农业发展，解决农民问题的重要环节。在资源贫乏的农村，建立农村合作医疗制度，既保障农民患大病可以住院治疗，又适当报销门诊医疗费；改善农村医疗卫生条件，方便病人就医，创新为农民提供触手可及的医疗服务。减轻农民因病造成的经济负担，使农民的医疗问题得到保障，最终解决农民看病难、就医难的问题，从根本上维护农民群众的切身利益，消除广大农民的后顾之忧，调动广大农民从事农业生产的积极性，推动农业和农村经济发展。健康的身体是农民生存的重要条件，它能够提高劳动力的边际生产力，使之有更多的产出和效益，可为农村剩余劳动力转移创造条件，拓宽农民增收的渠道。

2. 筑牢教育防线，增强农民素质

农村教育是农村发展的基础条件，农村教育作为我国农村经济发展百年大计，知识、技术、人力资本等教育因素在推进农业产业化发展、增强农民抗风险能力、促进农村经济发展起着举足轻重的作用。目前我国农村劳动者的素质与农业现代化要求相比差距太大，所以"三农"问题的核心是农民发展和素质的提高。因此，加强农村教育改革，提高农村区域经济发展，已成为我国农业发展的首要工作之一。增加政府投入是缓解农村教育经费不足的关键所在，加强教育经费的管理，加大财政转移支付力度，完善基础设施建设，提供义务教育补贴，减免学杂费，努力解决农村教育经费不足的问题。同时，提高农村教师待遇，建立合理的农村师资与交流机制，鼓励和引导合格教师到农村中小学任教，稳定农村教师队伍，提升农村教学质量。农村教育是农村区域经济发展的积极引导力，而农村区域经济发展又是农村教育赖以生存的基础支撑力。

对资源禀赋不足的农村，通过政府资源输入，改善其他资源缺失造成的损害。用政府资源替代缺失资源，为中国农村平衡发展补齐短板。资源贫乏的农村地区要利用好国家扶贫政策，以脱贫攻坚为契机，完善原有的机制，增强贫困地区农村的内生发展能力，提升农村发展的层次，实现由脱贫向富裕的重大历史性转变。

（三）乡村充分发展：资源优势整合与产业振兴

在资源禀赋充足的农村，应警惕"资源诅咒"现象的发生，避免陷入贫困"沿泽地"。为促使乡村充分发展，政府深化改单，发挥"看得见的手"的作用，审视当地的资源储备量，将丰富的资源进行整合后，合理配置资源，拉动经济增长。资源整合且高效配置，需利用好"看不见的手"的制度优势，充分发挥市场在国家宏观调控下对资源配置起决定性的作用。及时关注并适应市场需求，使农业资源流向适应市场变化的需求，充分发挥市场导向作用，生产适销对路的农产品，减少"谷贱伤农"现象的发生。发展农村经济要立足本地资源禀赋，选择适应市场变化、满足市场需求的产业，延伸产业链，优化农业产业结构。

1. 转变政府职能，优化营商环境

转变政府职能，建立服务型政府是深化党和国家机构改革的重要任务。加强和完善政府政治、经济、文化、公共服务职能，减少机构数量，简化中间层次，推行扁平化管理，形成自上而下的高效率组织体系，调整优化政府机构职能，全面提高政府效能，建设人民满意的服务型政府。深入推进简政放权，最大限度减少政府对市场资源的直接配置和对市场活动的直接干预，提高资源配置效率和公平性，激发各类市场主体活力，完善社会主义市场经济体制。简化审批手续，规范行政审批行为，改变重审批轻监管的行政管理方式，把更多行政资源从事前审批转到加强事中事后监管上来，加强市场监管，维护公平竞争市场秩序。协调推进行政审批标准化，促进审批服务便民化，提高政府服务质量和效率。要坚决破除制约市场在资源配置中起决定性作用、影响政府更好地发挥作用的体制机制弊端，不断优化营商环境，提高综合竞争力，打造竞争新优势，围绕推动高质量发展，建设现代化经济体系。

2. 建立合作机制，推动乡村社会发展

科学合理规划和管理土地，盘活土地资源，通过农村土地的流转与集中，避免和减少农地利用的碎片化现象，实现农地经营的规模化和完整性，实现小农户和现代农业发展有机衔接。强调完善的合作机制，以融合和互促的手段建设利益共同体，形成工农共同发展的良性经济循环，加快农业现代化的实现。促进农村一、二、三产业融合发展，支持和鼓励农民就业创业，拓宽农民增收渠道。将农业和其他相关部门结合起来，通过其他部门或机构提供资金及技术指导带动农业建设，实现对农业的支持和反哺。通过有效协同的方式，加强各部门间的联系，整合社会中各个部门的

优势资源，使其共同推动乡村社会的发展。

3. 优化产业结构，提升产业发展质量

从农村整体经济来看，产业结构比较单一，产品结构层次低，农业生产的产业化、集约化程度低，大部分地区农村各产业间的融合发展层次还处于较低水平，产业融合链条较短，产品附加值低，产业融合带动能力不足，所以难以提高农业的综合效益。目前，大部分农村的经济结构调整与区域经济布局的结合点把握不够，规模经营没有形成气候，农业生产分散性问题还有待解决，使得农村经济发展难以形成合力。除此之外，农民由于受传统的小农经济思想观念的束缚，以及农村市场体系建设滞后，致使市场对农业资源的配置作用没有得到充分发挥，资源利用不合理问题相当突出，从而影响农业和农村经济整体素质的提高，不利于农村市场经济建设。

贯彻国家"十三五"发展战略产业结构升级思路，坚持需求引领、供给创新，充分发挥自身资源整合能力，为产业持续健康发展创造良好环境。资源丰富的农村依托本土资源和特色产业基础，主动谋划如何转变发展方式、优化产业结构、提升产业竞争力等重大问题，高起点、高标准规划产业发展，突破发展瓶颈，不断培育特色、创造优势，全力打造特色产业发展新格局。通过市场机制合理配置资源，推动一、二、三产业融合发展，延长产业链，增加产品附加值，提高产业的综合效益。

四、乡村振兴战略实施的全局部署

乡村振兴战略是关系决胜全面建成小康社会和社会主义现代化建设的重大决策部署，是解决新时代我国社会主要矛盾的迫切要求。习近平总书记强调，决胜全面建成小康社会，重点就是要补齐"三农"这块短板，坚

持农业农村发展，加快推进农业农村现代化，让广大农民同全国人民一道
迈入全面小康社会新时代。然而，当前我国不仅城乡二元结构还未根本消
除，农村不同程度的"空心化"现象也反映出乡村发展的不平衡不充分的
问题，因此在乡村振兴战略的实施过程中，要因地制宜，根据本地的实际
情况来区别不同类型加以推进。乡村振兴战略的实施，绕不开政府资金投
入、惠农政策的支撑和体制机制的改革，必须充分发挥市场的作用，激发
农业农村的内生动力与发展活力，提升农民作为乡村建设主体的能力，形
成政府、社会、农民共同参与的乡村振兴战略实施格局。除了按照乡村发
展的差异性统筹行政资源，还要充分发挥"看不见的手"的作用，引入市
场机制，合理高效配置资源，发挥存量资源优势，全面激活农村的发展动
力和活力。除此之外，乡村振兴关键在人，归根结底，农民既是乡村振兴
的主体，也是乡村振兴的受益者，乡村振兴必须依靠生于斯、长于斯的亿
万农民。因此，通过教育、医疗、社会保障等各种民生工程的落实，以赋
能的方式调动农民群众的积极性、主动性、创造性，激活贫困人口自我生
存发展的能力，进一步提升农民作为乡村建设主体的能力，获得长效持续
的脱贫效果，为真正实现乡村振兴提供坚实的基础。

（一）统筹行政资源，差异化实施乡村振兴

随着脱贫攻坚工作不断推进，我国农村贫困人口分布逐渐呈现出"大
分散、小集中"的新特点，虽然政府在解决大面积、集中性贫困问题上取
得了显著的减贫效果，但行政资源相对有限，根据地区差异，合理配置全
国行政资源已是一种必然趋势。大扶贫时代即将告一段落，乡村振兴战略
紧随其后，2012 年精准扶贫至今，国家在乡村领域投入了大量资金资源
用于支持农村发展，若不考虑区域差距和差异的现实约束，整齐划一地投
入大额国家资金，无疑将会造成沉重的行政负担，面临极高的制度成本。

在考虑到全国资源环境分布存在明显差异的情况下，最为理性的选择便是发挥中国政府的总体性统筹调动能力，规划全国行政资源使用，在乡村振兴实施过程中根据区域特色，同样采取差异化战略措施，适当地将有限的行政资源向自身条件受限的地区倾斜。

（二）完善市场环境，发挥存量资源优势

乡村振兴战略具备全面性和长期性两大特征，以强化行政干预的非市场化方式推进乡村振兴战略的实施，只能取得快速短期效益。但市场经济有助于打破贫困地区原有的封闭循环圈，摒弃我国行政保姆式的支持，引入长效性的市场机制，与政府的行政干预形成合力，持续推进乡村振兴，实现实施过程的稳定性和持续性。

对于资源环境较为优渥的地区来说，相比单纯的行政兜底式扶贫，更为重要的是完善市场环境，吸引社会资本参与县域经济发展，利用市场的资源配置能力，获取地方可持续发展的内生动力。而市场环境的完善，可以从两大方面进行：其一是正视制度结构的优化，转变政府职能，进一步简政放权，释放市场能量，将权力向多元主体分散，保留政府对市场基本规则的约束权力之外，给予市场充足的自主权。同时清晰产权边界，减小市场运行风险，提高交易可信度。其二是改善乡村非正式制度环境，尤其是长久以来"等靠要"思想的根深蒂固，是乡村发展缺乏内生动力的主要原因之一。引入市场机制，培育贫困群众的市场意识，激发贫困农户的内在动力和能力，改变贫困人口的"等靠要"的惰性思维。另外，尤应引起注意的是，随着扶贫政策优惠力度的加大，农村大多数贫困户与非贫困户差异缩小，导致不公平情绪开始蔓延。要想保障市场竞争机制的正常运行，就必须提倡和弘扬中国人民朴实勤劳的传统美德。

（三）强化民生兜底，均衡乡村发展进程

相对江浙沪、华北平原、华南沿海等优势资源农村，中国还有很大一部分农村资源匮乏、交通闭塞、环境恶劣、灾害频发，例如甘青宁区域、青藏高原地带等，而在这类地区，大多数农村人口处于贫困边缘，生活仅仅处于自给自足状态，基本无法抵御各类生活变故。因此，政府的民生兜底制度显得尤为重要，教育、医疗等民生工程急需得到稳定保障，行政兜底资源的介入，有望促进均衡化乡村振兴战略的实施。

开发式扶贫阶段主要采取的是依赖经济增长拉动的减贫模式，聚焦提高贫困人口的收入水平，而忽略了教育、医疗、社会保障等民生工程对多维贫困的帮助，虽然短期减贫效益明显，但无法实现可持续脱贫，阻碍了乡村振兴战略的推进。因此，在乡村振兴视角下，面对现阶段的致贫原因复杂化、贫困内涵不断扩大的现实情况，我国要针对资源匮乏型贫困地区强化民生兜底工程，加大基础设施建设力度、完善社会保障机制，为贫困主体提供最直接的增收渠道，改善生存状况。加大医疗、教育等民生工程的投资力度，通过赋能方式激活贫困人口自我生存发展的能力，以获得长效持续的脱贫效果。

参考文献

[1]威县扶贫开发办公室:《威县扶贫开发历程》,2018年。

[2]威县人民政府:《关于威县扶贫开发和脱贫攻坚的总结报告》,2018年。

[3]威县人民政府网:《产业扶贫拔穷根 资产收益结富果——看威县如何实现整体脱贫"摘帽"》,2018年10月23日。

[4]中国青年网:《河北省威县落实教育扶贫政策情况》,2018年12月29日。

[5]威县人民政府:《威县"十三五"农业产业扶贫规划》,2016年。

[6]威县人民政府、邢台市规划设计研究院:《威县县城总体规划(2009—2020)》。

[7]威县人民政府:《威县城乡总体规划(2013—2030)》。

[8]河北省人民政府办公厅:《河北省"十三五"脱贫攻坚规划》,2017年。

[9]邢台网:《坚决打赢"十三五"脱贫攻坚战——市扶贫办主任张峰珍解读脱贫攻坚政策》,2016年3月1日。

[10]威县扶贫开发办公室:《威县扶贫脱贫工作汇报》,2018年。

[11]威县人民政府:《威县扶贫领域腐败处理》,2018年。

[12]乔治:《PPP模式在县域经济中的应用研究》,郑州大学学位论文,2017年。

[13] 北京数立通科技有限责任公司：《威县智慧城市总体规划》，2014年。

[14] 威县人民政府：《威县智慧城市建设经验总结》，2019年。

[15] 威县行政审批局：《体制大突破、服务大提升：威县打造审批服务5.0升级版》，2018年。

[16] 河北新闻网：《威县：行政审批改革方便群众》，2018年8月26日。

[17] 威县人民政府：《经济社会发展、脱贫攻坚暨综合改革汇报情况（2018）》。

[18] 威县人民政府：《威县县城总体规划说明书（2009—2020）》。

[19] 韩婕：《资产收益扶贫创新研究》，河北师范大学学位论文，2018年。

[20] 威县人民政府：《"七化"并举 打造富民大产业》，2018年。

[21] 威县人民政府：《威县西沙河流域梨绿色A级高效产业带建设规划（2013—2020）》。

[22] 威县人民政府：《威县梨产业园区工作总结（2018）》。

[23] 威县人民政府：《威县梨产业项目发展规划》，2018年9月13日。

[24] 魏加威：《基于贫困户视角的利益联结扶贫模式绩效影响因素研究》，河北农业大学学位论文，2018年。

[25] 孙晋：《社会价值、市场效益与精准扶贫：金鸡个案——以河北省威县金鸡扶贫项目为例》，《河北金融》2018年第8期。

[26] 威县人民政府：《威县五大扶贫模式简介》，2018年。

[27] 威县人民政府：《威县畜牧产业扶贫工作总结（2018）》。

[28] 张丽凤、吴曼、王培行、张学端：《乐源牧业现代化乳业小镇的第一牧场》，《今日畜牧兽医》2016年第11期。

[29] 赖迪辉、郑永辉、黄凌翔：《量化农业：我国乡村振兴战略的产业路径分析及其政策研究》，《资源开发与市场》2019年第2期。

[30] 威县人民政府：《优化营商环境、提升招商质量（2018）》。

[31] 威县人民政府：《互联网＋大数据力促纳税服务的转变（2018）》。

[32] 威县人民政府：《威县电子商务进农村综合示范工作方案（2018）》。

[33] 威县人民政府：《探索破解因病致贫难题路径 创新贫困人口家庭病床服务模式（2018）》。

[34] 孝感新闻：《让贫困村和非贫困村同步精准脱贫，防止"悬崖效应"》，2019年1月14日。

[35] 新浪新闻：《脱贫攻坚防止出现"悬崖效应"和"福利陷阱"》，2018年8月20日。

[36] 威县人民政府：《威县探索为临界贫困边缘人员购买防贫保险服务（2018）》。

[37] 胡健、焦兵：《"资源诅咒"理论的兴起与演进》，《西安交通大学学报（社会科学版）》2010年第1期。

[38] 何雄浪：《自然资源禀赋与区域发展："资源福音"还是"资源诅咒"？》，《西南民族大学学报（人文社科版）》2016年第2期。

[39] 李正升：《"资源诅咒"与资源型地区经济发展路径选择》，《经济视角（下旬刊）》2011年第1期。

[40] 洪岩璧、陈云松：《教育影响健康的群体差异（2005—2012）：资源替代与劣势叠加》，《社会发展研究》2017年第1期。

[41] 方露：《发挥农村资源优势和特点》，《国媒评论》，2018年。

[42] 李冬云：《当前农村经济发展面临的突出问题和对策建议》，《农村经济与科技》，2017年第22期，第147页。

后 记

在中国积极打赢脱贫攻坚战的历史性创举大背景下，威县 2017 年顺利实现脱贫摘帽。受国务院扶贫办委派，北京师范大学和甘肃农业大学组成联合研究团队对威县脱贫摘帽进行了认真细致的实地调研。虽是岁末冬寒的季节，但是仍挡不住威县基层人员对工作的积极热情。调研期间，威县领导给予了高度重视，并积极安排协调和组织了座谈会，提供了详实的各类历史数据和资料，同时，威县县委和县政府专门委派相关人员带领调研团队深入基层乡镇和村户，了解当地民风民情和脱贫成效，这为后续研究团队的写作提供了非常丰富的资料来源，在此深表谢意！

整个调研和撰写，由张琦教授和张艳荣教授带领的团队来完成，主要由张艳荣教授和沈扬扬组织安排。这也是北师大和甘肃农大又一合作完成的成果之一，也即集体结晶，大家集思广益，合理分工，力求报告真实反映威县脱贫攻坚的全貌特点，展示威县脱贫攻坚过程中的实践探索模式和经验。

报告的概要部分是由张琦教授和郭琳撰写，从宏观角度概述本报告的主要内容及亮点；第一章是在张艳荣教授的指导下，孟娜和董雪梅合力撰写的关于威县的致贫逻辑；第二章、第三章及第四章由张琦教授和曹委完成撰写，主要梳理了威县的扶贫成就及其政府相关政策措施；第五章是由张艳荣教授及其学生郭琳撰写完成，介绍了 PPP 模式在威县行政审批工作中发挥的作用；第六章及第七章是在张艳荣教授的指导下，孟娜撰写的关于威县产业扶贫模式及效果；第八章是由张艳荣教授及郭琳同学撰写的关于威县健康扶贫的创新做法及成效，具体包括威县首次提出的"家庭病床"制度和防贫险措施；第九章是由张琦教授与沈扬扬博士撰写的关于威县教育扶贫的做法及成就；第十章是在张艳荣教授的指导下，其学生郭琳撰写的威县乡风文明——孝道文化对该县扶贫工作的影响；第十一章和第十二章是由张琦教授及其学生董雪梅共同总结的在威县多元主体协同构建的扶贫格局以及未来与乡村振兴衔接的展望。

在历时近6个月的撰写和多次修改完善后，新时代中国县域脱贫攻坚研究书系之《威县：增量式治理脱贫》一书终于脱稿，这里要特别感谢国务院宣教中心的专家团队及编写组为本书提供宝贵意见。尤其是要感谢黄承伟主任亲自组织几轮的书稿评审讨论和修改，才使得书稿得以完成，感谢李富君、骆艾荣、孙晓岚、阎艳、王磊、龚群芳、徐伟清等在整个调研和撰写过程中的付出和辛劳。感谢王晓毅教授、左停教授、雷明教授、李海金教授、吕方副教授、陈琦副教授、刘杰副教授、覃志敏副教授、袁泉副教授等针对书稿提出了很多有益的意见和建议。

感谢威县县委书记安庆杰、县长商黎英、人大常委会主任董占坤、常务副县长王建华、副县长高振防、副县长张磊（教育部挂职）、县扶贫办主任王建智、县脱贫办常务副主任祁洪雷等，正是由于他们的周到安排，才使得我们的调研和报告撰写更加的真实细致和完整。

感谢研究出版社社长赵卜慧、主任张博、寇颖丹的辛勤劳动和付出。

威县的脱贫攻坚历程，刻画出新时代背景下县域经济发展的标杆模式，同时也描绘出未来中国乡村振兴的基本蓝图，从政府职能的转变、农村产业的兴起、绿色经济的萌芽、民生保障的底气，无疑向全世界展现出一个潜力无限的中国农村，以卓然的扶贫成绩与理论汇入世界反贫困的伟大事业中，更为重要的是，在这段必将载入史册的辉煌扶贫历史背后，我们对坚韧、勇敢、乐观的中国农民，肃然起敬。威县脱贫攻坚的过程，也是我们学习和受教育的过程，从中让我们对这场人类历史上的伟大创举认识得更加深刻，也鼓励着我们继续深入地研究探索，为中国全面建成小康社会建设现代化的强国而不断地努力。忆往昔，扶贫成效硕果累累，展未来，乡村振兴前景光明。我们有信心在精准扶贫的基础之上开展乡村振兴工作，为我国农村发展增砖添瓦。

由于我们水平有限，书中的错误和不足在所难免，敬请批评指正！

本书编写组

2019 年 7 月